Un día
mi alma
simplemente
se abrió

Iyanla Vanzant

Un día
mi alma
simplemente
se abrió

40 DÍAS Y 40 NOCHES

DE CAMINO HACIA LA FORTALEZA

Y EL CRECIMIENTO ESPIRITUAL

EDICIONES OBELISCO

Si este libro le ha interesado y desea que le mantengamos informado de nuestras publicaciones, escríbanos indicándonos qué temas son de su interés (Astrología, Autoayuda, Ciencias Ocultas, Artes Marciales, Libros infantiles, Naturismo, Espiritualidad, Tradición) y gustosamente le complaceremos.

Puede consultar nuestro catálogo en www.edicionesobelisco.com

Colección Nueva Conciencia
UN DÍA MI ALMA SIMPLEMENTE SE ABRIÓ
Iyanla Vanzant

1.ª edición: octubre de 2012

Título original: *One Day My Soul Just Opened Up*
Traducción: *Verónica d'Ornellas*
Diseño cubierta: *Enrique Iborra*

© 1998, Iyanla Vanzant
(Reservados todos los derechos)
Publicado por acuerdo con Fireside,
una división de Simon & Schuster, Inc.
© 2001, Ediciones Obelisco, S. L.
(Reservados todos los derechos para la presente edición)
Publicado por acuerdo con Fireside

Edita: Ediciones Obelisco, S. L.
Pere IV, 78 (Edif. Pedro IV) 3.ª planta 5.ª puerta
08005 Barcelona - España
Tel. 93 309 85 25 - Fax 93 309 85 23

Paracas 59 C1275AFA Buenos Aires - Argentina
Tel. (541 -14) 305 06 33 - Fax (541 -14) 304 78 20
E-mail: info@edicionesobelisco.com

Depósito Legal: B-21.148-2012
ISBN: 978-84-9777-893-0

Printed in Spain

Impreso en España en los talleres gráficos de
Romanyà/Valls, S. A. de Capellades (Barcelona)

Este libro está dedicado al Ego,
esa parte de nosotros que sigue preocupándose,
que vive en la duda,
que tiene miedo,
que juzga a otras personas,
que teme confiar,
que necesita pruebas,
que sólo cree cuando es conveniente,
que no consigue llegar hasta el final,
que se niega a practicar aquello que predica,
que necesita ser rescatada,
que quiere ser una víctima,
que maltrata al «yo»,
que necesita tener siempre la razón,
y que sigue aferrándose a lo que no funciona.
Ahora se te está notificando que...
¡TUS DÍAS ESTÁN CONTADOS!

Agradecimientos

Al trabajar en este proyecto y darle vida, me gustaría agradecer a los siguientes espíritus amorosos:

¡Gracias, Dios! Estoy tan agradecida...

A mis hijos: Gemmia Vanzant, quien me proporcionó el título de madre. A Damon Vanzant, quien, finalmente, ¡es libre! A Nisa Vanzant, que se encuentra en el proceso de abrir su alma y responder a la llamada.

A mis nietos: Aso 'le, Oluwalomoju Adeyemi, Adesola y Niamoja Adilah Afi, por mantener mi alma abierta con su amor.

Al poderoso grupo de mujeres que son una constante fuente de fortaleza y apoyo para mí: Linda Stephens, Joia Jefferson, Theresa Caldwell, Fern Robinson, Muhsinah Berry-Dawan, Cassandra Barber, Almasi Zulu, Tulani Kinard, Felicia Baldwin, Adara Walton, Helen Jones, Janet Barber, Judith Hakimah, Ebun Adelona, Coleen Goldberg, Yawafah Shakor, Lucille Gambrell, Rene Kizer y la Reverenda Vivianna Hentley-Brown.

A los amorosos hombres que hay en mi vida, que hacen que ésta, como mujer, sea verdaderamente gozosa y una experiencia espiritual: Alex Morgan, el reverendo Michael Beck-with, el reverendo Cochise Brown, el reverendo Jeremiah Wright, el reverendo Frank M. Reid, III, el doctor Na'im Akbar, el doctor David Phillips, Ken Kizer, Ralph Stevenson, Basil Farrington, Ralph Blum y Bobby Stephens.

A mis amigas-hermanas que me animan a seguir en esto: Susan L. Taylor, Jewel Diamond-Taylor, Tina Ansa McElroy, Bebe Moore Campbell, Maria Dowd Carothers, Jeanne Blum y Blanche Richardson.

A mi madre espiritual y guardiana constante, la doctora Barbara King.

A mi agente y compañera de emergencias, Denise Stinson.

A mi editor, Dawn Daniels, quien honra mi proceso y jamás duda de que llegaré a hacerlo y entregar a tiempo mis compromisos.

Al equipo directivo editorial de Simon & Schuster, quienes están entrando en la fe conmigo.

A mi compañero en esta vida y mi mejor amigo, Adeyemi Bandele. Gracias por hacer que valga la pena emprender un viaje más.

Primeras palabras

Un día mi alma simplemente se abrió
y comenzaron a suceder cosas,
cosas que no puedo explicar.
Quiero decir que
lloré y lloré como nunca.
Lloré las lágrimas de diez mil madres.
Ni siquiera fui capaz de sentir nada
porque lloré hasta insensibilizarme.

Un día mi alma simplemente se abrió.
Sentí un orgullo arrollador.
De qué estaba orgullosa,
¡sólo Dios lo sabe!
Como el orgullo de cien mil padres
disfrutando de la gloria de sus hijos recién nacidos,
¡tenía una sonrisa de oreja a oreja!

Un día mi alma simplemente se abrió.
Empecé a reír y me pareció que reía eternamente.
No estaba sucediendo nada particularmente gracioso
pero yo reía de cualquier modo.

Reí la dicha de un millón de niños jugando en el barro.
Reí hasta que me dolieron las mejillas.
¡Oh Dios! ¡Fue tan agradable!

Un día mi alma simplemente se abrió.
  Hubo revelaciones, aniquilaciones y decisiones,
  sentimientos de duda y de traición, de venganza y de perdón
  recuerdos de cosas que había visto y hecho antes,
  de lugares en los que había estado, aunque ignoraba cuándo,
  vidas que había vivido,
  personas a las que había amado,
  batallas que había librado,
  victorias que había ganado
  y guerras que había perdido.

Un día mi alma simplemente se abrió
  y dejó salir todas las cosas
  que yo había estado ocultando y negando
  y que había estado viviendo,
  que me habían sucedido minutos antes.

Un día mi alma simplemente se abrió
  y decidí ¡que yo era buena y estaba preparada!
  Que era buena y estaba preparada
  para entregar mi vida a Dios.

De modo que, con el alma abierta de par en par,
  me senté.
  Le escribí una nota
  y se lo dije.

Gemmia L. VANZANT

Introducción

Retirar el Velo

En un momento en mi vida, realmente creí tenerlo todo resuelto. Trabajaba en la profesión de mis sueños. Tenía una casa decente. Disfrutaba de una relación sólida. Mis hijos eran unos adolescentes normales. Pero entonces, una mañana, desperté sintiéndome desgraciada. No había sucedido nada en particular. Bueno, en realidad, sí. En algún momento, durante la noche, mientras dormía, había decidido decirme la VERDAD. Odiaba mi trabajo. Me sentía sola viviendo en una ciudad nueva en la que no conocía a nadie. Estaba saliendo con un hombre casado. Y sentía que había sido una pésima madre, totalmente incapaz de congraciarme con mis hijos debido a los años de locura que les había hecho soportar. Las personas que me veían desde fuera creían que, realmente, lo había conseguido todo. ¿Quién era yo para dudar de ellas? Me convencía día a día de que estaban en lo cierto.

Los sentimientos de desdicha, confusión y desesperación comenzaron a crecer en mi mente como un molesto hongo. Mis pensamientos eran confusos. Respondía a la gente de mala manera. Profesionalmente, me había vuelto agresiva y competitiva, hasta el punto de ser combativa. Cada día me forzaba hasta acabar exhausta, para que ninguna otra VERDAD me pudiese ser revelada, o me fuese revelada, mientras dormía. Me aferré a la relación creyendo que, si le ponía fin, perdería la cabeza. Llegó a su fin. Y perdí la cabeza. Perdí la cabeza que me había mantenido en la negación durante la mayor parte de mi vida. Perdí la cabeza que estaba tan llena de distorsiones, medias verdades e ideas de otras personas que habían alimentado mi desdicha como si de un perro hambriento se tratara. Perdí la cabeza pensando que estaba enfadada con mi madre, que odiaba a mi padre, que estaba resentida con mi hermano, que deseaba controlarlo todo y a todos los que pudieran hacerme daño de alguna manera. En aquel momento no me di cuenta de lo que estaba sucediendo. Creí estar pasando por una racha de mala suerte. Mientras observaba el desmoronamiento de mi vida, hice lo que haría cualquier persona estúpida. ¡Me puse de muy mal humor! A eso se le llama *locura transitoria*.

Cuando una se vuelve loca sucede algo muy extraño... ¡la gente te ayuda a que continúes estándolo! Algunas personas reconocen tu enfado y te apoyan. Saben por qué estás furiosa. Y, ¿qué hacen? Te acompañan en tu ira. Te ayudan a vociferar y a despotricar. Incluso van tan lejos que te ofrecen una copa durante el proceso. También están las que reconocen tu confusión. A ellas también les has contado tu historia. De hecho, probablemente las has llamado todos los días, manteniéndolas informadas con novedades torcidas y retorcidas que te mantienen en un estado de rabia y confusión. Y, ¿qué hacen ellas? Te ofrecen sugerencias. Te dicen lo que debes hacer y lo que debes decir. En ese momento, todo te parece bien. No obstante, cuando llega el momento de hacer o decir lo que te han dicho, reina la confusión, aparece la locura y retrocedes, dejándote maltratar.

Aunque en aquel momento no era consciente de ello, fui muy afortunada. Hubo una persona en mi vida que reconoció inmediatamente mi confusión, mi rabia y mi locura. Esta astuta persona fue tan lejos que incluso detectó una vulnerabilidad aún mayor. El miedo. Miedo a estar perdiendo el control. Miedo a que otras personas me juzgaran. Miedo a estar siendo castigada por alguna razón que yo no estaba dispuesta a analizar o mencionar. Y lo que es más importante, esta persona reconoció que, debajo de todo esto, yo tenía la necesidad de crecer. La necesidad de cambiar. Sabía que yo había entrado en una especie de zona gris en la que nada tenía sentido, pero todo estaba empezando a cobrar sentido. Me encontraba en un viaje hacia un lugar que exigiría un corazón valiente, una mente fuerte y un espíritu poderoso. Esta persona escuchó mi historia y me ofreció únicamente una sugerencia aparentemente inútil: «Permanece abierta. Aquí está sucediendo algo más grande de lo que imaginas». Bueno, ¿y qué más? ¿Qué diablos se suponía que significaba eso?

Sobreviví a esa experiencia. Las cosas mejoraron, y luego volvieron a desmoronarse. Cambié de profesiones. Cambié de compañeros. Me corté el pelo y perdí catorce kilos. Las cosas mejoraron, y luego volvieron a desmoronarse. Durante el proceso, sucedió algo maravilloso. Adquirí ciertas habilidades, ciertos hábitos y ciertas prácticas que me llevaron a darme cuenta de que en realidad las cosas nunca se desmoronan, simplemente cambian. De algún modo, incluso cuando sentía que estaba a punto de perder la cabeza (una vez más), era capaz de asirme a la idea de que todo es siempre como debe ser. Si tenía que estar loca, pues estaría loca. Es posible que estuviera durmiendo cuando me di cuenta de algo que todavía continúa sosteniéndome: «Si sabes quién camina a tu lado, ¡nunca puedes tener miedo!». Ojalá supiera en qué momento exacto y a qué hora sucedió, porque hubiese organizado una fiesta. Ahora creo que ése fue el instante en que mi alma se abrió y el espíritu del Divino entró en mi vida.

He conocido a cientos de miles de personas que, desde mi propia experiencia, reconozco que están completamente locas. No es un tipo de locura que hace que acabes en el manicomio. Es un tipo de locura que te mantiene en una lucha por controlar tu vida y a todas las personas que hay en ella. El tipo de locura de la que estamos hablando aquí hace que estés constantemente presionándote, esforzándote por hacer más, por ser mejor, y por estar a la delantera. Desgraciadamente, dado que estás loca, cuando llegas a la delantera, cuando estás mejor y cuando consigues más, no tienes suficiente. La locura que atormenta a más de la mitad de la población adulta de la mayoría de los países hace que personas totalmente capaces y sanas permanezcan en trabajos en los que se sienten desgraciadas. Estas personas dementes permanecen en relaciones en las que son infieles o les son infieles. Permanecen en situaciones de todo tipo en las que son maltratadas, ignoradas, degradadas, pasadas por alto, y deshumanizadas de muchas otras formas que no puedo enumerar. La locura que estoy identificando aquí es del tipo que hace que olvides *quién* camina a tu lado y *quién* vive dentro de ti, y que, a raíz de esta pérdida de memoria, cierres tu alma.

Si tú o cualquiera que conozcas dais señales de tener estos síntomas, ¡cuidado! Esa persona podría andar por ahí creyendo que está bien. La mayoría de las personas locas lo hacen. Sé consciente de que bajo esa fachada de «todo está bien» puede haber un hongo maligno de miedo, confusión y desdicha devorando su alma. Mientras el alma es devorada, cada día se convierte en una lucha penosa. Las personas de su entorno se convierten en muletas y en víctimas, o son percibidas como opresoras. Si una parte de lo que hay en torno a ti o a cualquier persona que conozcas se está desmoronando, ¡atención! Éste podría ser el primer indicativo de una locura que está esperando tomar el poder, nublar la mente y destruir el espíritu. Si esto sucede, una parte de ti, o de alguna persona que conoces, está a punto de cerrarse. Debe cerrarse para que tú puedas sobrevivir. Por otro lado, si reconoces estos síntomas en ti o en alguien que conoces, te doy un consejo: «Permanece abierto. Aquí está sucediendo algo más grande de lo que imaginas».

Al escribir este libro, tengo la esperanza de ofrecer apoyo y orientación a aquellas personas que están temporalmente locas. Yo he pasado por eso y sé que, realmente, es sólo temporal. En ocasiones puede parecer que la vida nos pone una carga mayor de la que podemos, o queremos, soportar. No es que no podamos manejarlo. El problema suele ser *que sabemos* cómo manejarlo. Aquellos que sean suficientemente sabios o valientes para hacerse con este libro antes de que la locura se instale, estarán equipados para enfrentarse a las tareas que les esperan. Aquellos que no deseen volver a caer en la locura también pueden beneficiarse de esta aproximación terapéutica. No importa en qué categoría te encuentres, quiero compartir contigo las cosas que encontré más eficaces para ayudarme a permanecer abierta y anclada en el conocimiento de quién soy en realidad cuando las experiencias de la vida amenazan con hacer que lo olvide.

Pasar cuarenta días y cuarenta noches honrando las cosas que realmente importan en la vida es el primer paso hacia el crecimiento personal y la fortaleza espiritual. Si te pareces en algo a mí cuando estaba demente, podrías tardar seis meses en completar este proceso de cuarenta días. ¡No importa! Harás cuanto necesites hacer, cuando lo necesites. Si, de golpe, entrara demasiada luz, demasiada VERDAD, podrías quedarte ciego espiritualmente. La buena noticia es que cuando necesites este libro, lo tendrás. La adquisición del conocimiento efectivo de cuarenta principios espirituales te proporcionará una percepción totalmente nueva de ti mismo, o de ti misma, y de la vida. No seas como era yo cuando estaba loca. ¡No intentes solucionarlo! Es posible que los nuevos pensamientos y los nuevos sentimientos no aparezcan instantáneamente. En cuanto te des cuenta de que tu antigua forma de pensar y de sentir ya no funciona para ti, el proceso de este libro será algo nuevo que podrás probar. Quizás encuentres que cuarenta días y cuarenta noches es poco tiempo; probablemente esto se deba a que la mayoría de las personas dementes creen que, cuanto más complicada es una cosa, mejor es. Esto, simplemente, no es VERDAD. El cuarenta es un número místico. Tiene el poder de curar la demencia.

Si estás dispuesto a admitir que estás loco del modo que se describe aquí, o lo has estado, y que te gustaría recibir ayuda, eres bienvenido. Si estás dispuesto a decir que esto no te ha sucedido nunca, pero que conoces personas a las que te gustaría ayudar captando algo de la información que aquí se ofrece, eres bienvenido. Si has recibido este libro como regalo y no entiendes por qué, ¡date por aludido! Eres bienvenido. Estamos a punto de embarcarnos en un viaje hacia un lugar en el cual ya no reinará la locura. Se trata de un lugar en el cual todo aquello que creías necesitar y desear se desvanecerá. En este lugar encontrarás cosas que no sabías que tenías o necesitabas. Queridos amigos, estamos a punto de entrar en vuestras almas.

Para algunos, el viaje será rápido y agradable. Habrá revelaciones. Luego llegará la comprensión. En el día cuarenta y uno tendréis algo que compartir con vuestros amigos, con vuestra familia y con vuestros seres queridos. Para otros, este viaje será atemorizante y turbulento, y en ocasiones os convenceréis de que es innecesario continuar. Os sentiréis tentados a abortar el viaje. Olvidaréis realizar una tarea u otra. Os convenceréis de que no estáis obteniendo nada de él. Incluso, alguien podría robaros el libro el día antes del día de la paga, cuando creéis que no podéis permitiros comprar otro. Ese mismo día, algo maravilloso os sucederá. Os convenceréis de que la vida realmente ha dado un giro a vuestro favor. Ese mismo día, vuestra dicha brotará de vuestros pies y os habréis olvidado de sustituir este libro. He aquí, una vez más, una frase de apoyo y aliento para vosotros: «**Permaneced abiertos. Aquí está sucediendo algo más grande de lo que imagináis**».

El proceso diario

Tu viaje de cuarenta días exigirá un compromiso de treinta minutos al día: veinte minutos para el ejercicio matinal y luego diez minutos para el ejercicio nocturno. Ciertamente que eres libre de dedicarle más tiempo; no es recomendable, sin embargo, dedicarle un tiempo menor. Si tus mañanas se parecen a las mías, te sugiero que realices el ejercicio matinal en cuanto te despiertes, antes de estar «ocupado» haciendo otras cosas. Una vez has salido de tu habitación, funcionas en una vibración totalmente distinta. Una vibración exterior. Cuando hayas empezado a moverte en la vibración exterior, probablemente encontrarás todas las excusas del mundo para no detenerte y abrir el libro. Ahora que sabes lo que podría pasar, estás preparado, o preparada, para empezar. Necesitarás este libro, un bolígrafo o un lápiz y dos rotuladores de color o lápices de colores. Ayúdate a mantenerte centrado y comprometido colocando estos objetos junto a tu cama antes de irte a dormir.

Al despertar por la mañana, respira profundamente entre cinco y siete veces para limpiarte, inspirando por la nariz y espirando por la boca, emitiendo el sonido *¡Ahhhhh!* Acostado sobre tu espalda, centra la mirada en un punto en el techo. Deja que tu cuerpo se relaje y que tu respiración recupere su ritmo normal. Cuando te sientas preparado, levántate lentamente hasta estar sentado. Trabaja los músculos de tu cuello rotando la cabeza tres o cuatro veces hacia la derecha y luego hacia la izquierda. Respira profundamente una vez más. Ahora estás listo para empezar.

Cada uno de los cuarenta principios comprendidos se presentan con una *Definición a trabajar*. Esta definición se basa en el significado universal, espiritual o metafísico de la palabra. Se proporciona para que todas las personas que utilicen este proceso tengan una comprensión común de la perspectiva ofrecida. Estas definiciones no se ofrecen como un intento de rehacer el diccionario, ni se presentan como un desafío a tu intelecto. Este libro te ofrece un proceso espiritual, y los principios que se exploran y se aplican aquí se contemplan desde esa perspectiva.

Cuando hayas leído la definición a trabajar del principio, lee el Comentario sobre el principio del día. Utiliza un rotulador o lápiz de color para subrayar cualquier cosa que leas que te resulte familiar o que sea cierta para ti, y cualquier cosa que encuentres enteramente nueva. Utiliza otro rotulador o lápiz de color para identificar cualquier cosa que leas ante la cual sientas resistencia, aquellas cosas que te parezcan totalmente traídas por los pelos y descabelladas. Después de leer el Comentario, pasa al apartado titulado *Diario del comentario*. Este apartado se te ofrece para que puedas registrar tu respuesta inmediata y tu reacción a lo que has leído. También te puede resultar útil escribir aquellas cosas que has resaltado y las impresiones o sentimientos que despiertan en ti. Después de cada Diario del comentario encontrarás una Afirmación matinal. Se trata de una oración afirmativa que se ofrece para ayudarte a integrar el principio en tu conciencia. La Afirmación matinal es una herramienta poderosa que comunicará a tu mente lo que pretendes experimentar a lo largo del día. Siéntete libre de leerla tantas veces como quieras, en silencio o en voz alta. Quizá desees resaltar también aquellas cosas que más te impresionen. Cuando termines de leer la Afirmación matinal, quédate unos minutos en silencio, permitiendo que lo que has leído sea integrado en tu mente. Éste es el momento perfecto para decir una plegaria silenciosa para ti o para otra persona. El ejercicio de lectura combinado con la oración es una excelente manera de dirigir tu voluntad y concentrar tu energía. Ahora ya estás preparado, o preparada, para empezar el día. Cuando le encuentres el tranquillo, todo el proceso no debería durar más de veinte minutos.

Tanto si eliges llevar este libro contigo como si decides dejarlo en casa, hay una sección que te ayudará a integrar el principio del día en tus actividades. Los apartados titulados Deseo recordar que... contienen una serie de afirmaciones de las ideas contenidas en el Comentario del día que te ayudarán a recordar el principio del día. Si llevas el libro contigo, puedes leerlas tantas veces como necesites hacerlo. Si no es así, podría resultarte útil escribir estas afirmaciones en una ficha y pegarlas en tu billetero o en tu bolsillo. Son como una «inyección impulsora» que te ayudará a practicar el principio durante el día.

El proceso nocturno es relativamente simple. Antes de irte a dormir por la noche, relee el Comentario. Al repasar mentalmente tu día, recuerda las maneras en que fuiste capaz de aplicar el principio, y las maneras en que no lo fuiste. Identifica cualquier evidencia que hayas descubierto de que el principio funcionaba, y la forma en que los principios parecieron no funcionar. Ahora estás preparado para completar el Diario nocturno. Una vez más, las preguntas y afirmaciones del Diario nocturno se ofrecen como guía; se trata de conceptos que te ayudarán a concentrarte. Eres libre de escribir cualquier cosa que se te ocurra en relación con el principio: cómo se aplicó, o no se aplicó a tus experiencias del día, o lo que estás sintiendo en ese momento. Todo es relativo a tu viaje. A través de este proceso de escritura, el principio adquiere forma y se convierte en un elemento tangible con el que puedes trabajar o a través del cual puedes trabajar.

Una vez hayas completado el Diario nocturno, habrás acabado con el principio. Si te sientes incompleto o sientes la necesidad de continuar trabajando con un principio en particular, ¡adelante! Al día siguiente, al despertar, empieza el proceso con el mismo principio. Si te sientes completo, puedes empezar a trabajar con el siguiente comentario.

Es cierto que puedes ignorar el proceso sugerido y elegir cualquier principio que encaje con tus necesidades en un determinado día. También puedes trabajar con uno o dos principios cuando sientas necesitarlo. No te alarmes si te parece no comprenderlo, o si no eres capaz de permanecer sereno, sin ofrecer resistencia y sin temor mientras exploras un determinado principio y lo aplicas a tus experiencias vitales. Tu mente se está abriendo a una nueva perspectiva que facilitará tu crecimiento, tanto si eres o no consciente de ello; tanto si lo sientes, o crees en ello, como si no. Lo cierto es que nada de esto es nuevo. Ya conoces todo lo que te estoy presentando. En realidad, estás siendo guiado para que recuerdes lo que quedó grabado en tu alma mucho tiempo atrás.

Te ofrezco una precaución. Puedes esperar que tu vida cambie mucho si empiezas a integrar estos principios. Pero el cambio no siempre tiene buen aspecto o es agradable. Esto también forma parte del proceso. Aprender, comprender o practicar unas disciplinas espirituales no te inmunizará contra ninguna de las lecciones por las que debes pasar en tu vida para «crecer». Hacer algo nuevo, pensar de una manera nueva, aplicar activamente esta información a tu vida y a tus experiencias es un profundo proceso de aprendizaje. Al insistir en el proceso, aprendiendo a integrar la información, un principio se apoyará en otro, hasta que todos encajen en un cohesivo fundamento de pensamiento que podrás trabajar. Recordarás lo que es tu fundamento espiritual y lo que siempre estuvo destinado a ser. Este fundamento te proporcionará la fuerza para que avances por las nuevas experiencias, y el valor para enfrentarte a la «conclusión» de las viejas.

Cuando tu vida y este proceso estén funcionando, puede parecerte que no está sucediendo nada. ¡Eso es bueno! Cuando tu vida esté funcionando habrá una ausencia de drama. En ausencia del drama, el conflicto y el caos, surge la oportunidad para que tenga lugar un cambio duradero. Como siempre, te animo a ser paciente contigo. Sé amable contigo. Debes saber que todas las cosas están trabajando a tu favor. Si das un paso hacia la luz del Espíritu, el Espíritu dará cinco para tu bien.

Primera fase

Querido Dios,
habla en mis palabras hoy.
Piensa en mis pensamientos hoy.
Trabaja en mis actos hoy.
Soy Tuyo para tu uso, hoy y siempre.
¡Y así es!

Honra al Divino

Puedo imaginar que no estoy sola cuando digo que he pasado la mayor parte de mi vida enfadada con Dios. Cuando no estaba enfadada, estaba totalmente confundida y, cuando no estaba confundida, estaba asustada. Al crecer en la Iglesia, llegué a conocer a Dios como una entidad amorfa, externa. Él era grande, Él era feroz, Él estaba esperando a que yo hiciera algo mal para precipitarse y agarrarme. Agarrarme tenía que ver con hacerme sufrir y quitarme cosas que yo amaba y quería, como mi madre. Agarrarme tenía que ver con no darme nunca su aprobación o su aceptación por todas las cosas malas, inapropiadas o puramente humanas que yo estaba inclinada a hacer. En algún momento de mi vida llegué a comprender que Dios no estaba contento conmigo. Esto me daba igual, ¡porque yo tampoco estaba muy entusiasmada con Él!

¿Qué significa creer en Dios? Mi percepción de Dios de mi niñez, de que Él estaba en todas partes y podía verlo todo, me acompañó hasta bien entrada la adultez. *Él* me veía robar golosinas. *Él* me veía besar a los chicos. *Él* sabía que utilizaba palabras de cuatro letras, que fumaba, bebía, y había sido promiscua. *Él* sabía que le había mentido a mi jefe (matando a mi abuela o a cualquier otro familiar que me quedara), a mis hijos, al fisco y, por descontado, *Él* sabía que le había mentido a mi madre en muchas, muchas ocasiones. *Él* estaba realmente furioso conmigo y, por esa razón y por muchas otras razones, yo le temía. Su ira, concluía yo, se ponía de manifiesto en los constantes dramas y las constantes crisis que había en mi vida. *Él* había permitido que me quedase embarazada a los dieciséis años. *Él* había permitido que me casara con un hombre que me pegaba, que me dejaba, que regresaba para pegarme, que después me ponía los cuernos, para luego volver a dejarme. *Él* había permitido que pasara hambre y me quedara sin casa. *Él* se había negado a contratarme para ese trabajo que realmente necesitaba. Sí, Dios y yo rara vez nos hablábamos, y cuando lo hacíamos, *Él* siempre parecía estar castigándome por algo que yo había hecho o dejado de hacer. Yo no comprendía de qué se trataba. Cualesquiera que fueran sus razones, Él estaba, verdaderamente, poniendo a prueba mis creencias.

Yo siempre intentaba agradar a Dios. Conocía todas las oraciones rutinarias. El salmo veintitrés. El Padrenuestro. Con un poco de ayuda, incluso podía seguir el salmo noventa y uno sin leerlo de la Biblia. De hecho, era capaz de decir en voz alta todas las palabras que me sabía, y dejar que mi boca se moviera mientras musitaba todas las demás. Me sabía las canciones, esos espirituales que parecían tener tanto significado, consolar tanto a tantas personas. «Amado Señor, toma mi mano», «Asombrosa Gracia», «Más cerca Señor de Ti», «Qué buen amigo es Jesús». ¡Jesús! ¡Oh, Dios, no entremos en eso! El mero hecho de hablar de Él hacía que quedara paralizada por el miedo. Pero, cuando intentaba impresionar a Dios, cantaba a viva voz incluso esas canciones llenas de Jesús. Me creía capaz de conseguir que Dios creyese que realmente lo conocía y que confiaba en Él. También sabía cómo consolar a otras personas que parecían estar en conflicto con Dios, o en relación con Él. Les decía que Dios sabía lo que era mejor. Sabía cómo impresionar a aquellas personas, diciéndoles que rezaría por ellas. Yo creía que realmente sabía rezar. Había oído a mi abuela y a otros «santos» de la Iglesia hacerlo, y seguía su ejemplo. Sabía hacer todas las cosas que me habían enseñado hacer para que Dios estuviera contento conmigo, pero en algún lugar, en lo más profundo de mí, sabía que no era más que un juego. Realmente deseaba creer en Dios, pero no lograba comprender lo que eso significaba.

Mi abuela siempre decía: «¡Nunca pronuncies el nombre del Señor en vano!» y «¡No tientes al Señor!». Esto, entre otras prácticas religiosas aparentemente carentes de significado, fue lo que creó gran parte de mi confusión. Si Dios estaba en todas partes y tenía tanto poder, ¿acaso no sabía que yo estaba enfadada, confundida y asustada? Y si lo sabía, ¿por qué no me «fulminaba», tal como la abuela decía que sucedería en cualquier momento? Si Dios estaba tan amorosamente preocupado por mí, ¿por qué no me ayudaba, no me detenía, no me orientaba mejor? ¿Por qué permitía Dios que les ocurriera cosas malas a la gente? Y cuando las personas malas intentaban ser buenas, ¿por qué tenían que ser castigadas? Yo *quería* una respuesta a esas preguntas; pero *necesitaba* una respuesta a la eterna pregunta: ¿qué significa creer en Dios? Esto era demasiado para que yo intentara comprenderlo. De modo que, supongo que como tantas otras personas, me cerré, me marché, me desconecté de Dios. Ah, ¡cuánto mejor me sentía! Limitarte a hacer lo que tienes que hacer cuando lo tienes que hacer, sin temer lo que pueda suceder. Me pareció que esto tenía sentido, y reforzó la creencia subyacente de que Dios sólo estaba disponible para ciertas personas, ciertas personas especiales, entre las que yo no me contaba.

Ojalá pudiera identificar el día en que todo empezó a cambiar para mí. Ojalá pudiera identificar el libro que leí, la canción que oí, las palabras que sonaron claras y ciertas en mi mente y que respondieron a todas las preguntas y me proporcionaron una visión completamente distinta de la presencia de Dios en mi vida como algo Divino. Puedo imaginar que fuera en una época en la que tenía problemas. Admitiré que, no importaba cuáles pensara yo que eran mis creencias, siempre que me encontraba sumida en una profunda confusión, regresaba a Dios, arrastrándome sobre mi vientre como un reptil. Yo debo ser la autora de la oración: «Dios, si me ayudas esta vez, ¡prometo no volver a molestarte!». Nunca he estado verdaderamente enferma, lo cual quiere decir que no era por miedo a la muerte o por la necesidad de una curación física. Mis hijos tampoco han estado nunca en peligro, de modo que eso no puede haber sido lo que impulsó que retomara mi relación. Sé que no fue la necesidad de dinero. Había vivido en la pobreza durante la mayor parte de mi vida y había decidido mucho tiempo atrás que Dios no le da dinero a la gente pobre. No creo que estuviera rogando por el regreso de un amante, ni por el gran escape de alguna situación de desesperación emocional. Si mal no recuerdo, el día en que realmente sentí la presencia del Divino en mi vida, fue como tener un conocimiento silencioso en mi corazón. O quizá fuera un pensamiento profundo que me condujo a hacer algo que cambió mi vida para siempre. Fuera lo que fuese, sucediera cuando sucediera, fue una experiencia que me hizo saber, sin ningún asomo de duda, que *Él* y yo estábamos, finalmente, en buenos términos. También sé que ésa fue la experiencia que me enseñó que creer en Dios es reconocer y agradecer Su divina presencia en tu interior.

Hoy, después de muchos años de atormentarme admitiendo todas las elecciones absurdas que había hecho y las malas decisiones que había tomado, sé que «Dios está en el centro de mí y que Él cree en mí». Gracias, Charles Filmore, fundador del Unity Village. Ahora creo con todo mi corazón que «sólo hay una Mente y que cada uno de nosotros es una manifestación de esa Mente, la mente de Dios, el Divino». También creo que cada uno de nosotros es una expresión única de la Mente Divina que vive para realizar una misión y un propósito divinos. Como expresión de esa única Mente Divina, no hay nada que necesitemos tener, o que necesitemos saber, que esté más allá de nuestro reconocimiento inmediato. Gracias, Ralph Emerson, Joel Goldsmith, Howard Thurman, Eric Butterworth, Emilie Cady y Elvis Presley por la obra que realizasteis y las palabras que pronunciasteis que me hicieron percibir esto. En la actualidad, incluso cuando experimento la desesperación, la confusión o una calamidad aparente en mi vida, sé que «El Padre conoce mis necesidades, ¡incluso antes de que yo haga mi petición!». ¡Gracias, Jesús! Por fin me doy cuenta de que no estás ahí para prenderme, que caminas a mi lado, y que nuestro Padre me ama tanto como te amó a Ti. Sobre todo, doy gracias al Espíritu que hay en mí por haberme enseñado cosas, por haberme mostrado cosas, por haber sido paciente conmigo mientras yo vivía el castigo autoimpuesto que finalmente abrió mi corazón y mi mente a la presencia del Espíritu, esa Mente única que es más grande que yo.

¿Qué significa creer en Dios? Significa aprender a honrar tu propia Divinidad inherente. No es una tarea fácil, pero cada gramo de esfuerzo que le dediques vale la pena. Aunque ahora sé lo que significa creer en Dios y aceptar su presencia como una parte inherente de mi ser, en ocasiones vuelvo a mis antiguos temores, a mis antiguas creencias y a la vieja confusión. Reconozco que hay momentos en los que me concentro en el problema y no en la presencia de bondad que es Dios. Sin embargo, ahora sé cómo aquietarme, formular la pregunta y esperar la respuesta, porque siempre intento recordar que, «ahí donde yo estoy, está Dios, y Él cree en mí». Es en esos momentos, cuando la mente intelectual se aquieta, que el espíritu se despliega y se eleva. Es cuando eres capaz de hacer estas afirmaciones silenciosas con la fe de que la presencia del Divino se activará, infundiendo tu ser con una sensación de sereno bienestar. He aprendido que no existe una fórmula mágica que te conduzca a ese momento. Y tampoco hay un determinado camino para llegar hasta ahí. Pero, sin embargo, hay una exigencia que parece aplicarse a todo el mundo. Debes tener un intenso deseo de conocer al Divino, que no esté basado en otra cosa que en ese deseo intenso. No puedes desearlo por ninguna otra razón que no sea el hecho de desearlo. Es así de simple.

¿Qué significa creer en Dios y abrazar esa Presencia Divina? Significa que a veces darás algunos traspiés, olvidando lo que deseas, cayendo de cabeza en los viejos hábitos y las antiguas creencias. ¡No temas! Esto es de esperar. Siempre que desafíes las viejas costumbres con nuevas costumbres, las viejas lucharán con uñas y dientes. Recuerda, en todo momento, ser paciente y amoroso contigo y con los demás, porque eso es lo que Dios siempre hace. Habrá momentos en los que el miedo te sobrepase, te deje sin aliento y haga que tu cabeza dé vueltas. Miedo a perder el control, a ser extraño, a cambiar lo conocido y lo cómodo por algo que seguramente será desconocido e incómodo. Uno de mis mentores me dijo en cierta ocasión: «Cuando te sientes cómoda, ¡no estás creciendo!». Si deseas crecer hacia un espacio divino en tu vida, debes respirar (*¡Ahhhhh!*) y seguir avanzando.

Descansa con la certeza de que habrá ocasiones en las que te caerás de bruces. Te parecerá que cuanto más rezas, cuanto más intentas confiar, más santo y devoto te vuelves, peor parece ir tu vida. Las cosas que iban bien, irán mal. Las cosas que no iban tan bien, estallarán en tu cara. ¡Se trata de un truco! ¡No te dejes engañar por las apariencias! Agárrate a las palabras, a la frase, a la oración, a los pequeños trozos de confianza y fe que puedas reunir. ¡No te están poniendo a prueba! ¡Te están fortaleciendo! Recuerda, ¡no puedes fallar! Todos los senderos llevan al mismo camino. El camino que conduce a la paz, la dicha y el recuerdo del amor incondicional de Dios.

¿Por qué, te preguntas, habrías de querer emprender el viaje? ¿Por qué habrías de buscar a Dios, si todo va bien? Estás saliendo adelante con lo que conoces, con lo que has aprendido. ¿Por qué habría de ayudarte Dios ahora? Y, ¿qué hay ahí para ti? Me he hecho estas preguntas muchas, muchas veces. He hallado muchas respuestas. Algunas respuestas surgieron de la vieja escuela, del viejo sistema de creencias que me mantenía en el temor y la confusión. Si no acudía a Dios, ¡algún día Él vendría a «prenderme»! En muchas ocasiones intenté desesperadamente convencerme de que debía creer. ¡Dios es bueno! ¡Dios sabe lo que es mejor! Incluso teniendo esto en mi arsenal, cuando las cosas no iban como yo creía que debían ir, me enfadaba y me asustaba. La respuesta a todas mis preguntas que ha permanecido más tiempo conmigo y que más me ha impresionado ha sido: «Dios depende de ti tanto como tú dependes de Dios». El Creador del universo, la energía divina de la vida, necesita que yo demuestre la bondad que Él/Ella tiene reservada para todas las personas. «Yo soy la luz del mundo», y Dios quiere que yo brille en la gloria de este conocimiento. Dios cree que puedo hacerlo. Cuando me lo expresaron de este modo, me di cuenta de que tenía muy poco que perder y todo que ganar. Con un poquito de fe, de confianza y de esfuerzo, sé que descubrirás que lo mismo es cierto para ti.

Día 1

Honra al Divino con la... VERDAD

Definición a trabajar

El principio con el que trabajaremos hoy es la VERDAD. *Es lo Absoluto, lo que revela, y está de acuerdo con, la voluntad del Divino como principio gobernador de la vida. La verdad es eterna, es igual hoy que ayer. La plenitud de la verdad relacionada con lo Divino existe en el núcleo de todo ser viviente. El principio básico de la verdad es que la mente de todo individuo está eternamente unificada con la Mente Divina. Mientras la conciencia individual se expande y abarca el concepto de verdad divina, la comprensión se despliega.*

Comentario sobre la Verdad

Había tantas mentiras en mis cimientos. Mi madre, que Dios la bendiga, me dijo que creía que yo necesitaba saber cómo tener éxito. Las cosas que me dijo constituyeron mi armadura, mi protección ante la dureza del mundo. Desgraciadamente, querida madre, lo que me decías no tenía nada que ver con la VERDAD de mi ser. Me resultaba doloroso aceptar este hecho: que mi madre era, esencialmente, una mentirosa. Me resultaba aún más difícil abrirme paso entre las instrucciones de mi madre y encontrar la VERDAD, la VERDAD de Dios. Esto significaba que debía analizar todo lo que me habían dicho y sopesarlo con la VERDAD universal. Era muy desafortunado que incluso esa VERDAD fuese distorsionada por la Iglesia, los noticieros y el Capitán Canguro.

¡La vida es dura! ¡Nadie te va a regalar nada! ¡Tienes que trabajar duro para conseguir lo que deseas en la vida! ¡No te fíes de nadie! Si no vigilas, la gente te pasará por encima. ¡Tienes que ser mejor que todos los demás! ¡Si no destacas nadie se fijará en ti! Esto es lo que mis padres y sus amigos me metieron en la cabeza. Debajo de todo esto, estaban sus pocas expectativas respecto a mí y para mí, por el hecho de que yo era mujer. Estoy segura de que mi madre, mi padre y mi abuela pensaban que estaban siendo sinceros conmigo, y yo también lo creía. Desgraciadamente, sus instrucciones, unidas a mis propias percepciones, provocaron una confusión total.

Debo decir que, incluso en su histeria protectora, las personas que cuidaban de mí me proporcionaron algunas gemas que han resultado ser duraderas y me han dado poder, a pesar de que, inicialmente, me confundieron y me lo quitaron. Particularmente, «Fíate de tu primer pensamiento». Mi interpretación era: «¿Por qué demonios habría de hacerme caso a mí misma? ¡Soy despreciable! ¡He nacido con el pecado original! Sólo algunas personas reciben la atención de Dios, y la mayoría son hombres. ¡Soy demasiado joven! ¡No sé lo suficiente! ¡Soy mujer!». Luego estaba el clásico, «Trata a los demás como te gustaría que te traten». ¡Un momento! ¿Son «los demás» las mismas personas que están esperando para aniquilarme? ¿Para precipitarse sobre mí? ¿Para traicionar mi confianza? ¿Para llevarse lo que tengo y dejarme plantada? ¿Qué se supone que debo hacer, excepto protegerme de ellas? Y no olvidemos que «Jesús murió por tus pecados. Si quieres ir al Cielo debes recibirlo como tu salvador». No sé si es el caso de la mayoría, pero me educaron para temer a la muerte. El pensamiento de que había hecho algo (cualquier cosa, particularmente algo de lo que no era consciente) que le había costado la vida a alguien me dejaba sumida en la culpa. Ahora bien, cuando soy culpable me cuesta muchísimo enfrentarme a las personas que me recuerdan lo que he hecho o he dejado de hacer para ser culpable. Además, las imágenes de mi infancia de Cristo en la cruz me hacían recordar mi culpabilidad y me decían que él no había acabado tan bien. ¿Cómo iba a ayudarme desde la posición en la que se encontraba? Los mensajes. Las imágenes. El conflicto en mi interior me alejaba cada vez más del lugar en el que deseaba estar: en medio de la VERDAD.

«Debes realizar tu propia investigación independiente de la VERDAD». Estas poderosas palabras de un amigo que me instruyó sobre la fe Baha'i son un buen punto de inicio para el viaje de descubrimiento de la VERDAD. Cuando eres suficientemente valiente para empezar a examinar y desafiar aquellas cosas que te han enseñado a aceptar como VERDAD, no puedes evitar hallar la VERDAD que se encuentra bajo su significado aceptado. Descubrir y abrazar una sola VERDAD eterna llenará tu corazón, hará brotar lágrimas en tus ojos y erradicará las falsas creencias en un instante. ¿Lo sabrás cuando la hayas encontrado? «¡Las ovejas siempre conocen la voz de su Pastor!». Y lo que es más importante, como nos decían nuestras madres: «¡La VERDAD te hará libre!». La VERDAD te devolverá al lugar en el que empezaste siendo una idea divina en la mente de Dios. La VERDAD te liberará de los miedos habituales que el proceso de la vida puede imponer en ti. La VERDAD eliminará tu necesidad de ser cualquier otra cosa que no sea lo que ya eres... Divino o Divina. Demostrará ser un sustituto adecuado y satisfactorio a la necesidad de arañar, de dar zarpazos y luchar para conseguir cualquier cosa. La VERDAD es que ya tenemos todo lo que necesitamos. La VERDAD, en su forma más simple, es una exorcista para el «espíritu del haz-haz» –haz esto, haz lo otro, hazlo ahora, hazlo rápido–. La VERDAD permite que te limites a *Ser*.

La capacidad de estar bien con quien eres, haciendo cualquier cosa que estés haciendo, en cualquier momento dado, es un regalo del cielo, y nos pasamos la vida matándonos por encontrarlo. Los resultados de una investigación privada de la VERDAD son la única prueba incontrovertible de que la VERDAD es eterna, consistente, fiable y que nace del amor. Para mí, el descubrimiento de la VERDAD acerca de la VERDAD fue suficiente para permitirme perdonar a mi bien intencionada madre y a todas las demás personas que me habían apoyado en mis ideas equivocadas sobre la vida o sobre mí misma.

Postulados de la Verdad

El resultado final de mi propia investigación independiente de la VERDAD fue mi capacidad de abrazar ciertas ideas que eran consistentes, aunque difíciles de encontrar. En todo texto religioso, en todo libro sobre crecimiento personal, en todo tratado de la «nueva era» que examiné, había ciertas teorías que aparecían siempre. Claro que siempre estaban expresadas de una manera diferente. Algunas de ellas se presentaban como el significado profundo y subyacente de alguna entretenida historia. Otras afirmaciones de la VERDAD simplemente me miraban como si me retaran a desafiarlas. Lo hice, ¡y ellas ganaron!

Me da la impresión de que algunas de las ideas sobre la vida que aparecieron, independientemente de cómo estuvieran enmarcadas o fuesen presentadas, hicieron que la vida me pareciera digna de ser vivida. Yo las llamo *Postulados de la Verdad*.

POSTULADO 1
Dios es Vida. Dios es Espíritu. Dios es Mente. Dios es el único poder que controla la vida, el espíritu y la mente.

POSTULADO 2
Dios está dentro de ti y dentro de todo ser viviente. Traducido, esto significa que toda cosa que esté viva es una representación única de la identidad de Dios —mente, espíritu y vida.

POSTULADO 3
Sólo tenemos el tiempo, y el tiempo está de nuestro lado. Por esta razón se nos sigue proporcionando la oportunidad de repetir y volver a crear nuestras vidas.

POSTULADO 4

Dios no nos castiga. Nosotros nos castigamos con la culpa, la vergüenza y el miedo cuando elegimos no actuar de acuerdo con nuestra naturaleza inherentemente divina.

POSTULADO 5

Hay un Orden Divino en todas las cosas de la vida. Por esta razón, en la vida, en cualquier momento dado, estás exactamente donde deberías estar según el despliegue Divino de tu conciencia y de la vida.

POSTULADO 6

La vida es el despliegue de experiencias diseñadas para traer a nuestra conciencia el funcionamiento impersonal de los principios universales, a veces llamados leyes naturales. Cuando somos conscientes de que los principios están operando y gobernándonos para que vivamos en armonía con ellos, nos resulta más fácil comprender las experiencias que tenemos en la vida.

POSTULADO 7

Dios no bendice a las personas. Recibimos la gracia del Divino en forma de abundancia, paz, dicha, bienestar y amor, como una función de lo que pensamos, sentimos y creemos sobre la vida, sobre nosotros mismos y sobre el Divino.

POSTULADO 8

Nuestras vidas son un reflejo de nuestras elecciones conscientes y subconscientes. Cuando no elegimos, vivimos sin participar.

POSTULADO 9

Todo el mundo nace para satisfacer un propósito divino, y Dios nos ha dado todo lo que podemos llegar a necesitar para satisfacer dicho propósito.

Cada persona descubrirá el grado de VERDAD que apoya aquello que cree sobre la vida, como hice yo. Supongo que el reto más difícil al que todos nos enfrentamos es el de aprender a vivir aquello en lo que creemos cada día, todo el tiempo, en cualquier circunstancia. Las personas no siempre actúan como si fueran representantes de Dios. En ocasiones el castigo es la única razón fundamental, lógica, que eres capaz de encontrar para lo que estás experimentando. Las fechas límite y las exigencias parecen restringir tu tiempo. No te dan más. Cuando intentas sustituir la Ley Divina con la «ley del hombre» parece haber una distribución muy injusta de bienes y recursos. Si uno tuviera realmente que tratar a los demás como es tratado por ellos, probablemente acabaría en un manicomio, o en la cárcel. ¿Cómo se puede esperar que yo aplique realmente estas cosas en mi vida cuando todos los que me rodean están haciendo las cosas como siempre se han hecho: con la mayor rapidez posible, por el medio que sea necesario, consiguiéndolas a cualquier coste, para que te cuesten muy poco o nada? La respuesta, por muy simple que parezca, funciona absolutamente. «¡Fijaos bien! ¡Hago algo nuevo! ¡Vivo la VERDAD del universo!». Al mantenerte en la perfecta e inmutable VERDAD del Divino e incorporarla a todos los aspectos de tu ser y de tu vida, te liberas de las cadenas del hábito. Al recordarte a diario que eres un representante perfecto y único de todo lo que Dios es, descubrirás que estás capacitado para lidiar con lo que sea. Este proceso te ayudará a recordar y practicar la VERDAD de tu alma.

Diario del comentario

Después de leer el comentario de hoy, me doy cuenta de que _____

_____

_____

_____

_____

_____

_____

_____

_____

_____

_____

La(s) frase(s) que deseo recordar y trabajar hoy es(son) _____

_____

_____

_____

_____

_____

_____

_____

_____

_____

_____

_____

_____

Afirmación matinal sobre la Verdad

Hoy, pido que la VERDAD me sea revelada.

La VERDAD es eterna. La VERDAD es la esencia de mi alma. La VERDAD es mi conexión con la fuente divina de toda vida.

Hoy, doy la bienvenida a la presencia de la VERDAD como una inteligencia universal que sabe exactamente lo que debo hacer en cada situación, en cualquier circunstancia.

No importa lo que aparezca ante mí hoy, sé que hay una VERDAD mayor, basada en el amor, el poder, la paz, la alegría y la sabiduría, que me guiará y me protegerá.

Hoy, invoco la presencia de la VERDAD en forma de una luz que expulsará todo pensamiento de separación, limitación y confusión.

La luz de la VERDAD penetra ahora en mi mente, recordándome que hay un poder y una presencia de lo Divino que es más grande que cualquier problema físico.

Hoy, digo la VERDAD. Oigo la VERDAD. Veo la VERDAD más grande, divina, que hay en todas las situaciones con las que me encuentro.

La VERDAD, que es divina, eterna, que todo lo sabe y está eternamente presente, me libera ahora para que yo pueda vivir de una forma plena, total y abundante.

Doy las gracias por la VERDAD que ahora, en este día, me es revelada.

¡Y así es!

Deseo recordar que...

Dios es Verdad. La Verdad es divina.

La Verdad es eterna y consistente. Nunca cambia.

Dios está dentro de todo ser viviente, lo cual significa que hay una Verdad divina y eterna debajo de cada cosa que veo.

La Verdad es más grande que cualquier problema que pueda haber en el ámbito físico.

La Verdad es que Dios cree en mí.

Diario nocturno sobre la Verdad

Yo, _____ *, estoy abierto/a a conocer la* VERDAD *sobre mí mismo/a en relación con* _____

_____

_____

_____

_____

_____

_____

Yo, _____ *, estoy abierto/a a conocer la* VERDAD *en relación con* .

_____

_____

_____

_____

_____

_____

_____

_____

Yo, _____ *, acepto la verdad de que yo* _____

_____

_____

_____

_____

_____

_____

_____

Día 2

Honra al Divino con la... CONFIANZA

Definición a trabajar

El principio con el que trabajaremos hoy es la CONFIANZA. *Es confiar en el Divino para todo sustento y suministro. Un reconocimiento y una aceptación mental y emocional de que la presencia del Divino como bien fundamental es todopoderosa y omnipresente.*

Comentario sobre la Confianza

Hay una gran diferencia entre *confiar* en alguien y *poner tu confianza* en alguien. Al principio me resultaba difícil comprender esta diferencia. Sin embargo, después de que me rompieran el corazón en varias ocasiones y de una miríada de desilusiones, la diferencia se hizo más clara que el agua. Cuando confías en alguien, reconoces a esa persona como un representante de la energía divina. La ves en la luz más elevada posible, sabiendo que, no importa lo que haga, eso no cambia lo que ella es en el núcleo de su ser. Y nada de lo que te pueda suceder cambiará lo que eres en tu núcleo. Esto no depende de las personas. Has aprendido a confiar en la Presencia Divina que hay en ellas. Sabes, con ellas y por ellas, que la luz eterna de la VERDAD que hay en sus almas brillará... tarde o temprano.

Cuando *pones tu confianza* en alguien, esto significa que esperas que haga lo que dice que hará, lo cual suele ser algo que tú deberías estar haciendo por ti mismo, o por ti misma. Confiar en alguien suele significar que esa persona tiene algo que tú crees necesitar, o algo que tú crees que podría llevarse para hacerte daño. Pones tu confianza en las palabras, o en un acto prometido, antes que en el Divino. Sabiendo perfectamente bien que los seres humanos tienen la tendencia a hacer muchas cosas, y cualquier cosa, en respuesta a sus sentimientos interiores de miedo, culpa o vergüenza, ¿por qué colocamos nuestra confianza en unos y otros? ¿Por qué? Porque olvidamos invocar la Presencia Divina en todas las circunstancias. Incluso cuando invocamos al Divino y nuestra confianza es traicionada, culpamos al ser humano en lugar de abrazar la experiencia como una lección del Divino.

Mi primera experiencia de intentar explicarle a alguien esta diferencia fue muy difícil. Una amiga mía tenía un hermano que era drogadicto. Ella había intentado apoyarlo en su rehabilitación en muchas ocasiones. Todos los intentos fueron fallidos. Un día, después de ausentarse de la familia durante varios meses, su hermano reapareció. Parecía estar sano y limpio. Le aseguró a su hermana que estaba «intentando» mantenerse limpio. Le dijo que necesitaba un lugar donde quedarse. El propio miedo, la culpa y la vergüenza que ella sentía hicieron que invitara a su hermano a dormir en su sofá. Durante las semanas siguientes, él «intentó» encontrar trabajo. Ella hacía todo lo posible para apoyarlo con la comida, la ropa, y gastando dinero. En la soleada mañana de un sábado, salió a hacer unos recados y dejó a su hermano durmiendo. Cuando regresó a casa al final de la tarde se encontró con que su televisor, su equipo de música, sus dos cámaras, varias joyas exquisitas y un abrigo de piel habían desaparecido junto con su hermano.

Mi amiga estaba destrozada. Su hermano había traicionado su confianza. No, le aseguré, él había actuado de acuerdo con la condición humana de ser adicto a las sustancias químicas. En realidad no le había hecho nada a ella. Todo cuanto había robado podía ser reemplazado. No era una experiencia agradable, pero ¿por qué había esperado otra cosa? Ella no pudo explicarlo. Una persona que está *intentando* hacer algo no está haciendo nada. *Eres* o *no eres* una determinada cosa. No hay nada entre el hacer y el no hacer en lo que uno pueda confiar. Ella no era capaz de oírme. Había hecho todo lo que estaba en sus manos, decía, para ayudarlo y para protegerse. No le importaba que le hubiese robado el televisor de la sala de estar. Era viejo y estaba en muy mal estado, no valía mucho, ni siquiera en la calle. Pero él había forzado la cerradura de su dormitorio, y ahí había encontrado las cosas «buenas». Si confiaba en su hermano, pregunté, ¿por qué tenía cerrado su dormitorio con llave? La VERDAD del asunto era que, en realidad, ella no confiaba en él. Había puesto su confianza en lo que él había dicho, en lugar de confiar en la sabiduría divina que la había impulsado a cerrar la puerta con llave. Esa sabiduría le había dicho que su hermano todavía era capaz de robar.

La confianza no es algo que la gente se deba ganar. Ni es algo que le damos a las personas que han demostrado merecerla. La confianza es divina, es inherente a nuestra alma. Todo ser viviente, como manifestación de la energía divina, merece que se confíe en él. Confías o no confías. La confianza exige que esperes que la sabiduría divina se demuestre en los actos que realizamos. Hay muchas situaciones y personas que demuestran que no es sabio poner tu confianza en ellas. En esos casos, nuestra propia sabiduría innata, a veces llamada intuición, nos dará una señal interior. Nos sentiremos incómodos, presionados, en conflicto. Nos resistiremos a avanzar o a confiar en lo que oímos o vemos. En lugar de confiar en nosotros mismos y en el Divino que hay en nuestro interior, al ser presa de nuestros sentidos y de nuestras simpatías humanas, lanzaremos la sabiduría al viento y seremos víctimas de un juicio deficiente.

Confía en que el Divino te proporcionará todo lo que necesitas para vivir plena, tranquila y abundantemente. Esto no quiere decir que la gente vaya a hacer siempre lo que es divino o correcto. Pero recuerda, no estás poniendo tu confianza en las personas, estás confiando en que el Divino se manifestará a través de las personas. Esto no significa que tu coche no pueda ser robado, o que no te puedan arrancar el bolso. Significa que puedes confiar en que no sufrirás ningún daño y que cualquier cosa que pierdas será reemplazada. Confía en que el Divino te proporcionará la sabiduría para tomar la decisión correcta en cualquier circunstancia en la que te encuentres. Si quieres saber lo que debes hacer, debes preguntárselo, silenciosamente, a tu corazón. Cuando lo hagas, serás guiado. Serás protegido. Quizá no siempre te parezca que lo que estás haciendo en ese momento sea lo correcto. Las personas y las situaciones pueden desafiarte. Quizás empieces a dudar de ti mismo. Es en esos momentos cuando estás llamado a activar tu confianza en el Divino. Confía en lo que tu corazón te diga. No temas ver la VERDAD en la situación y actuar de acuerdo con ella. Confiar en el Divino tiene un aspecto sumamente importante que, sin duda, tendrá un impacto positivo en tu vida: el hecho de aprender a reconocer e interpretar los signos y las señales que a no dudar recibirás te ayudará a confiar en ti.

Diario del comentario

Después de leer el comentario de hoy, me doy cuenta de que _____

_____

_____

_____

_____

_____

_____

_____

_____

_____

_____

La(s) frase(s) clave que deseo recordar y trabajar hoy son _____

_____

_____

_____

_____

_____

_____

_____

_____

_____

_____

_____

Afirmación matinal sobre la Confianza

Hoy, pongo mi CONFIANZA en la omnipresencia del Divino.

CONFÍO en que hoy seré divinamente guiado/a.

CONFÍO en que hoy estaré divinamente protegido/a.

CONFÍO en que todo lo que importa será llevado a un orden divino de acuerdo con la voluntad perfecta del Divino.

CONFÍO en que mis experiencias de hoy me proporcionarán revelaciones divinas que me conducirán a una comprensión divina y que se desplegarán como sabiduría divina, como una facultad activa presente en mi conciencia.

CONFÍO en que, hoy, todas mis necesidades serán satisfechas.

CONFÍO en que los deseos puros de mi corazón se manifestarán hoy.

CONFÍO en que la amorosa presencia del Divino sostendrá este día, como lo ha hecho con todos los días anteriores, y siempre lo hará.

Doy las gracias porque mi CONFIANZA en todo lo que es bueno, en Dios y en el Divino, es el único sustento que necesitaré.

¡Y Así Es!

Deseo recordar que...

La Confianza en el Divino no es lo mismo

que la Confianza en las personas.

La Confianza es un instrumento de la sabiduría divina.

Confianza es esperar que el Divino te proporcionará todas las cosas.

La Confianza no puede romperse. Se da en la sabiduría

o en la vergüenza, la culpa o el miedo.

La Confianza en el Yo es la Confianza en el Divino.

Diario Nocturno sobre la Confianza

Hoy, me costó CONFIAR *cuando* _____

_____

_____

_____

_____

_____

_____

_____

Hoy, me resultó fácil CONFIAR *cuando* _____

_____

_____

_____

_____

_____

_____

_____

Hoy, me doy cuenta de que me resulta difícil CONFIAR *en mí mismo/a cuando*

_____

_____

_____

_____

_____

_____

_____

Día 3

Honra al Divino
con la... ORACIÓN

_____ Definición a trabajar _____

El principio con el que trabajaremos hoy es la comunión. La ORACIÓN *es una forma de comunión. Es el método de comunicación entre el hombre y el Divino. Una exploración interior llevada a cabo para limpiar y perfeccionar la conciencia. El acto de buscar al Ser Superior en nuestro interior.*

Comentario sobre la Oración

La mayoría de nosotros tenemos ideas bastante definidas sobre la oración. Las aprendimos de nuestros padres, las aprendimos en la iglesia. Leímos que la oración había cambiado a algunas personas o situaciones. En una época, yo creía que la oración era algo que uno tenía que hacer de rodillas junto a la cama. Esa idea se hizo añicos cuando descubrí la oración en la iglesia, en voz alta, a veces en voz muy alta, que podía conducir a la imposición de manos y a otros actos de sanación. En las diferentes clases, talleres, seminarios y conferencias a los que he asistido, he aprendido a rezar en silencio, afirmativamente, y como un acto de intercesión para otras personas. También he aprendido a rezar *sobre* cosas, *en* cosas, *debido a* cosas y *en medio de* cosas. Y lo que es más importante, me enseñaron a rezar *para* conseguir cosas. Cuando ya todo se ha dicho y hecho, he descubierto que la oración es un acto muy personal e íntimo. Cómo rezas, cuándo rezas y por qué rezas es un reflejo directo de tu comprensión de lo Divino y del papel que esa comprensión juega en tu vida.

La oración es el acto espiritual más efectivo que uno pueda realizar. La oración, cuando se realiza como una demostración activa de tu creencia en la presencia de Dios, acelera la energía mental y emocional que hay dentro de tu ser. El lenguaje de la oración, tanto si se hace en forma de súplica (pidiendo algo) o de una afirmación (declarando que algo ya ha sido realizado), ayuda a alinear los cuerpos mental, físico y emocional. Cuando estos cuerpos –a los que normalmente se les llama mente, cuerpo y espíritu– están alineados, encienden la energía del Divino. Aunque la mayoría de nosotros cree que esta energía divina existe fuera de nosotros y que va por ahí cumpliendo nuestro mandato, la verdad es que está en nuestro interior. La oración, por tanto, nos hace entrar en alineación con aquello que ya existe dentro de nosotros, y abre nuestras mentes a la revelación de esta existencia en el mundo exterior. En otras palabras, ya tenemos aquello por lo que rezamos; pero, en la mayor parte de los casos, no somos conscientes de ello.

En mis momentos de mayor locura he rezado por algunas cosas bastante descabelladas. Dinero. Amor. Para que otra persona no se vea perjudicada. Para que un ser querido sea salvado de alguna tragedia. Para que alguien no muera. En todas las situaciones, mis oraciones fueron respondidas. Por desgracia, por lo general, no supe conocer la respuesta cuando apareció. Después de quejarme durante varios años de que Dios no contestara a mis plegarias, me di cuenta de que ¡Dios siempre lo hace! Siempre recibí una respuesta, de acuerdo con los principios de la VERDAD, de acuerdo con la Voluntad Divina para mi mayor bien y de acuerdo con mi fe (cosa que examinaremos más adelante). Pero he aquí la clave: cuando yo no dejaba entrar pensamientos de duda en mi mente, mis oraciones eran respondidas. Cuando realmente esperaba un desenlace positivo, mis plegarias eran respondidas. Cuando era muy específica en cuanto a lo que deseaba, mis oraciones eran respondidas. Cuando dejaba de culpar a Dios y a otras personas por todo lo que iba mal en mi vida y estaba dispuesta a aceptar mi responsabilidad en ella, ¡mis oraciones eran respondidas con rapidez!

En una ocasión, me encontraba en una situación económica sumamente difícil y llamé a una querida amiga pidiéndole que rezase conmigo para que apareciera el dinero. Rezamos y colgamos el teléfono. Unos momentos más tarde, ella me llamó y me dijo: «¿Sabes? Siempre estamos rezándole a un Dios que está fuera de nosotras, pidiéndole que venga y haga algo por nosotras. Creo que ése es el resultado de lo que nos han enseñado en la filosofía religiosa occidental. En la filosofía oriental nos enseñan que el espíritu del Divino ya está en nuestro interior. Nuestra tarea consiste en reconocer esta presencia, y pedir que ese poder se manifieste en nosotros y a través de nosotros para que nos dé la fuerza para hacer lo que haya que hacer. Sabemos lo que debemos hacer. Simplemente, necesitamos la fuerza para hacerlo. Mi plegaria es que reconozcas tu propia divinidad, y que la hagas emerger como tu fuerza». Tenía tanta razón, que lloré.

¿Dónde se nos enseña que la oración es algo a lo que podemos recurrir en cualquier momento, en cualquier lugar? ¿Se nos enseña alguna vez que para obtener resultados debemos rezar de cierta manera, con fe y perseverancia? Seré una de las primeras en admitir que, durante muchos años, mis oraciones estuvieron orientadas a los resultados. Había algo que yo deseaba, y creía que la oración me lo podía conseguir cuando yo no podía hacerlo por mí misma. Tardé bastante tiempo en darme cuenta de que la oración es en realidad *una afirmación de aquello que ya existe*. La oración es una demostración de que estamos dispuestos a recibir aquello que ya existe como una consecuencia de nuestra fe en la verdad de que eso es bueno para nosotros. La oración es el reconocimiento de nuestra confianza en que el Divino nos proporcionará todo lo que necesitamos, cuando lo necesitemos. Incluso una oración de súplica o petición es una declaración afirmativa de que estamos abiertos y preparados para recibir. Cuando rezamos, no estamos pidiendo la intervención del Espíritu en nuestro favor o en favor de otra persona. La intervención espiritual es siempre una situación divina de éxito que se desplegará de una forma divina, de acuerdo con la voluntad divina.

Por lo general, cuando no comprendemos quiénes somos realmente, no llegamos a comprender el verdadero significado de la oración. *Haz emerger la Divinidad que hay en ti como la fuerza que necesitas para hacer aquello que sabes que debes hacer.* Si has de tomar una decisión, deja que emerja el Divino. Si has de resolver un conflicto, haz que emerja el Divino. Si necesitas una sanación, ayuda económica, fuerza o sabiduría, haz que emerja el Divino. Has de saber que aquello que necesitas ya existe en tu interior, y que quizá, simplemente, no seas consciente de su existencia a tu alrededor. Haz emerger el Divino que hay en tu interior, no para obtener algo, sino para que puedas darte cuenta de algo. Haz emerger al Divino, sin rogar o suplicar, sino con la confianza de que cuando lo llames aparecerá. Haz emerger al Divino, no porque no sabes qué otra cosa hacer, sino porque sabes lo que tienes que hacer y necesitas la fuerza espiritual para hacerlo. La oración es hacer emerger al Divino que hace que tu mente, tu cuerpo y tu espíritu entren en alineación con exactamente aquello que necesitas en un momento dado.

Diario del comentario

Después de leer el comentario de hoy, me doy cuenta de que _____
_____
_____
_____
_____
_____
_____
_____
_____
_____
_____
_____

La(s) frase(s) clave que deseo recordar hoy son _____
_____
_____
_____
_____
_____
_____
_____
_____
_____
_____
_____

Afirmación matinal sobre la Oración

La fuente divina de toda vida es la realización de todo potencial.
Creo que la energía divina de la inteligencia universal está guiándome ahora.
Creo que la fuente divina de abastecimiento universal está satisfaciendo ahora cada una de mis necesidades.
Creo que la Presencia Divina de totalidad y bienestar llena mi ser ahora.
Sé lo que el Divino sabe.
Tengo lo que el Divino posee.
Soy lo que el Divino es.
Sé que ésta es la verdad de mi ser.
Acepto esta verdad como la voluntad del Divino.
Confío en que la Vida única, la Mente única, el Poder único y la Presencia única se manifestarán con su máximo potencial y satisfarán todo el bien deseado en mi corazón.
Estoy muy agradecido/a por el conocimiento de esta verdad a medida que se va desplegando.
¡Y Así Es!

Deseo recordar que...

Tengo el poder de hacer emerger el Divino.

Toda Oración es respondida de acuerdo con la Voluntad Divina.

Todo lo que necesito, ya lo tengo.

Todo lo que necesito, ya lo conozco.

La Oración me hace entrar en alineación con mi bien.

Confío en que reconoceré la respuesta a mi Oración cuando aparezca.

Diario nocturno sobre la Oración

Hoy me acordé de hacer emerger al Divino cuando _____
_____
_____
_____
_____
_____
_____
_____
_____

Hoy fui capaz de reconocer la Presencia Divina como/cuando _____
_____
_____
_____
_____
_____
_____
_____

Hoy, me resultó fácil/difícil rezar cuando _____
_____
_____
_____
_____
_____
_____
_____

Día 4

Honra al Divino
con la... MEDITACIÓN

Definición a trabajar

El principio con el que trabajaremos hoy es la QUIETUD. *Ésta se consigue a través del acto de la meditación, que consiste en aquietar la mente física/ consciente ante todo estímulo externo. Es un pensamiento continuo, contemplativo, en la verdad. Un esfuerzo continuo de la mente por conocer y oír la voz de Dios desde el interior del ser. El acto de «no hacer» en un intento de expandir la conciencia de «ser». Es cuando aquietamos la mente consciente para oír la Presencia Divina.*

Comentario sobre la Meditación

Al principio, somos seres diminutos sin ojos, orejas, narices o bocas. Esto significa que somos silenciosos. No sabemos si somos negros o blancos, hombres o mujeres, ricos o pobres, atractivos o no. No trabajamos, pero no nos consideramos vagos o improductivos. No tenemos responsabilidades hacia, o, con nosotros mismos o los demás. No somos conscientes de saber nada. Dado que no sabemos lo que sabemos, no nos consideramos inferiores por no saber algo. Al principio, estamos contentos de crecer hacia la vida, hacia el ser. La gente comprende que estamos en un proceso de crecimiento y nos deja en paz, para que crezcamos solos.

Si tenemos suerte en nuestro estado de no-hacer-nada, no-saber-nada, las personas que saben de nuestra existencia, aquellas que saben que estamos creciendo, se alegran por nosotros y porque existimos. Nos aman sin habernos visto. Si no tenemos tanta suerte, las personas que saben de nuestra existencia están bastante molestas; de hecho, están furiosas. Pero, aun así, continuamos creciendo. Hay un poder, una fuerza de vida en nosotros y a nuestro alrededor, que nos ama incluso cuando las personas que nos rodean están furiosas. Ésta es la fuerza vital que nos envuelve y nos ayuda a crecer. La ayuda es gratuita. No pide nada a cambio. Y, ¿sabes qué? Aunque tenemos un aspecto bastante extraño flotando en la oscuridad, la fuerza permanece con nosotros, regándonos con su amor. Ésta es la fuerza vital que se asegura de que todas nuestras partes importantes estén en el sitio adecuado. Es la energía de vida que se asegura de que tengamos suficiente alimento. Esta energía vigorosa nos protege en la oscuridad. Nos mueve a través de ella mientras estamos en el interior, para que podamos llegar al exterior. La energía a la que me refiero, esa energía que ha estado con nosotros y en nosotros desde el principio, es el espíritu del Divino.

Una vez que nacemos, nos olvidamos de esta energía vital divina que nos formó. Quizá se deba a que no podemos ver esta energía con nuestros ojos. Es muy similar a las corrientes eléctricas que se mueven por los cables de televisión. Enchufamos el aparato, presionamos el botón de encendido y ¡listo!: tenemos una imagen. Sabemos que hay una energía oculta en funcionamiento, pero en realidad no pensamos en ella. Rara vez hablamos de ella. También sabemos que si no enchufamos el televisor, o si no lo encendemos, no hará nada. Nos damos cuenta de que la presencia invisible de la electricidad producirá aquello que deseamos. El poder del Divino funciona exactamente de la misma manera. Su presencia invisible es la energía que necesitamos para ser activados. Al igual que la televisión, primero tienes que estar ocioso para poder ser activado. Cuando un televisor es activado, produce unas corrientes de sonido que pueden oírse y de luz que puede verse. Tú, por otro lado, debes apagar todas las corrientes de sonido y luz para ser conectado. El acto de la meditación es la mejor manera de estar conectados al poder del Divino y de estar encendidos.

Volvamos al principio. No tienes ojos, orejas, voz. No sabes nada. No haces nada. No eres nada. Ésta es la mejor descripción de la meditación que puedo ofrecerte. Debes ser capaz de permitirte flotar en un mar de oscuridad. Esto significa que tienes que aprender a soltar. Dejar ir todos los pensamientos sobre ti, sobre tus responsabilidades en la vida, tus opiniones sobre ti, tus deseos y tu miedo. La meditación te permite dejar ir lo que sabes. Para poder meditar, debes aceptar que el poder invisible, la fuerza vital que se mueve a través de ti, te proporcionará todo lo que necesitas. Piénsalo de este modo: flotaste en la oscuridad del vientre durante nueve meses y todo salió bien. ¿Es tan difícil regresar a ese estado durante cinco, diez o quince minutos al día? ¿No vale la pena probarlo?

No llevo la cuenta del número de veces que la gente me ha dicho: «No sé cómo meditar». O, «Meditar es difícil. ¡Me siento estúpido sentándome ahí sin hacer nada!». A aquellos que sienten esto, les ofrezco esta sugerencia: no estáis «sin hacer nada». Os estáis conectando. Estáis activando el poder. Estáis recordando de dónde venís. Os estáis quitando del medio y permitiendo que la divina fuerza vital entre en vuestro ser. Será difícil únicamente si pensáis que lo es. Cuando yo empecé a meditar, tenía un plan elaborado. Velas, incienso, una colchoneta especial y un atuendo especial. Tardaba veinte minutos en prepararme para sentarme. Una vez que lo hacía, tenía expectativas. Deseaba flotar como un swami con el que había estudiado. Mi objetivo era centrar mi energía y mi atención hasta tal punto que mi trasero de 140 libras se elevara por encima de la colchoneta. De más está decir que esto nunca sucedió. No sucedió porque yo estaba ocupada intentando hacer que sucediera. Llevé al acto de la meditación un deseo que mantenía mi mente ocupada, de modo que nunca la aquieté lo suficiente como para conectarme al poder que me ayudaría a flotar.

«¡Quédate quieto y sabe!». La quietud es la clave. Aquieta la mente. Aquieta el cuerpo. Aquieta la necesidad de ser cualquier cosa para conectarte. Una vez estás conectado, el poder se activa. La energía se empieza a mover. Cualquier cosa que necesites saber, la sabrás. Si hay algo que necesitas hacer, se te indicará. Quizá veas algo. Quizá no. Quizás oigas algo. Quizá no. No importa lo que suceda o deje de suceder, sabrás que has sido activado, energizado y renovado. ¿Cómo lo sabrás? Confía en mí, lo sabrás, y la evidencia no será la misma para todos.

Me siento tentada a darte instrucciones sobre cómo respirar, cómo sentarte, dónde sentarte. Resistiré a la tentación, porque sospecho que las instrucciones te confundirían y harían que pienses que hay una forma correcta y una forma incorrecta de hacerlo. Habrá quien te diga que tienes que concentrarte en una palabra. Para algunos, éste es un buen punto de partida. Otros te dirán que deberías recitar en voz alta o mentalmente. Esto también funciona. Antes dije que debes respirar profunda, rítmicamente, para aquietar la mente y acceder al poder del Divino. Todavía lo creo, y sé que en mi caso funciona. No obstante, dado que creo más en la necesidad de meditar que en cualquier manera correcta de hacerlo, diré simplemente: *quédate quieto y sabe* que hay un poder universal que busca una salida a través de ti. El instrumento de este poder es tu mente. Cuando aquietes la mente a las influencias externas y al parloteo interior, el poder se activará. *Quédate quieto y sabe* que no hay nada más importante que el tiempo que pasas en presencia del poder universal. Durante esos escasos momentos del día, la gente debe dejarte en paz. Debes renunciar a ti y entregarte a la fuerza invisible de la vida. La consecuencia de esta quietud, de este silencio y de este acto de confianza será el crecimiento. Crecerás en capacidad mental y en comprensión espiritual. Crecerás en percepción y en habilidad. Crecerás en conciencia. Crecerás en tu divinidad.

Te ofrezco una pequeña sugerencia. Te sugiero que inicies todas las meditaciones con una oración. Se ha dicho que la oración es cuando hablamos con el Divino y que la meditación es cuando escuchamos. Si comenzamos hablando con el Divino sobre lo que nos gustaría saber, recibiremos la respuesta adecuada. Pero, sin embargo, conseguir una respuesta no debe ser nuestro objetivo. Hemos de saber que, una vez que la necesidad ha sido expresada en forma de oración, la respuesta llegará.

Quizá no llegue hoy, pero llegará. Cuando introducimos objetivos en la meditación corremos el riesgo de desilusionarnos o desanimarnos. Yo también aconsejaría que la meditación se convierta en la principal fuente de nutrición espiritual en tu vida. Deberíamos alimentar nuestro espíritu de la misma manera que alimentamos nuestros cuerpos tres veces al día. Del mismo modo que jamás consideraríamos la posibilidad de dejar que nuestro coche se quedara sin gasolina, no deberíamos considerar la posibilidad de gobernar nuestras vidas sin el poder del Divino. Piensa en la meditación como si se tratase de una parada en una gasolinera. ¡Debes detenerte de vez en cuando para una revisión, asegurándote de que todos los sistemas funcionan!

Diario del comentario

Después de leer el comentario de hoy, me doy cuenta de que _____

_____

_____

_____

_____

_____

_____

_____

_____

_____

_____

La(s) frase(s) clave que deseo recordar y trabajar hoy es/son _____

_____

_____

_____

_____

_____

_____

_____

_____

_____

_____

_____

_____

Afirmación matinal sobre la Meditación

Sé que sólo hay una vida, un Poder, una Mente, un Espíritu de inteligencia, de sabiduría y de juicio universales. Sé que esta Vida, Poder, Mente, Espíritu es conocedor de todo, es todopoderoso, ilimitado, abundante, alegre y sereno. Sé que esta presencia se mueve en mi ser como la verdadera esencia de lo que soy. Por eso doy las gracias.

Sé que aquí mismo y ahora mismo, el poder y la presencia de la Mente universal, el Espíritu de la vida, se está moviendo por mi ser, uniendo todos los fragmentos de pensamiento y emoción, haciendo que sean un flujo consistente de inteligencia divina. Sé que aquí mismo y ahora mismo, la presencia ilimitada, sanadora, de la Mente Divina está infundiendo todo mi ser con su luz, su amor, su perfección. Por esto me siento tan agradecido/a.

Sé que aquí mismo y ahora mismo, todo lo que es bueno, todo lo que es Divino, está a mi disposición, y que estoy dispuesto/a a ser utilizado/a como recipiente para que lo Divino sea vertido en forma de bondad, de paz, de bienestar y de amor, para mi propio mejoramiento y para el mejoramiento de toda la humanidad. Puedo limpiar mi yo emocional y mental para que pueda ser inundado con la luz, el amor, la inteligencia y la sabiduría de la verdad divina de la vida. Por esto doy las gracias. ¡Y Así Es!

Deseo recordar que...

La Meditación no es difícil. La Meditación es necesaria.

*Todo lo que necesito o necesito saber
está disponible para mí en la quietud.*

Cuando me quedo quieto/a, el poder del Divino se activa.

Si deseo ser activado, debo conectarme.

En la quietud hay conocimiento.

Diario nocturno sobre la Meditación

Hoy, no fui capaz de meditar porque _____
_____
_____
_____
_____
_____
_____
_____

Cuando soy capaz de meditar me siento _____
_____
_____
_____
_____
_____
_____
_____

Creo que la MEDITACIÓN es necesaria/innecesaria porque _____
_____
_____
_____
_____
_____
_____
_____

Día 5

Honra al Divino
con la... BUENA DISPOSICIÓN

---------- Definición a trabajar ----------

El principio con el que trabajaremos hoy es la Buena Disposición. Se trata de un estado de receptividad mental y emocional. La voluntad es la facultad controladora y directora de la mente que determina la conciencia y el carácter. La buena voluntad es un estado de conciencia que permite que la facultad mental sea infundida con la voluntad del Divino.

Comentario sobre la Buena Disposición

En ocasiones, sabía exactamente lo que tenía que hacerse para solucionar un conflicto, para poner fin a una situación insoportable, para aportar claridad en momentos de confusión y caos. Sabía lo que debía hacer, pero no siempre estaba dispuesta a ello. Con mucha frecuencia, temía el desenlace. No estaba dispuesta a provocar el enfado de algunas personas o herir sus sentimientos. No estaba dispuesta a dar el primer paso, especialmente cuando no sabía dónde me llevaría ese paso, o cuando recelaba del lugar a donde me podía llevar. No estaba dispuesta a parecer rara o estúpida, o una sabelotodo. No estaba dispuesta a correr el riesgo de equivocarme. No estaba dispuesta a defenderme si me desafiaban, o no estaba preparada para ello. Lo admito. Sabía qué se tenía que hacer, pero no estaba dispuesta a hacerlo. Me estaba resistiendo.

La resistencia a hacer lo que sabemos que hemos de hacer proviene del temor. El miedo es una herramienta del ego. El miedo, astutamente disfrazado de resistencia, apoya nuestra falta de voluntad. No estamos dispuestos a equivocarnos, a parecer estúpidos, a ser desafiados o derrotados. Cuanto más nos dejamos atrapar por la resistencia, más nos alejamos de un estado de buena disposición. El Divino no recuerda nuestros errores ni calcula nuestras derrotas. Y la energía divina de la vida no juzga nuestros métodos o elecciones. El Divino se limita a pedirnos que estemos dispuestos a hacer lo que sea necesario para entrar en nuestro estado de Divinidad, lo cual significa que debemos desarrollar la sabiduría, el juicio y la valentía mediante una buena disposición.

En muchas de las experiencias a las que nos enfrentamos en la vida, no es que no sepamos qué hacer o qué decir. La mayor parte del tiempo no sabemos cómo hacerlo o cómo decirlo. Estar dispuesto a hacerlo te permite decir lo que se requiere en un momento dado. Infunde tu conciencia con el espíritu del amor, el cual se verterá milagrosamente de tu boca cuando seas lo bastante valiente como para permitirlo. En esas ocasiones en las que no sabemos *qué* decir o *cómo* decirlo, no somos capaces de decidir *cuándo* decirlo, o *si* lo diremos. Estar dispuestos a hacerlo enciende la chispa de juicio divino que te conduce al portal del momento perfecto o del silencio; de lo que tú consideres más apropiado en ese momento. En mi caso, debo decir que normalmente sé exactamente lo que hay que hacer y cómo hacerlo. Como ser racional y pensante que soy, sueño despierta. Imagino. En esos estados imaginativos, me veo y me oigo diciendo y haciendo cosas que no me atrevo a hacer «en mi sano juicio». Este «sano juicio» era la parte de mi ego que deseaba complacer a la gente y que cortaba en seco mi buena disposición. He descubierto que el estar dispuestos a hacer algo fomenta y crea un carácter valiente. Todos necesitamos de la valentía para estar dispuestos a honrar el Divino ante nuestros desafíos humanos.

La buena disposición fortalece la conexión entre la mente física y la mente divina o espiritual. El resultado de esta conexión es un sólido carácter espiritual. Cuando estás dispuesto a ser un verdadero representante de la energía divina, te das cuenta de la necesidad de construir un cimiento espiritual sólido. Sabes que debes rezar primero. Confías en que la respuesta llegará. Actúas sobre lo que tu corazón te dice, sabiendo que el Divino siempre te dice la verdad directamente al corazón, a tu naturaleza sensible. Cuando estás dispuesto a construir un cimiento espiritual, sabes que serás protegido y guiado, y que serás infundido con la luz y el amor del Divino. Esta infusión es de naturaleza espiritual, y puede tener un aspecto bastante extraño en el ámbito físico.

Cuando te encuentres en un estado de buena disposición espiritual, haciendo o diciendo lo que tu espíritu te dice que hagas o digas, la gente no siempre estará contenta contigo. ¡Pensarán que estás siendo un pesado! Te acusarán de alterar el *statu quo*. Te atacarán, porque dirán que no les estás dejando hacer lo que les place. Por otro lado, en tu estado de buena disposición, es posible que, en un momento dado, seas el único recipiente disponible para el Divino. El Divino siempre necesita un recipiente en el que verter Su energía. Mark Twain dijo en una ocasión: «Es posible que seas la única Biblia que otra persona lea». Si esta afirmación resulta ser cierta, tenemos la obligación, con nosotros mismos y con el Divino, de presentarnos como personas claras, que ofrezcan apoyo y promuevan la información. Ser un Libro Sagrado divino exige el tipo de valentía que la buena disposición desarrollará en ti.

La buena disposición no implica que la gente tenga que estar de acuerdo contigo y que las cosas tengan que ir siempre como tú crees o sientes que deberían ir. Por otro lado, la buena disposición conduce a la cooperación. La cooperación demuestra una disposición a avanzar más allá de tu forma de pensar. Cuando, en una situación dada, sólo hay una persona dispuesta a dejar ir, y es capaz de hacerlo, la tensión cede. Cuando hay ausencia de tensión, hay paz. La paz es la energía del Divino. La buena disposición no te hace más fácil la vida. Lo que hará, sin embargo, será que te resulte más fácil moverte a través de cada experiencia a la que tengas que enfrentarte en la vida. Tener el valor de decir lo que piensas y decir la verdad desde una postura de amor, antes que de enfado o temor, estar abierto a aceptar los puntos de vista de los demás sin sentirte amenazado o derrotado, renunciar a la necesidad del ego de controlar demostrando la disposición a hacer lo que sea necesario para establecer la paz, todos estos tipos de buena disposición conducen al crecimiento. Creces en agilidad mental, en fortaleza espiritual y en vigor divino.

El pensamiento divinamente ordenado es otra consecuencia de la auténtica buena disposición. Cuando estás dispuesto a entregar tus pensamientos a la Mente Divina, recibes orientación Divina. Esta orientación te permite elevar tus sentimientos a una naturaleza divina: la naturaleza del amor, la apertura y la paz. Mientras tu naturaleza divina se despliega, empiezas a estar dispuesto a hacer algo más que rezar. Empiezas a estar dispuesto a ir en busca de aquellas cosas que son para tu mayor bien, y el del mundo que te rodea. Una buena disposición es una declaración activa de que la vida es un juego divino, ¡pero te toca a ti! Cuando te muevas, tienes que ser capaz de superar las dificultades y los retos. Estar dispuesto a equivocarte. Estar dispuesto a caminar una milla más. Estar dispuesto a caer, levantarte y volver a caer, sabiendo que el consuelo divino está tan sólo a un momento de quietud de distancia. De todos los principios espirituales que nos conducen a momentos de gracia, la buena disposición es el que nos enseña que, cuando estemos dispuestos a renunciar a todo, el Divino lo reemplazará con diez veces más.

Diario del comentario

Después de leer el comentario de hoy, me doy cuenta de que _____

_____

_____

_____

_____

_____

_____

_____

_____

_____

_____

_____

_____

La(s) frase(s) clave que deseo recordar y trabajar hoy es/son _____

_____

_____

_____

_____

_____

_____

_____

_____

_____

_____

_____

_____

_____

Afirmación matinal sobre la Buena Disposición

Estoy DISPUESTO/A a quedarme quieto.
Estoy DISPUESTO/A a confiar en la Presencia Divina
que hay en mi interior.
Estoy DISPUESTO/A a confiar en el Divino
en la quietud de mis pensamientos.
Estoy DISPUESTO/A a confiarle al Divino
los secretos de mi corazón.
Estoy DISPUESTO/A a confiarle al Divino
la esencia de mi fuerza vital, mi espíritu.
Estoy DISPUESTO/A a oír la voz del Divino.
Estoy DISPUESTO/A a conocer la voluntad del Divino.
Estoy DISPUESTO/A a rendirme a la presencia del Divino.
Sé que la fuerza Divina de la vida cuida de mí,
me habla, me ama y me protege.
¡Por esto me siento tan agradecido/a!
¡Y Así Es!

Deseo recordar que...

Se haga Tu voluntad y no la mía.

Deseo desear Tu voluntad.

La voluntad del Divino es mi salvación.

Estar Dispuesto es ser valiente.

Diario nocturno sobre la Buena Disposición

Hoy, he descubierto que las cosas que estaba más DISPUESTO/A a hacer me hacían sentir _____

_____

_____

_____

_____

_____

_____

_____

Hoy, he descubierto que cuando me resisto siento _____

_____

_____

_____

_____

_____

_____

_____

Las cosas a las que me he resistido y que ahora me siento dispuesto a hacer son

_____

_____

_____

_____

_____

_____

Día 6

Honra al Divino con la... CREATIVIDAD

Definición a trabajar

El principio con el que trabajaremos hoy es la Creatividad. Es la fuerza invisible que está detrás de todas las cosas visibles. La capacidad innata de un ser vivo de recrearse a sí mismo. La facultad espiritual de potencialidad. La capacidad de los seres humanos de llevar al nivel físico/visible aquello que es concebido en el nivel mental (consciente o inconscientemente) y en el nivel emocional.

Comentario sobre la Creatividad

Dios no podía hacerlo todo, de modo que el Divino transmitió a Sus hijos la misma capacidad creadora que tiene Dios. En realidad, Dios podría haberlo hecho todo, pero si ése hubiese sido el caso, ¿qué nos habría quedado por hacer a ti y a mí? No mucho. En lugar de eso, el Divino nos infundió el poder para concebir, para expresar y disfrutar de los frutos de nuestro poder creador. Creamos a través del pensamiento, la palabra y los actos. Aunque esta habilidad va acompañada de muy pocas instrucciones, es concebible que cada uno de nosotros está aquí para revelar el ideal creativo del Divino. Esto no sólo se traduce en creatividad artística, sino que también se refiere a nuestra capacidad de crear un entorno mundial que refleje ideales divinos como el amor, la paz, la abundancia, la dicha, la armonía y el poder. Creo que esta última palabra nos confunde un poco. En lugar de utilizar nuestro poder para crear divinamente, creamos sin hacer nada, porque no comprendemos nuestro poder creador divino.

La vida se despliega de dentro hacia fuera. No estoy muy segura de por qué, y sólo creo saber cómo. En realidad, el porqué y el cómo no tienen importancia. Simplemente, lo hace, como lo hicimos tú y yo. Muchas personas han explorado la teoría de la creación y han determinado que realmente funciona. Tanto si hablamos de un manzano que fue plantado con una semilla como si hablamos de un ser humano que surge de un esperma y un óvulo, hay un principio creador que conduce a la vida desde la oscuridad interior hasta el mundo de la luz. Creo que es una lástima que las personas pasen tanto tiempo discutiendo sobre el cómo y el porqué. Ese tiempo estaría mucho mejor aprovechado si se enseñara a la gente a usar su potencial. Es una lástima incluso mayor que los intelectuales crean que uno debe ser adecuadamente entrenado y guiado para desarrollar sus habilidades creadoras. Dios le dio a cada ser humano la capacidad de crear.

En su *Handbook to Higher Consciousness*, un maestro espiritual verdaderamente iluminado llamado Ken Keyes escribió: «Tus predicciones y tus expectativas son... autorealizadoras. Dado que tu conciencia (pensamientos) crea tu universo, ¡todo lo que tienes que hacer para cambiar el mundo es cambiar tu conciencia!». La primera vez que leí esto, ¡no comprendí nada! Me pareció una especie de abracadabra. Piensa algo y ¡*voilà*! Aquello que deseas aparecerá. Ciertamente que no sucedió cuando me concentré en ganar la lotería. Pero después de leer *Visualización creativa* de Shakti Gawain, *Invisible Supply* de Joel Goldsmith y *Atom-smashing Power of the Mind* de Charles Filmore, llegué a ser consciente de, y a comprender, que soy un ser divino y creativo cuyos pensamientos se manifiestan como una experiencia física tangible. Desgraciadamente, ¡lo que estaba creando era una pesadilla!

La mayoría de nosotros desarrollamos un patrón de pensamiento y de comportamiento que creemos que no se puede romper. Nuestra madre lo hizo. Su madre lo hizo. Ahora lo hacemos nosotros. A veces somos lo suficientemente afortunados como para tener unos padres que nos dicen: «¡No cometas los mismos errores que yo cometí!». Normalmente, no lo hacemos. Creamos nuestra propia marca de errores porque, como sucedió con nuestras madres y nuestros padres, no nos han enseñado cuál es el potencial creador de nuestros pensamientos y nuestras emociones. A muy pocas personas se les enseña que dentro de nuestro ser hay millones de semillas de potencial. Nuestros patrones de pensamiento y nuestras respuestas emocionales germinan aquellas semillas que finalmente se convierten en experiencias. Eh, ¡espera un momento! ¿Quieres decir que lo que estamos experimentando en nuestras vidas, en el mundo, hoy, es un reflejo de lo que pensamos? ¡Eso es! Ahora tomémonos unos momentos para observar lo que hemos creado.

Hablando en términos generales, hay mucho odio en el mundo. Hay una gran cantidad de negros que odian a los blancos, y viceversa. Algunos heterosexuales odian a los homosexuales. Muchos republicanos odian a los liberales. Los auténticos sureños detestan a los norteños que hablan rápido y van de listos. Casi todo el mundo odia oír nombrar a O. J., por una razón u otra. Parte del odio nace de la rabia. Cuando la gente no está de acuerdo contigo, te pones furioso. Cuando la gente te hace daño, te pones furioso. Cuando no puedes conseguir que alguien vea las cosas como tú las ves, la tendencia humana es a ponernos muy, muy furiosos. Si haces enfadar a alguien, esa persona cree odiarte. La verdad es que probablemente te tenga miedo.

El miedo nace de la falta de entendimiento, de la necesidad de controlar y, lo que es más importante aún, de la ausencia de amor. Los cristianos no pueden amar a los musulmanes. Los musulmanes no pueden amar a los judíos. En realidad, no es cierto que no puedan quererse; simplemente, resulta realmente difícil dejar atrás las etiquetas. ¡Vaya si hemos creado etiquetas ofensivas! ¡Novato! ¡Negrata! ¡Zorra! ¡Maricón! ¡Judío de m.! ¡Tortillera! ¡Sudaca! ¡Cerdo! ¡Gordinflón! ¡Flacucha! Colócale una de estas etiquetas a alguien y ten por seguro que se pondrá furioso contigo. Si lo dijeras en voz alta, probablemente tendrías razón de estar asustado. Y ¿sabes? Ni siquiera tienes que decir en voz alta lo que estás pensando. Si lo piensas con suficiente intensidad, el objeto al cual están dirigidos tus pensamientos puede odiarte o temerte, y no será capaz de explicar por qué. En algunos casos, las personas pueden llegar a percibir lo que piensas de ellas. Así de poderosos somos.

Pensamiento + Palabra + Acción = Resultados. Ése es el proceso de creación. En su libro *Conversations with God: Un Uncommon Dialogue*, Neale Donald Walsch escribió: «Toda creación se inicia con el pensamiento ["Procede del Padre"]. Toda creación se traslada a la palabra ["Pedid y recibiréis; hablad y se hará vuestra voluntad"]. Toda creación se realiza en la acción ["Y la Palabra se hizo carne y vivió entre nosotros"]». El poder inherente de creatividad que hay en los seres humanos nunca es ocioso. Cuando somos conscientes del poder, lo utilizamos constructivamente, como cuando utilizamos el fuego para cocinar. Cuando no somos conscientes del poder y dudamos de su existencia, ese mismo poder se torna tan destructivo como el instrumento de un pirómano. En cada segundo de nuestras vidas, estamos creando individual y colectivamente.

Dado que no se nos enseña la eficacia de nuestro potencial creador, solemos movernos entre la convicción y la incredulidad, utilizando el poder en unas ocasiones, olvidando su fuerza en otras. Vivimos negligentemente, experimentando los resultados de lo que pensamos pero no nos atrevemos a decir; de lo que decimos sin pensar, provocando una respuesta temerosa o carente de amor en los demás; y de lo que hacemos como respuesta a lo que creemos que otra persona está haciendo o diciendo. Nuestros pensamientos se despliegan en forma de palabras. Las palabras inspiran la acción. La acción crea las condiciones ambientales que todos experimentamos. El odio, la rabia, la enfermedad, la pobreza, la guerra, así como la alegría, la belleza y la abundancia de cualquier cosa buena, llegan a nosotros de acuerdo con la fórmula de creatividad que el Divino ha grabado en nuestro ADN.

Personalmente, no deseo asumir la responsabilidad por la ferocidad de Hacienda, la corrupción del gobierno, el hecho de que haya personas sin hogar en Los Ángeles, asesinatos en Detroit o hambre en Somalia. A duras penas puedo enfrentarme al hecho de ser responsable de no haber pagado la hipoteca a tiempo. Estoy segura de que todos podemos hallar razones, explicaciones y excusas fuera de nosotros que expliquen racionalmente muchos de los desafíos a los que nos enfrentamos en la vida. Sin embargo, a medida que mi crecimiento y comprensión espirituales evolucionan, no puedo evadir el hecho de que *estoy hecha a imagen y semejanza del Divino.* Soy creativa. Mi mente está unida a la mente del Divino por virtud de mi aliento. La mente produce ideas que se cristalizan como pensamientos. De hecho, me enfado, me asusto y en ocasiones me vuelvo realmente odiosa a causa de mis percepciones limitadas, basadas en el ego. A causa de estas percepciones, he dicho y hecho cosas que, debo admitir, han afectado de forma adversa a mis hijos, a mi pareja, a mis empleados y al conductor que se encontraba delante o detrás de mí. Mi energía se expande en ondas, como las de una piedra que cae en un lago, y afecta a otras personas. Esto es cierto en mi caso, y también en el tuyo. También es cierto que hemos creado un mundo bastante feo.

Existe un proceso de corrector muy sencillo que le da un uso mucho mejor a nuestra creatividad innata. Empieza cada día visualizándolo cómo te gustaría que fuese. Visualízate ejecutando cada una de tus responsabilidades con serenidad y eficacia. Confía en que, incluso cuando los resultados que deseas no aparezcan inmediatamente, lo harán tarde o temprano. Visualízate pasando por tu día con una sonrisa en los labios y con alegría en el corazón. Dado que, posiblemente, las personas de tu entorno no están leyendo este libro, tendrás que imaginarlas respondiendo a tu paz y tu alegría de la misma manera. En los momentos en que te cojan desprevenido y hagan que te enfades o te asustes, reza inmediatamente solicitando una corrección. ¡Recuerda que eres una fuerza muy creativa! No añadas más pensamientos, palabras o hechos a una situación destructiva. Quédate quieto y reza. Llama a la luz de la paz, el amor, del Divino. Utiliza tu creatividad para honrar al Divino, atrayendo su energía hacia los lugares donde es necesario. No siempre será fácil, pero recuerda que, cuanto más dañino y destructivo sea el comportamiento de una persona, *más estará pidiendo a gritos una sanación y una corrección.* Sólo el Divino puede sanar o corregir. Utilizándote como Su instrumento de creatividad, el Divino puede transformar cualquier situación en una experiencia correctora de sanación. Debes estar dispuesto a ser utilizado como instrumento creativo de la sanación divina y la evolución.

Diario sobre el comentario

Después de leer el comentario de hoy, me doy cuenta de que _____
_____
_____
_____
_____
_____
_____
_____
_____
_____
_____
_____

La(s) frase(s) clave que deseo recordar y trabajar hoy es/son _____
_____
_____
_____
_____
_____
_____
_____
_____
_____
_____
_____

Afirmación matinal sobre la Creatividad

Yo soy el poder CREADOR del Divino en funcionamiento.
Yo elijo ser una expresión del bien, de la paz, de la alegría y de la abundancia.
El Divino piensa a través de mí.
Mis pensamientos son claros.
El Divino se expresa en mi corazón.
Mi corazón está abierto a la bondad de la vida.
El Divino CREA, sana, restablece, y construye a través de cada uno de mis actos.
Mis ojos, mis oídos, mis manos y mis pies son instrumentos del Divino.
Hoy me regocijo por adelantado por todo el bien que estoy CREANDO a
    través del pensamiento correcto, de un corazón abierto y amoroso y de
    la acción correcta Divina.
Por todo esto, y más, doy las gracias.
¡Y Así Es!

Deseo recordar que...

La fórmula Divina de la Creatividad es

Pensamiento + Palabra + Acción = Resultados

Todo pensamiento es un instrumento Creador.

Mi mundo exterior es un reflejo Creativo
de mi mundo interior.

Puedo cambiar de idea en cualquier momento.

Tengo el poder de elegir conscientemente lo que pienso.

Diario nocturno sobre la Creatividad

Hoy, lo que he Creado *en mi mundo ha sido* _____

_____

_____

_____

_____

_____

_____

_____

Lo que tengo la intención de Crear *mañana en mi vida es* _____

_____

_____

_____

_____

_____

_____

_____

Lo que tengo la intención de Crear *en el mundo es* _____

_____

_____

_____

_____

_____

_____

_____

Día 7

Honra al Divino con la... PAZ

─── Definición a trabajar ───

El principio con el que trabajaremos hoy es la Paz. Se trata de un estado interno de armonía y tranquilidad que deriva de la conciencia de paz. Pensamientos, palabras y actos producidos en respuesta a un deseo de crear, promover o mantener un estado de paz.

Comentario sobre la Paz

Mi amiga Joia me contó una historia sobre una mujer y unos pájaros que me hizo comprender la paz. La historia le fue transmitida por su gurú, Swami Chidvilasananda (ampliamente conocido como Gurumayi), un maestro de la tradición Siddha Yoga.

Un día, esta mujer fue al parque a meditar. Cuando encontró un lugar silencioso y soleado, extendió su manta y se sentó sobre ella. Cerró los ojos, respiró profundamente, y estuvo preparada para iniciar una exploración interior de sus pensamientos y sus sentimientos. A medida que su respiración se fue regulando y su mente se fue aquietando, empezó a percibir unas aves que piaban cerca de ella. Inicialmente, fue como un añadido melódico y sereno a su viaje interior. Minutos más tarde, sin embargo, los pájaros comenzaron a graznar, prácticamente chillándose unos a otros. Mientras la mujer intentaba permanecer concentrada en su respiración, los pájaros parecían chillar cada vez más fuerte.

La mujer abrió los ojos. Había al menos veinte pájaros a su alrededor, chillándose unos a otros. Miró a su alrededor y vio que el resto del parque estaba prácticamente vacío. Con poco entusiasmo, la mujer espantó a los pájaros con un movimiento de las manos. Algunos se marcharon. Otros se quedaron. Los que se quedaron permanecieron en silencio, hasta que ella cerró los ojos.

Aparentemente, en cuanto ella cerraba los ojos, los pájaros empezaban a chillar. Bastante molesta, la mujer se puso de pie y se cambió de sitio. Los pájaros se marcharon volando. En cuanto encontró otro buen trozo de hierba, la mujer se sentó para iniciar el proceso una vez más. Tan pronto lo hizo, las aves regresaron. «¡Esto es ridículo!», dijo la mujer a los pájaros. «¡Shuuu! ¡Shuuu! ¡Marchaos! ¡Fuera de aquí!». Los pájaros volaron un poco más alto pero, en un acto de aparente desafío, continuaron chillando. Absolutamente furiosa con ellos por haber alterado su paz, la mujer se puso de pie y comenzó a perseguir a los pájaros. Corrió hacia la izquierda, lanzando la manta contra ellos. Los pájaros huyeron volando, pero no callaron. En cuanto espantaba a los que tenía a su izquierda, un nuevo grupo llegaba a su derecha. Ella iba cambiando de dirección para espantarlos. Ellos daban vueltas en torno a ella, chillando y lanzándose a pocos pies de distancia de la mujer. Pocos minutos después, se encontraba moviendo los brazos como una lunática, gritando a los pájaros, los cuales le respondían con sus chillidos. Al darse cuenta del aspecto de loca que debía de tener, recogió bruscamente la manta del suelo y, furiosa, se marchó del parque.

Al caer la tarde, la mujer tuvo la oportunidad de relatar esta experiencia a su gurú, su maestro. Su exasperación volvió a manifestarse incluso mientras relataba la historia. El gurú sonrió y le preguntó: «¿Por qué no los invitó a unirse a usted?». «¿Cómo se supone que había de hacerlo?», preguntó ella. «Om Nama Shiva», respondió el gurú, «lo cual significa "Me entrego al Shiva [el Dios] que hay en mi interior"».

Unos días después, la mujer regresó al parque. Volvió a pasar por todo el proceso. En cuanto se quedó quieta, los pájaros comenzaron a cantar. Tan pronto como los oyó, afirmó mentalmente: «Om Nama Shiva». Los pájaros empezaron a chillar. «Om Nama Shiva». Empezó a sonar como si todas las aves del estado hubiesen convergido en el mismo lugar en el que ella se había sentado. No abrió los ojos en ningún momento. Continuó respirando profundamente, afirmando mentalmente, con una fuerza cada vez mayor: «Om Nama Shiva. ¡Om Nama Shiva! ¡OM NAMA SHIVA!». Pensó las palabras cada vez con más rapidez y más fuerza. Con tanta rapidez y tanta fuerza que, de hecho, se puso tan eufórica que decidió detenerse. Entonces notó el silencio. O los pájaros se habían marchado, o simplemente se habían quedado en silencio. No abrió los ojos para comprobar cuál de las dos cosas había ocurrido.

¿Por qué será que, cuando hay niños gritando en una habitación, entramos y gritamos con todas nuestras fuerzas «¡SILENCIO!»? Si deseas paz, sé paz. Mi nieto Oluwa, de cinco años, padece un mal muy común en la infancia. No puede hablar por debajo de los 100 decibelios. Grita como si creyese, secretamente, que todas las personas que hay en la habitación son medio sordas. Un día, un miembro de mi familia (debido a las amenazas de demandarme por calumnia, no puedo decir quién era) se sintió tan frustrado que chilló: «¡Quieres hacer el favor de callarte!». Las demás personas que había en la habitación se unieron gritando: «¡Gracias!». Su silencio duró aproximadamente unos tres minutos. Mi nieto hizo el siguiente comentario al acostumbrado nivel perforador de oídos.

Si quieres paz, ten paz. Como soy una abuela sabia, he aprendido a adoptar una aproximación completamente distinta. Cuando Oluwa me grita, me agacho hasta ponerme a su altura, coloco mi nariz directamente contra la suya, sonrío y susurro: «No puedo oírte. Estás hablando demasiado alto». Al principio, él no lo comprendía, pero yo permanecía allí, mirándolo a los ojos, hasta que acababa bajando el volumen de su voz. Ahora, cuando Oluwa se me acerca, normalmente susurra con tanta suavidad que tengo que pedirle que me lo repita. Él, y todos los demás miembros de la familia, continúan teniendo problemas para oírse unos a otros. Yo los observo y sonrío. Si deseas experimentar la paz, debes empezar por tener una postura de paz. Unas palabras de advertencia: prepárate para permanecer en esa postura el tiempo que sea necesario.

Diario del comentario

Después de leer el comentario de hoy, me doy cuenta de que _____

_____

_____

_____

_____

_____

_____

_____

_____

_____

_____

_____

_____

La(s) frase(s) clave que deseo recordar y trabajar hoy es/son _____

_____

_____

_____

_____

_____

_____

_____

_____

_____

_____

_____

_____

Afirmación matinal sobre la Paz

Yo soy PAZ, y me expreso SERENAMENTE como PAZ.
Nada puede alterar esta expresión de PAZ SERENA.
PAZ es la orden de este día.
Como yo soy, ¡Así Es!
¡Por esto me siento tan agradecido/a!

Deseo recordar que...

Para tener paz, he de estar sereno/a.

Puedo elegir la Paz en todas las situaciones.

Nada en este mundo puede alterar la Paz
que puedo crear en mi interior.

Doy la bienvenida a aquellos
que quieran unirse a mi Paz.

Diario nocturno sobre la Paz

Hoy, me he dado cuenta de que me resulta fácil permanecer SERENO/A
cuando _____
_____
_____
_____
_____
_____
_____

Me resulta difícil permanecer SERENO/a *cuando* _____
_____
_____
_____
_____
_____
_____

En este momento me siento completamente en PAZ *en relación con* _____
_____
_____
_____
_____
_____
_____

Día 8

Honra al Divino
con la... SIMPLICIDAD

Definición a trabajar

El principio con el que trabajaremos hoy es la SIMPLICIDAD. Se trata de un estado en el cual somos simples, no complejos o complicados. Claros. Directos. Existiendo en la forma más elemental. Libres de juicio o percepción.

Comentario sobre la Simplicidad

Nos amamos. Fueron necesarios treinta años y tres matrimonios (con otras personas) para llegar a esta conclusión. Esto tuvo como consecuencia la decisión de pasar el resto de nuestras vidas casados el uno con el otro. (La historia completa es tema para otro libro). De la forma más simple y directa, ésta es nuestra historia. Estoy segura de que los corazones de la mayoría de las mujeres se emocionan ante la idea de acabar estando junto al único hombre que han amado durante toda su vida. Probablemente, el mero hecho de pensarlo dejaría a Madonna sin respiración. Estoy segura de que sería suficiente incluso para ella. No fue, sin embargo, suficiente para mí. Yo tenía que celebrar una boda.

Imagínate esto, por favor. Él tiene cuarenta y seis años, yo cuarenta y cuatro. Él tiene siete hijos, yo tengo tres. Sus padres están divorciados, y su padre se ha vuelto a casar. Mis padres han fallecido. Él tiene dos exesposas con las que mantiene una relación muy estrecha. Yo tengo tres «mejores amigas» (una de las cuales es mi hija), y queremos una boda. Corrección. Una gran boda. Espera. ¡Hay más! Tiene que ser una boda al aire libre (idea mía), con un grupo de música en vivo (idea de él), sin carpa (demasiado caro), cerca de un hotel (todos los hijos, padres, mejores amigos, «ex», y miembros del grupo musical viven fuera de la ciudad), y un sábado antes del Día de la Madre. Yo diría que esto resultaba tan complicado como puede llegar a serlo el hecho de que, sencillamente, estábamos enamorados y deseábamos casarnos. Sin embargo, si dijera esto estaría faltando a la verdad. Él vive en Georgia y yo en Maryland. Espera. Hay más.

El astrólogo debía elegir la fecha. Luego, esa fecha debía ser aprobada por el numerólogo. Yo nunca me lo hubiera perdonado si hubiésemos elegido, sin ayuda, una fecha en la cual las estrellas y los planetas hubiesen estado haciendo algo raro. Los dos «ólogos» no se pusieron de acuerdo. Después de digerir la información, elegimos la fecha que prometía ser la mejor. A continuación, diseñé la invitación. Era una invitación de un tamaño extraño, que debía ser impresa en un papel «difícil de encontrar», que no cabía en ningún sobre estándar; y muchos impresores, al verla, dijeron: «¡Nunca había visto nada igual! Es posible que podamos hacerla, ¡pero le costará mucho dinero!».

Acto seguido, contraté a una organizadora, la cual preguntó inmediatamente: «¿Cuál es su presupuesto?». ¿Presupuesto? ¿Qué presupuesto? Esto es lo que queremos, y necesitamos que usted nos ayude a organizarlo. «Deben tener un presupuesto para que podamos negociar el mejor precio para cada cosa». Le di una cifra que se me ocurrió. «Eso es razonable», dijo ella, mientras salía en busca de las cosas que queríamos y necesitábamos. ¿Cómo iba yo a saber que, cuando ella le mencionara mi semifamoso nombre al emprendedor hombre de negocios, su inteligencia empresarial se dispararía hacia un nivel completamente nuevo? ¿O que este nuevo nivel crearía la necesidad de un reajuste presupuestario o de tácticas de regateo realmente duras? Mi organizadora sabía cómo manejar un regateo difícil. Desgraciadamente, esto no nos sirvió para obtener la tela para mi vestido, ya que venía de otro país y debía ser enviada a un diseñador que vivía en otro estado. Espera. Hay más.

Había otro evento programado para inmediatamente después de nuestra boda. Teníamos cuatro horas para realizar la ceremonia y la recepción. Una hora para la ceremonia. Una hora para las fotos. Eso nos dejaba dos horas para bailar, comer, y saludar a trescientos invitados. Sólo de pensarlo me quedaba sin respiración. Retrasa todo una hora. Esto mejoraba las cosas, pero requería que la organizadora y yo trabajásemos juntas para elaborar un horario manejable. En circunstancias normales, que una novia trabaje con una organizadora experta para coordinar una simple boda no es una tarea difícil. En este caso, sin embargo, yo no estaba organizando una simple boda.

Estaba organizando una boda mientras, al mismo tiempo, trasladaba un negocio a un edificio nuevo que, misteriosamente, había desarrollado una gotera en el techo tres días después de la mudanza. Estaba organizando una boda mientras, al mismo tiempo, estaba terminando, no uno, sino dos manuscritos distintos. Estaba organizando una boda con una dama de honor soltera y una dama de honor casada que vivían en Alaska y en Detroit, respectivamente. Yo era una huérfana organizando una boda e intentando decidir quién debería acompañarme hasta el altar: mi hijo de veintiséis años, que insistía en que tenía que llevar gafas de sol; mi timidísimo padrino; o mi hermano mayor, quien podía decidir aparecer o no aparecer, a pesar de haber declarado, en un estado de semisobriedad, tras diez años de ausencia: «¡Tú sabes que ahí estaré!».

Realmente, creo que hay algo en la psique humana que aborrece la simplicidad. Hubo una época en mi vida en la que, si no había al menos un poco de drama, yo desconfiaba. He trabajado diligentemente, durante años, para curarme de esta aflicción. Pero, en cierto modo, al crear mi mundo, sufrí una recaída. ¿Por qué no invitaba a la madre y a los hijos de él, a mis hijos, y a unos pocos amigos a mi jardín de un acre para que vieran cómo nos casaba mi padrino, que es ministro de la Iglesia? ¿Por qué mi futuro marido no me zarandeaba, o me pellizcaba, o negociaba conmigo de alguna manera para que empezáramos nuestra vida como pareja de una forma más tranquila y sencilla? ¿Por qué? Porque todos somos humanos, y eso hubiese sido demasiado simple.

Un día, mientras viajaba en autobús, entablé conversación con otra mujer sobre el tema de las madres. Le expliqué cuánto echaba de menos a la mía. Había sido mi inspiración y mi mejor amiga. Recordé en cuántas ocasiones, al recibir una noticia buena o mala, había levantado el auricular del teléfono para marcar su número. Normalmente, al oír la grabación que decía que el teléfono estaba fuera de servicio, recordaba que mi madre ya no estaba aquí. «¿Qué fue lo que le sucedió?», preguntó la mujer. «Murió». «Siento mucho su pérdida», continuó ella, «pero, ¿qué le pasó?». «Dejó de respirar». Yo sabía a dónde quería llegar, y no pensaba entrar en detalles con una perfecta desconocida, en un autobús. «Ya me he dado cuenta de que se murió, pero, ¿qué fue lo que sucedió? Quiero decir, ¿estaba enferma?». La mujer empezaba a mostrar señales de irritación. «Es posible», dije. «Pero, al final, sencillamente, decidió abandonar su cuerpo y su lugar en el planeta, de modo que dejó de respirar». Entonces, totalmente exasperada, replicó: «Bueno, ésa es una visión bastante simplista de la muerte de su madre».

La muerte, pensé para mí, es simple. Dejas de respirar. Dejas de vivir. Con mucha frecuencia, cuando creamos drama en nuestras vidas, dejamos de respirar. Dejamos de pensar. Nuestras manos se enfrían. Nuestros sentidos se entumecen. Nuestra boca se seca. A eso se le llama estrés. La mayor parte de las veces, el estrés no está provocado por las situaciones y las circunstancias a las que nos enfrentamos. Es la consecuencia de nuestra respuesta a la situación. Los seres humanos ansían que la mayoría de las cosas tengan un cariz complejo, dramático, sangriento, desgarrador. Hemos visto la prueba de esto una y otra vez, incluso antes de los dos años y medio de la producción de O. J. De hecho, toda esa producción fue escenificada como respuesta a nuestro anhelo colectivo. «¡Mantened la simplicidad de las cosas!». Oír estas simples palabras me costó en una ocasión 4.100 dólares (es posible que cuente la historia en otro libro). Creía estar curada. Evidentemente, me equivoqué. La vida, sin embargo, siempre nos ofrece oportunidades para corregirnos. Estoy casi segura que la producción de mi boda se encargará de hacerlo.

Diario del comentario

Después de leer el comentario de hoy, me doy cuenta de que _____

_____

_____

_____

_____

_____

_____

_____

_____

_____

_____

_____

La(s) frase(s) clave que deseo recordar y trabajar hoy es/son _____

_____

_____

_____

_____

_____

_____

_____

_____

_____

_____

_____

_____

Afirmación matinal sobre la Simplicidad

Hoy, soy consciente de la SIMPLE verdad de que Dios me ama.

Hoy, reconozco la SIMPLE verdad de que soy un ser creativo, hecho a imagen y semejanza de Dios.

Hoy, me doy cuenta de la SIMPLE verdad de que yo elijo mi mundo a través de lo que pienso, digo y hago.

Hoy, comprendo la SIMPLE verdad de que mi vida no tiene que ser difícil. Y de que no hay ninguna razón para que me falte nada bueno. Y de que no se me puede negar lo que me pertenece por derecho Divino.

Hoy, acepto la SIMPLE confianza, establecida mediante una SIMPLE plegaria. Provocará unos resultados ¡SIMPLEMENTE fantásticos!

Por el conocimiento de estas SIMPLES verdades, ¡doy las gracias!

¡Y Así Es!

Deseo recordar que...

Dios simplemente me ama.

Dios no es complicado.

El miedo complica las cosas.

La buena disposición y la verdad
conducen a la Simplicidad.

Puedo elegir la Simplicidad en lugar
de la complicación.

Diario nocturno de la Simplicidad

Hoy, he descubierto una aproximación SIMPLE *a* _____
_____
_____
_____
_____
_____
_____
_____

Hoy, he descubierto que la SIMPLICIDAD *se mantiene fácilmente en una situación cuando* _____
_____
_____
_____
_____
_____
_____

Tengo el propósito de crear una aproximación más SIMPLE *a* _____
_____
_____
_____
_____
_____
_____

Segunda fase

Honra a tu propio Yo.
Medita sobre tu propio Yo.
Adora tu propio Yo.
Arrodíllate ante tu propio Yo.
Comprende a tu propio Yo.
Tu Dios mora en ti como tú.

MUKTANANDA

Hónrate a ti mismo

Yo no quería ir. Por ninguna razón en particular, excepto que yo no les gustaba a ellos, y no les tenía demasiado cariño. Había mal rollo entre nosotros, mal rollo familiar. Mal rollo familiar quiere decir que haces lo posible por mantener la paz, incluso cuando eso quiere decir estar con unas personas, actuando como si te sintieras cómoda, cuando en realidad te sientes desgraciada. Estoy segura de que todos jugábamos al juego de «Te quiero, pase lo que pase». Todos sabíamos jugar muy bien a eso. Sabíamos sonreír e intercambiar frases bonitas para ocultar la rabia o el miedo que hervían bajo la superficie. Todos sabíamos de qué lado estaba el otro, aun a pesar de que nunca lo hubiésemos admitido. Era un día luminoso y soleado, y yo no tenía ganas de entrar en el juego. Además, sabía que no había una excusa aceptable para no ir, excepto estar muerta. En lugar de prepararme para salir, intenté idear cómo estar muerta durante sólo un día.

¿Dónde nos enseñan que está bien decir lo que sientes cuando lo sientes? Ciertamente, no en nuestra infancia. Cuando somos niños, nos enseñan lo que no debemos decir y no debemos hacer si ello incomoda a los demás, o cuando los incomoda. Los demás son las personas mayores. Cuando somos niños, nos enseñan a cuidar de las personas mayores, los adultos, de aquellos que tienen la autoridad. No hables cuando las personas mayores están hablando. No expreses tus ideas si son distintas a las de las personas mayores. Acepta siempre lo que las personas mayores te ofrezcan, incluso si no te gusta. De un modo insidioso, aunque no malicioso, nos enseñan que las personas mayores importan, y nosotros no. Incluso cuando nosotros mismos nos convertimos en personas mayores, siempre hay otros que son mayores, más viejos, más importantes que nosotros. Ésas son las personas a las que debemos honrar. Al honrar a las personas mayores, se nos enseña a deshonrarnos a nosotros mismos.

La primera manera en que aprendemos a deshonrarnos es dejando de decir la verdad. La verdad sobre lo que sentimos, sobre lo que queremos, o lo que pensamos. En mi familia, las frases del partido eran: «¡A los niños hay que verlos y no oírlos!» y, «¡Nadie te ha pedido tu opinión!». He oído otras como: «¡Agradece lo que recibes!», «¡No digas eso! ¡No es bonito!». Cuando oías estas cosas, sabías que debías cerrar el pico y ocultar tus sentimientos, porque estabas caminando sobre una capa de hielo muy fina. Si el hielo se rompía, te podían gritar, dar una bofetada o castigarte. Peor aún, podías recibir un sermón de media hora sobre lo inapropiado de tu comportamiento. De niña, aprendí que los estallidos espontáneos de verdad sobre las personas mayores, las percepciones instintivas sobre sus pecados, y los evidentes actos de hipocresía que ellas cometían no debían ser discutidos o cuestionados. A menudo, me decían que no creyera lo que veía, o yo me convencía de que lo que sentía sobre una situación no estaba bien. Antes, debía aceptar la explicación que las personas mayores me ofrecían respecto a la situación. Siendo una persona adulta, continué viendo a mis padres y a los familiares de más edad que yo como personas mayores. Al final, este grupo creció hasta incluir a mis jefes y a otras personas de autoridad. Yo hacía todo lo posible por honrar los sentimientos y los deseos de estas personas, incluso cuando esto significaba deshonrarme a mí misma.

Cuando te mientes a ti mismo respecto a lo que necesitas, acabas mintiendo a los demás sobre las mismas cosas. Recuerdo que, cuando empecé a salir con chicos, me preocupaba más por no disgustar a mis parejas que por honrarme a mí misma. Cuando ellos llegaban tarde, no pasaba nada. Cuando no me llamaban como habían prometido hacerlo, los interrogaba, pero tenía cuidado de no hablar con dureza. Cuando se presentaban, tal como lo habían prometido, yo tenía muy pocas opiniones sobre las cosas: «¿Adónde quieres ir?», «Oh, cualquier lugar que tú elijas está bien». «¿Qué quieres comer?», «¿Qué quieres comer tú?». Responder a una pregunta con otra pregunta no es una buena forma de conseguir lo que deseas. No es la manera de honrarte a ti misma. Sin embargo, yo tenía cuidado de no pedir demasiado o de no decir lo que no debía, particularmente cuando no tenía ni idea de cuál era nuestro presupuesto. Los chicos con los que salía, al igual que mis padres, profesores, supervisores, vecinos y ministros de la Iglesia, eran personas que tenían algo que yo necesitaba o deseaba. Era mejor no ofenderlos o molestarlos. Eran personas mayores.

Mentirte a ti mismo y a las demás personas respecto a lo que necesitas, deseas, lo que te gusta o no te gusta, es como tener un hongo bacteriano. Se extiende rápidamente a todas las áreas de tu vida y contamina todo tu ser. Cuando estás contaminado por el hongo de la deshonra, te resulta difícil hablar en tu favor. El hongo sella tus labios cuando la gente te habla de un modo inapropiado. El hongo nubla tu cerebro cuando las personas se comportan de una forma impropia contigo. Este hongo sella-labios y nubla-cerebros siempre hace que dudes de ti. Hace que te cuestiones lo que estás sintiendo, cuando lo estás sintiendo. Te impide hallar la manera más apropiada de responder cuando las personas mayores hieren tu sensibilidad. Pero, al igual que toda bacteria, el hongo que no es tratado a tiempo se convierte en una infección. Toda infección que crece cuando no te honras a ti mismo se convierte en enfado o en rabia. El enfado o la rabia se convierte en lo que dejas escapar cuando las personas mayores, o para tal caso, las personas menores, dicen o hacen cosas que tú has dejado existir libremente durante períodos de tiempo prolongados. El hongo del no honrar lo que sientes cuando lo sientes, o decir lo que necesitas decir cuando necesitas decirlo, sale en forma de ira y contamina tus relaciones. Las relaciones familiares. Las relaciones profesionales. Las relaciones personales e íntimas. Ninguna de ellas es inmune al hongo que crece en tu interior cuando no te honras en cada paso del camino, a lo largo del camino, en tus relaciones con los demás.

Tenía treinta años cuando, finalmente, alguien me dijo que yo le importaba lo suficiente como para interesarse por lo que yo pensaba. Me encontraba en un círculo de desconocidos, la mayor parte de los cuales eran mayores, más ricos y mucho más educados que yo, cuando alguien me miró a los ojos y me dijo: «Bueno, ¿y tú qué piensas?». Ya había estado casada, había dado a luz a tres niños y me había divorciado, cuando alguien pronunció estas palabras para mí: «¡Hónrate a ti misma!». ¡Eso sí que fue una explosión mental! Era algo que yo jamás había considerado. ¡Honrarme a mí misma! ¿Reconocer lo que siento? ¿Decir lo que estoy pensando, en voz alta, en una habitación llena de gente? ¿Pedir lo que quiero, incluso cuando veo que no está a mi alcance en ese momento? ¡Usted debe de haber perdido la cabeza! La persona no estaba loca. Era un ministro de la Iglesia, y yo me encontraba en un taller sobre la obtención de poder. Estábamos realizando un ejercicio diseñado para desarrollar la confianza y la verdad. Él nos había dicho que la única manera de aprender a confiar en uno mismo lo suficiente como para honrarte como la expresión divina y única de Dios que eres, era diciendo la verdad. Él mandaba. Era la persona mayor. Alguien en el grupo acababa de criticarlo duramente, y él, sin previo aviso, se volvió hacia mí y me preguntó: «Bueno, ¿y tú qué piensas?». ¡Resulta realmente difícil pensar cuando tu cerebro se está friendo y el pelo se te está cayendo!

«Bueno..».. «¡Nada de buenos!» me gritó. «¡Tan pronto como dices "bueno" o "no lo sé" estás diciendo que no quieres hablar del tema! Estás aquí para hablar. De modo que, habla. ¿Qué piensas de lo que acaban de decir?». Yo podía sentir los cincuenta ojos que había en la habitación clavados en mí. Podía oír la voz de mi abuela a la distancia: «Si no tienes nada bueno que decir, no digas nada». Podía ver los ojos de mi madre atravesando la habitación y clavándose en mí, con esa mirada de madre que te hacía saber que, si abrías la boca, morirías al instante. Podía sentir el olor de mi materia gris friéndose. Mientras sucedía todo esto, había una persona mayor esperando una respuesta. Las palabras se escaparon de mi boca antes de que pudiera analizarlas o censurarlas. «Pienso lo mismo. No creo que usted tenga que chillarnos y gritarnos para hacerse entender. No somos sordos. Hemos pagado para estar aquí, lo cual significa que estamos deseosos de aprender. Resulta difícil aprender cuando uno está asustado». «¿Realmente me tienes miedo?», me preguntó suavemente. «No, en realidad no. Creo que lo que más me asusta es lo que usted pueda decir o hacer si no le doy la respuesta adecuada». «¿Cuál es la respuesta adecuada?». Me estaba presionando un poco, pero era una sensación agradable. «Siento que la respuesta adecuada es la que aparece en tu mente en el momento. La gran pregunta es, ¿cómo das esa respuesta sin herir u ofender a la otra persona?». Él se puso de rodillas, me miró directamente a los ojos, y dijo: «Honra lo que sientes, diciéndolo como a ti te gustaría oírlo. Cuando lo dices honestamente y con amor, has acabado tu tarea».

No fui al almuerzo. Me quedé en casa, haciendo cosas sin importancia. Abrí las ventanas para dejar entrar el aire fresco de la primavera. Me hice un tratamiento facial y me pinté las uñas. Salí en busca de un nuevo par de zapatos. Como no encontré ninguno, me compré un helado. Cuando regresé a casa, dormí una siesta y tuve una pesadilla. Oí a mi tía y a mi abuela gritándome por no haber ido al almuerzo. Las oí decirme que yo creía ser mejor que los demás y que las cosas siempre tenían que ser como yo quería. Oí a mi hermano preguntarme repetidamente por qué era tan estúpida. ¿Acaso no sabía cómo eran ellos? ¿Por qué siempre tenía que armar tanto alboroto? Entonces, la hija de mi madrina se me acercó y me preguntó qué hacía yo allí. Me dijo que debería haberme mantenido alejada, y que el hecho de que yo viniera sólo podía traer problemas. En el sueño, todo el mundo me gritaba. Yo podía percibir su enfado, lo cual me hacía sentir triste y disgustada. Les respondía gritando. Como siempre, no podían oírme, porque el hongo de la rabia nos tapaba los oídos a todos. Desperté llorando, con el corazón latiendo con fuerza.

Sentada al borde de la cama, sonándome la nariz, volví a ser una niña pequeña que intentaba, una vez más, complacer a todo el mundo. Deshonrándome de nuevo. No sabía qué era peor, no complacer a los mayores o deshonrar lo que sentía. Sonó el teléfono. Era mi tía. Sin saludarme siquiera, me preguntó: «¿Qué ha pasado contigo hoy?». El aire muerto de la falta de respuesta la animó a modificar la pregunta: «Quiero decir, creímos que te había pasado algo. ¿Dónde estabas?». ¡Hónrate a ti misma! «Simplemente, se me pasó el día». Ésa no era la verdad. «Y, en realidad, no me apetecía ir». «Ah. Supongo que tenías algo más importante que hacer». «No, simplemente decidí honrar lo que estaba sintiendo, quedándome en casa y cuidando de mí». «¡Caramba!», dijo, «¡Realmente necesito que me enseñes a hacerlo! La verdad es que yo tampoco tenía ganas de ir, pero ya sabes cómo son..». Mientras oía su relato de cómo había sido el día, quién llevaba puesto qué, quién había dicho qué, quiénes habían bebido demasiado, y lo que habían dicho y hecho como resultado de ello, sonreí y afirmé mentalmente: «¡Hónrate a ti misma!». Realmente, es muchísimo más fácil de lo que creemos.

Día 9

Hónrate a ti mismo con la... CONCIENCIA

Definición a trabajar

El principio con el que trabajaremos hoy es la CONCIENCIA. *Es un conocimiento intuitivo. La capacidad de reconocer y aprovechar el espíritu de verdad en la acción. El conocimiento, o información, carente de carga emocional o de juicio.*

Comentario sobre la Conciencia

En una ocasión, un profesor me dijo: «Si una persona dice que eres un caballo, no tienes por qué escucharla. Si dos personas dicen que eres un caballo, es probable que tengas que prestar un poco más de atención a lo que estás haciendo. Si tres personas dicen que eres un caballo, ¡lo más probable es que haya heno colgando de tu boca y una montura sobre tu espalda!». En otras palabras, las personas que te observan pueden ver cosas de las que tú, posiblemente, no eres consciente. Con mucha frecuencia, no estamos dispuestos a, o no somos capaces de, hablar con otra persona de nuestros aspectos desagradables. En lugar de hablar de lo que sentimos, nos criticamos los unos a los otros. La gente siempre me decía que parecía enfadada. Cuando no me decían que parecía enfadada, me decían que estaba a la defensiva y que era belicosa.

Cada vez que me decían estas cosas, yo me ofendía y lanzaba una larga diatriba sobre el hecho de que la gente no me conocía y no sabía lo que yo pensaba o sentía. Normalmente acababa mi discurso diciendo lo harta que estaba de ser criticada, y que yo no estaba enfadada, ¡maldita sea!

Cuando te niegues a prestar atención a lo que la vida te está diciendo, la vida se hará oír. La vida quiere que seamos conscientes de nosotros mismos para que podamos hacer los ajustes necesarios para vivir de una forma más armoniosa. La vida estaba intentando hacerme tomar conciencia de que estaba actuando como un caballo, pero yo continuaba insistiendo en que era una gatita. La vida estaba intentando recordarme que yo era una representante divina de Dios que estaba actuando como una perfecta idiota. Un día, quedó muy claro que colgaba heno de mi boca.

Una amiga me pidió que la ayudara a agilizar un papeleo burocrático. Como administrativa en la institución pertinente, me debían unos cuantos favores, de modo que la acompañé a la oficina de la mujer que estaba presentando el problema. Cuando entramos en su despacho, la mujer se encontraba enfrascada en un debate verbal con otra persona. Permanecimos en silencio junto al mostrador, esperando nuestro turno para hablar con ella. Súbitamente, sin previo aviso, la mujer se volvió hacia nosotras y empezó a decir a gritos lo que estaba dispuesta a hacer y no estaba dispuesta a hacer. Luego me señaló con el dedo y me desafió a que abandonara su despacho. Le pregunté cuál era su problema y por qué se creía con derecho a hablarme de ese modo. Intercambiamos más palabras desagradables y poco profesionales y al final abandoné la oficina sin haber resuelto la situación.

Dos días más tarde, estaba sentada a mi mesa cuando fui llamada por mi superior, quien me pidió que me presentase en su despacho. Cuando llegué, vi que mi supervisor y otros dos hombres me estaban esperando. Uno de ellos me entregó una hoja de papel. Era una orden de arresto. Se me acusaba de un ataque criminal a la mujer con la que había discutido dos días antes. La orden me acusaba de haberla empujado por toda la oficina, teniendo ella que encerrarse en el armario para ponerse a salvo de mi ataque. Seguidamente, ella declaraba que yo la había esperado en el estacionamiento, que había saltado desde la parte posterior de su coche y la había golpeado en la cabeza y en la cara, provocándole lesiones graves en el cuello y en la espalda. También alegaba que yo había acuchillado las ruedas de su automóvil. Los hombres, que eran oficiales de la policía, me dijeron que tendría que presentarme en el juzgado para responder a estas acusaciones. Mi supervisor me preguntó qué había sucedido. Le relaté los acontecimientos del día lo mejor que pude, asegurándole que no había vuelto a ver a la mujer después de abandonar su despacho. Le dije que no sabía qué coche tenía y, dado que yo no tenía coche, era muy improbable que yo hubiese estado ocultándome en el estacionamiento. Testigos. ¿Y los testigos? No había ninguno, pero la mujer me había identificado por mi nombre.

Que te acusen de hacer algo que no has hecho es una cosa. Pero que te acusen de un crimen que no has cometido es una historia completamente distinta. ¡Es como una historia de terror! Regresé al despacho de la mujer en un intento de averiguar qué estaba sucediendo. En cuanto entré, la gente empezó a revolver papeles en sus escritorios. En otras palabras, me estaban ignorando. Sin hablar con nadie en particular, pregunté quién, en esa oficina me había visto empujar a aquella mujer. Nadie respondió. Entonces les pedí que me mostraran el armario. Sólo había un mueble pequeño con seis estantes. ¿Dónde se había escondido ella?, pregunté. Ninguna respuesta. Yo conocía a estas personas. Habíamos estado trabajando juntos durante años. ¿Estaban volviéndose todos locos? ¿O era yo la que me había vuelto loca, la que había perdido la memoria, y había atacado a esa mujer? Yo no dejaba de interrogarme y de interrogar a otras personas. Nadie tenía ni idea de lo que en realidad estaba sucediendo.

En el transcurso de las semanas siguientes, la historia de terror se convirtió en una pesadilla. La mujer volvió al trabajo con un refuerzo en el cuello. Estaba demandando a la institución, la cual era responsable de los actos de su personal administrativo. Se publicaron historias y fotos en el periódico local. Personas que me conocían desde hacía años dejaron de hablarme, incluida la mujer que me había pedido que la ayudase. Fui trasladada de mi bonita y acogedora oficina a una oficina en el almacén. Fui interrogada en repetidas ocasiones por la policía, la junta directiva y los abogados de la empresa. Lo más asombroso era que, sin que hubiera absolutamente ninguna prueba de que lo que mi acusadora alegaba fuera cierto, la mayoría de la gente con la que hablé le creía.

Evidentemente, la vida estaba intentando decirme algo, pero a causa de mi temor y mi rabia, me volví sorda, muda y ciega. Bueno, quizás había abandonado algunas reuniones como un huracán. ¿Y qué si había despedido a cinco o seis secretarias en el último año? Nada de esto quería decir que yo iba por ahí dando palizas a las personas en los aparcamientos. Lo que quería decir, sin embargo, es que yo era totalmente inconsciente del modo en que la gente me veía y me respondía. Un día, la asistente de mi supervisor entró en mi oficina para charlar. Al final, acabamos hablando de las acusaciones en mi contra. Le dije lo difícil que me resultaba comprender por qué la gente creía a esa mujer. «Simplemente, así es como te ven», me dijo. «La gente se siente intimidada por ti. Yo sé que ladras más de lo que muerdes, y sé que no eres culpable. Pero las otras personas creen que lo que esa mujer dice es bastante probable». ¿No te encanta que la gente venga y te diga exactamente lo que piensa? ¿No es incluso más emocionante cuando lo que te dicen te deja sin habla y paralizada? Me hubiera gustado decirle que no tenía ni idea de lo que me estaba explicando, pero ésa no hubiera sido la verdad. Yo lo sabía.

En una ocasión, mi supervisor me dijo que todo lo que yo tenía que hacer era entrar en una habitación, y los problemas entraban conmigo. ¿Por qué? ¿Por qué me había dicho eso? Y lo que es más importante, ¿por qué era cierto? Otra persona me dijo que había algo en mí que dejaba un mal sabor en la boca de la gente. Estas declaraciones, que normalmente se formulaban en forma de crítica, hacían que yo siempre estuviera a la defensiva. Las críticas, cuando se hacen de una forma que te invalida, tienen ese efecto. Sin embargo, si te encuentras en el camino de la conciencia de ti misma y el crecimiento personal, las críticas pueden proporcionarte una información muy profunda sobre ti. Si eres capaz de superar la rabia y el miedo, verás que, en realidad, esas personas que te critican están utilizando el único medio que conocen para hacerte tomar conciencia del modo en que afectas al mundo. Si eres capaz de controlar tu ego el tiempo necesario para oír lo que se te está diciendo, es posible que te des cuenta de que, normalmente, las personas te dicen las mismas cosas que tú te has dicho en silencio.

Al final, se retiraron las acusaciones, y tuvieron que pasar muchos años antes de que todo esto tuviera sentido para mí. No tuvo ningún sentido hasta que apuñalé a mi marido, choqué con mi coche y sufrí un colapso nervioso. Fue la rabia. Fue el miedo. Fue esta serie de acontecimientos lo que me hizo tomar conciencia de cuán agresiva y belicosa podía llegar a ser a causa de mi enfado. Si alguna vez has estado realmente enfadado con alguien, sabes lo difícil que puede resultar tener buenos sentimientos hacia esa persona. El mero hecho de pensar en ella puede desatar la ira en ti. Si eres capaz de imaginar el impacto que tiene ese grado de ira que estás dirigiendo hacia alguien, ¡imagina el impacto que tiene cuando está dirigido a la persona que ves en el espejo cada mañana! La gente nota cuándo uno está enfadado. Lo percibe en tu voz. Lo ve en tus gestos. La gente responde al enfado con miedo. El miedo puede hacer que una persona vea algo que no existe, u oiga algo que no se ha dicho. Eso es lo que yo experimenté. La energía que había en mi interior, de la cual yo no era en absoluto consciente, se había manifestado como una experiencia de rabia y miedo.

Llegar a ser consciente de ti mismo y del impacto que tienes sobre el mundo no es tarea fácil. No lo es para los débiles de corazón, o mentalmente frágiles. Exige el mismo tipo de determinación que imagino que debe tener la mayoría de corredores de fondo olímpicos. Tienes que estar dispuesto a escuchar, a continuar trabajando para aprender a aceptarte, a comprenderte y a amarte tal como eres, saliendo del lugar donde has estado. El primer paso hacia la conciencia es estar dispuesto a observarte y a observar tu vida sin juicios o críticas. Cada pequeño detalle debe ser examinado. Cada experiencia, cada incidente y cada complicación deben ser repasados y explorados. James Baldwin dijo: «¡No puedes reparar aquello a lo que no eres capaz de enfrentarte!». La clave para lograr una conciencia fructífera es limitarte a observar y llegar a ser consciente; no tienes que arreglarlo. Una vez que eres consciente, estás capacitado para elegir lo que funciona y lo que no funciona. Una vez que eres consciente, ya no tienes necesidad de temer las críticas. Te das cuenta de que las personas no están intentando invalidar quién eres o lo que haces. Cuando los amigos te señalen cosas desagradables sobre ti de las que ya eres consciente, en lugar de caer en la trampa del enfado, puedes limitarte a decir: «Gracias por decírmelo. Ya lo sé, ¡y estoy trabajando en ello!».

Diario del comentario

Después de leer el comentario de hoy, me doy cuenta de que _____

_____

_____

_____

_____

_____

_____

_____

_____

_____

_____

_____

La(s) frase(s) clave que deseo recordar y trabajar hoy es/son

_____

_____

_____

_____

_____

_____

_____

_____

_____

_____

_____

_____

Afirmación matinal sobre la Conciencia

Hoy, elijo tener CONCIENCIA.
Elijo ser CONSCIENTE de la belleza de la vida y del vivir.
Elijo ser CONSCIENTE de las sencillas verdades de la vida.
Elijo ser CONSCIENTE de los placeres simples de la vida.
Elijo la CONCIENCIA de la dicha.
Elijo la CONCIENCIA de la paz.
Elijo la CONCIENCIA del amor.
Elijo ver, sentir, conocer, la presencia de la energía divina en mí mismo/a
    y en las personas que hay a mi alrededor.
Hoy, elijo ser CONSCIENTE y dar la bienvenida a todo lo que sea bueno,
    noble y divino.
Mientras la CONCIENCIA de dicha, paz, amor y bondad crecen en mí, la
    dicha, la paz, el amor y la bondad se convierten en mi realidad.
¡Por esto me siento tan agradecido/a!
¡Y Así Es!

Deseo recordar que...

La vida siempre hace que sea CONSCIENTE
de lo que necesito saber.

No puedo cambiar aquello a lo que no estoy dispuesto
a enfrentarme.

La CONCIENCIA es el camino hacia mejores decisiones.

La CONCIENCIA de uno mismo es la clave para la paz.

La CONCIENCIA abre la mente y el corazón
a nuevas posibilidades.

Diario nocturno de la Conciencia

Hoy, fui CONSCIENTE *del efecto que tuvo en mí cuando* _____

_____

_____

_____

_____

_____

_____

_____

_____

Hoy, me he dado cuenta de que no siempre soy CONSCIENTE *de* _____

_____

_____

_____

_____

_____

_____

_____

_____

Ahora soy CONSCIENTE *de que puedo tener un efecto maravilloso en otras
personas cuando* _____

_____

_____

_____

_____

_____

_____

Día 10

Hónrate a ti mismo con la... ACEPTACIÓN

Definición a trabajar

El principio con el que trabajaremos hoy es la ACEPTACIÓN. Es recibir sin criticar o juzgar. Aceptar la totalidad de la situación o experiencia. Darnos cuenta interiormente de que todo está bien, independientemente de cuál sea la expresión exterior.

Comentario sobre la Aceptación

Yo sabía que mi marido se estaba acostando con otra mujer, pero no podía, o no quería, aceptarlo. Aceptarlo implicaba hacer algo al respecto, y yo no sabía qué hacer. No tenía trabajo ni dinero, de modo que no podía abandonarlo. Tenía tres hijos que adoraban a su padre, y no podía negarles el placer de su compañía. Aparte de todo esto, yo tenía un complejo de inferioridad apoteósico, y no iba a entregar a «mi hombre» a otra mujer. Aunque me sentía indigna, poco atractiva y poco deseable, no quería aceptar que mi matrimonio de siete años pudiera llegar a su fin abruptamente por la mera presencia de otra mujer. La buscaría y la mataría. Eso acabaría con todo.

No tiene que gustarte lo que está sucediendo en tu vida, pero debes aceptar que eso, sea lo que sea, está sucediendo. Mientras no aceptes la realidad, serás incapaz de definir el papel que vas a jugar. El hecho de no aceptar la realidad es una negación de tu poder para hacer una elección consciente. Cuando no eliges, vives por omisión. Eres víctima de las circunstancias. Es probable que esto suene muy bien y tenga mucho sentido. Sin embargo, cuando descubres que hay algo en tu vida que no está funcionando como a ti te gustaría que funcionara, nada tiene sentido. Eso hace que te enfades o tengas miedo. Cuando estás enfadada, nada tiene sentido. Si tienes miedo, entonces tienes menos sentido aún. Si estás enfadada, asustada y planeando un asesinato, no tienes ningún juicio. En la vida de todo el mundo, hay un momento en el que uno tiene que aceptar que nada tiene sentido, y que uno no encuentra ningún sentido, pero que, aun así, todo saldrá bien. Aceptación es saber que, no importa lo que pase, todo está y estará bien.

Aceptación es, simplemente, reconocimiento. Cuando reconoces algo, lo ves tal como es. Todas nuestras experiencias, no importa cuán horribles nos parezcan, son temporales. La aceptación de una experiencia como una situación temporal puede hacer que nos resulte mucho más fácil de manejar. Esto no quiere decir que no vas a estar temporalmente enfadado, asustado, o que no vayas a perder de modo temporal el juicio. Quiere decir que, normalmente, cuando sabes que una situación es temporal, puedes manejarla con más calma. La aceptación es también un billete de un tren expreso para salir del miedo y del enfado. Te saca del lugar donde te encuentras y te lleva a donde deseas estar, sin detenerse en cada pueblecito rústico de emociones negativas. El hecho de aceptar algo no quiere decir que apruebes lo que está sucediendo. Tampoco significa que lo que está sucediendo no te esté afectando. La aceptación significa que eres capaz de retirar suficientemente la atadura emocional como para poder ver, realmente, lo que está sucediendo. Sin una carga emocional, es posible que incluso descubras que lo que está sucediendo no tiene nada que ver contigo. Lo ves, lo sientes, y quizás incluso sepas que hay que hacer algo al respecto; pero, sin embargo, sólo puedes tomar una decisión sabia desde una postura de aceptación, sin ataduras emocionales.

Cuando aquella mujer se presentó en mi casa, me vi obligada a aceptar la realidad. La aceptación es una forma de iniciación. Es un rito de tránsito. Estás pasando de la fantasía que has creado en tu propia mente, para tu propia protección, al mundo real de la verdad y los hechos. Normalmente, el hecho de pasar por la iniciación de la aceptación significa que algo secreto y oculto te ha sido revelado. Significa que estás siendo llamado a mostrar de qué estás hecho. Se te avisa que ha llegado el momento de demostrar aquello en lo que crees. Es un acto de valentía. La aceptación es el valeroso acto de hacer lo que crees que tienes que hacer antes de verte forzado a hacerlo. Hice pasar a la mujer.

La aceptación es la esencia del respeto por uno mismo y por los demás. Cuando aceptas la realidad de tu vida, demostrando así que estás dispuesto a hacer una elección consciente, honras la sabiduría, la fuerza y la tenacidad del espíritu divino que hay en tu interior. Cuando aceptas la realidad de las elecciones que otras personas han hecho, dándote cuenta de que, aunque lo que está sucediendo pueda no gustarte, tienes la fuerza y el valor para vivirlo, estás honrando el derecho de los demás a elegir, sin culparlos por tus heridas. No te gusta que haya hormigas en tu picnic, y no les entregas todo el parque, ¿verdad? Aceptas que las hormigas tienen tanto derecho como tú a estar ahí, y tomas las precauciones necesarias para mantenerlas lejos de tu ensalada de patatas. La aceptación es como saber que habrá hormigas en el picnic. Es el reconocimiento de que existen necesidades y circunstancias distintas a las tuyas. Al efectuar este reconocimiento, adquieres el poder para desarrollar una estrategia para tu protección, sin pisotear las necesidades de los demás. Cuando aquella mujer me exigió que le concediera el divorcio a mi marido, le dije que lo tendría si se llevaba también a su perro.

Sin la carga emocional de la rabia, el miedo y la victimización, resulta fácil aceptar la realidad de tu vida. Al aceptar lo que es, empiezas a tener una percepción aguda de lo que no es. Cuando sabes lo que no es, puedes empezar a determinar lo que tienes que hacer. La aceptación exige también una gran confianza y mucha paciencia. Debes confiar en ti mismo lo suficiente como para saber que tomarás las decisiones correctas. Debes confiar en que el universo te proporcionará todas las cosas que necesitas para realizar lo que decidas hacer. Debes aceptar que es posible que lo que desees hacer no sea una tarea fácil, lo cual te exigirá ser paciente contigo mismo. Ser paciente cuando te enfades o tengas miedo. Ser paciente cuando te sientas tentado a mentirte y a no aceptar la verdad. Ser paciente cuando te parezca que las cosas no están yendo bien y que nunca volverán a ir bien. Aceptar que lo que es tuyo vendrá a ti de la forma apropiada, exactamente en el momento adecuado. Reconocer y aceptar pacientemente que lo que no es para ti, no es para ti, no importa lo que decidas decirte. Las hormigas no se desaniman cuando trepan a la mesa en una excursión campestre y descubren que todos tus alimentos están cubiertos con papel de aluminio. Vuelven a bajar y esperan pacientemente en torno a las patas de la mesa a que dejes caer un plato. Cuando aquella mujer se marchó con seis bolsas de basura llenas de ropa, y con el perro, salí al patio trasero y acabé de tender la ropa. Cuando sólo me quedaba una sábana en la canasta, me senté sobre el césped y lloré.

Diario del comentario

*Después de leer el comentario de hoy, me doy cuenta de que*_____

_____

_____

_____

_____

_____

_____

_____

_____

_____

_____

_____

La(s) frase(s) clave que deseo recordar y trabajar hoy es/son _____

_____

_____

_____

_____

_____

_____

_____

_____

_____

_____

_____

Afirmación matinal sobre la Aceptación

ACEPTO *la presencia de la vida divina expresándose en mí.*
ACEPTO *mi derecho a estar vivo/a.*
ACEPTO *mi derecho a conocer la dicha.*
ACEPTO *mi derecho a vivir en paz.*
ACEPTO *mi derecho a conocer el amor, a dar amor y a recibir amor.*
ACEPTO *que cuando no elijo la dicha, la paz y el amor como fundamento*
de mi vida, estoy eligiendo una realidad que no es divina.
Por encima de todo, elijo ACEPTAR *la voluntad, la dicha, la paz y el amor*
del Divino como centro de mi ser y fundamento de mi vida.
¡Por esto me siento tan agradecido/a!
¡Y Así Es!

Deseo recordar que...

La ACEPTACIÓN *es una señal de valentía.*

La ACEPTACIÓN *me autoriza a hacer una elección consciente.*

La ACEPTACIÓN *de lo que es no significa*
que te gusta que sea así.

Elegir con miedo no es ACEPTACIÓN.

Elegir con rabia no es ACEPTACIÓN.

La ACEPTACIÓN *exige que confíe en mí y en el Divino.*

La ACEPTACIÓN *exige que sea paciente conmigo mismo/a,*
con los demás, y con el proceso de la vida.

Diario nocturno sobre la Aceptación

Hoy, me he dado cuenta de que me resisto a ACEPTAR *la realidad cuando*

_____

_____

_____

_____

_____

_____

_____

_____

Hoy, fui capaz de ACEPTAR *que yo* _____

_____

_____

_____

_____

_____

_____

_____

Ahora estoy dispuesto a ACEPTAR *que* _____ *es / no es*

_____

_____

_____

_____

_____

_____

Día 11

Hónrate a ti mismo con la... AFIRMACIÓN

Definición a trabajar

El principio con el que trabajaremos hoy es la AFIRMACIÓN. Es mantenerte firme mentalmente o hacer una declaración de la verdad en voz alta. Una declaración que se hace para reclamar y apropiarnos de aquello que es la verdad.

Comentario sobre la Afirmación

Cualquier cosa que te digas hoy, haz que sea algo bueno. Puedes decirte que tienes buen aspecto o que hueles bien. Identifica tus rasgos bonitos y hazte un cumplido. Si crees que no hay nada en ti que merezca un cumplido, repite algún cumplido que te haya hecho otra persona. Debes tener la costumbre de empezar el día diciéndote cosas agradables. Cualquier cosa que pienses de ti hoy, que sea algo que te haga sentir bien.

Entre los deberes y las responsabilidades que debas cumplir hoy, tómate unos minutos para hacer algo por ti. Cómprate un pequeño regalo. Ofrécete una plegaria. Abrázate. Pasa unos momentos oyendo tus pensamientos, repitiéndote pensamientos o palabras de afirmación personal y haciendo a un lado el parloteo negativo que suele atravesar tu mente. Mereces dedicarte cinco minutos, tres veces al día. Eres como una planta que necesita ser regada para mantenerse viva. Tener buenos pensamientos sobre ti mismo, decirte palabras agradables es como regar una planta sedienta. Éstos son los pasos que puedes dar, y que debes dar, con la mayor frecuencia posible para afirmarte.

La mayoría de nosotros pasa la mayor parte de su vida repitiendo mentalmente las críticas y los juicios que ha oído sobre su persona. La mente subconsciente es tan poderosa, que registra todas las palabras que hemos oído alguna vez. Las personas que nos han hablado con rabia, con miedo, o como consecuencia de su propio dolor e ignorancia dejan una huella duradera en nuestras mentes subconscientes. Estas palabras se convierten en pensamientos. Los pensamientos se convierten en malas hierbas que tienen un dominio completo sobre nuestro sentido de valía y nuestra autoestima. Tu *Yo* es divino. Tu *Yo* es poderoso. Tu *Yo* nunca puede ser alterado. Ésta es la verdad sobre ti. No importa lo que hayas oído o experimentado, la verdad sigue siendo la verdad. Tu tarea en la vida consiste en conocer la verdad y afirmarla con la mayor frecuencia posible.

La poetisa Maya Angelou habló en una ocasión sobre el poder de las palabras. Dijo que las palabras son como pequeños perdigones de energía que salen disparados hacia el reino invisible de la vida. Aunque no podemos ver las palabras, dijo, éstas se convierten en la energía que llena una habitación, un hogar, un ambiente y nuestras mentes. La señora Angelou describió el modo en que las palabras se adhieren a las paredes, a los muebles, a las cortinas y a nuestra ropa. Ella está convencida de que las palabras que hay en nuestro entorno penetran en nuestro ser y pasan a formar parte de lo que somos. Cuando reflexiono sobre las palabras negativas que he oído sobre mí misma y sobre los años que he pasado batallando con ellas, encuentro que esto tiene mucho sentido. Las palabras son sumamente importantes en nuestra vida. Las palabras, escritas y pronunciadas, determinan lo que hacemos en la vida y la manera de hacerlo. Y, dado que las palabras finalmente guían nuestros actos, es importante que pronunciemos palabras de verdad, de amor, y que expresemos todas las cosas buenas que deseamos experimentar en nuestra existencia. Las palabras y los actos que nos afirman son necesarios para contrarrestar las cosas desagradables que hemos oído sobre nosotros mismos.

Yo nací antes de tiempo. De hecho, tan antes de tiempo que no llegué a nacer en la clínica. Nací en un taxi. El taxista estaba furioso. Demandó a mis padres por el coste de la limpieza del taxi. He oído la historia por lo menos mil veces en mi vida. Al final, la historia llegó a incluir afirmaciones como, «¡Ella siempre ha sido un problema!», «¡Siempre ha sido demasiado rápida para su propio beneficio!», «¡Hay que vigilarla, porque nunca sabes lo que puede llegar a hacer!». Estas palabras, pronunciadas cuando yo era una niña revoltosa de dos años, o una niña curiosa de cinco años, o una adolescente dominada por sus hormonas, se traducían en un parloteo interior negativo. Resultado: siempre llegaba crónicamente tarde a todo. Siempre llegaba tarde al trabajo. Llegué tarde a mi boda. Pagaba mis cuentas tarde. Me gustaba cenar tarde por la noche. Esperaba hasta el último minuto posible para hacer cualquier cosa, y normalmente acababa llegando tarde. Mi trabajo como abogado me curó de la tendencia a llegar tarde.

Cuando alguien está en la cárcel esperando a que tú presentes un recurso, no puedes llegar tarde. Cuando un juez tiene la autoridad para declararte en rebeldía, lo cual podría significar ir a la cárcel, más te vale no llegar tarde. Cuando alguien te está pagando para que hagas algo y su libertad o sus derechos constitucionales dependen de que tú lo hagas, sencillamente, no puedes llegar tarde. No hay excusa para llegar tarde. El sol nunca llega tarde. La luna nunca llega tarde. La primavera llega después de cada invierno, todos los años. Quizá no sepas exactamente cuándo llegará, pero sabes que aparecerá antes de diciembre. Estas actividades divinas siempre aparecen a tiempo. Llegar tarde es mucho más que perder un autobús o quedarte atascado en el tráfico. Es una señal silenciosa de que no estás honrando tu divinidad, ni la divinidad de los demás.

Hace dieciséis años que me quité el reloj. Empecé a afirmar: «El tiempo divino y el orden divino me guían en todo lo que hago. Merezco llegar a tiempo. Siempre llego a tiempo». Escribí esta afirmación en notas. Las coloqué por toda mi casa y en mi coche. Me pegué una en la muñeca, en el lugar donde hubiera estado mi reloj. Como nunca sabía qué hora era, no podía calcular erróneamente cuánto tardaría en vestirme o en trasladarme a algún sitio. Soy una de esas personas que creían necesitar únicamente diez minutos para ir de cualquier sitio a todas partes. Empezar con la suficiente antelación como para llegar a tiempo a cualquier lugar del mundo se convirtió en mi meta. Tardé aproximadamente diez años en hacer de ello una ciencia. Todavía hay muchas ocasiones en las que llego tarde. Lo que he descubierto sobre estas situaciones es que, cuando tengo que hacer algo que no quiero hacer, llego tarde. Cuando temo el posible desenlace de una situación, llego tarde. Si ese día no me he afirmado y honrado, llegaré tarde.

Diario del comentario

Después de leer el comentario de hoy, me doy cuenta de que _____

_____

_____

_____

_____

_____

_____

_____

_____

_____

_____

_____

La(s) frase(s) clave que deseo recordar hoy es/son _____

_____

_____

_____

_____

_____

_____

_____

_____

_____

_____

_____

_____

_____

Afirmación matinal sobre la Afirmación

¡Soy un instrumento divino del poder universal!
¡Soy un reflejo divino del amor universal!
¡Soy la perfección en su máxima expresión!
¡Estoy entero/a y completo/a!
¡Soy ilimitado/a y abundante!
¡Soy divinamente capaz!
¡Soy una belleza para contemplar!
¡Soy alegría en movimiento!
¡Soy el milagro más grande del mundo!
¡Soy la luz del mundo!
¡Soy todo lo que soy, y la vida es honrada con mi presencia!
¡Por esto me siento tan agradecido/a!
¡Y Así Es!

Deseo recordar que...

Soy la luz del mundo.

Soy un instrumento del Divino.

Soy el mayor milagro del mundo.

La verdad de quien soy no puede ser alterada o cambiada.

El modo en que me trato determina cómo me tratarán
los demás.

Diario nocturno sobre la Afirmación

El parloteo interior negativo que escuché hoy fue: _____

_____

_____

_____

_____

_____

_____

_____

_____

Me resulta difícil tener buenos pensamientos sobre mí cuando _____

_____

_____

_____

_____

_____

_____

_____

_____

Las cosas buenas que sé sobre mí son: _____

_____

_____

_____

_____

_____

_____

_____

Día 12

Hónrate a ti mismo con la... ELECCIÓN

--- Definición a trabajar ---

El principio con el que trabajaremos hoy es la ELECCIÓN. Es la habilidad de reconocer alternativas y posibles consecuencias, permitiendo así la selección de aquello que es más deseable, admirable y honorable. La capacidad de actuar en respuesta a las alternativas reconocidas.

Comentario sobre la Elección

Hay una fábula maravillosa sobre un conejo y una bruja que nos habla del poder de elección. La bruja y el conejo vivían juntos en el bosque. Pasaban muchos días hablando y paseando juntos por los numerosos senderos arbolados. Un día, la bruja le pidió al conejo que la acompañase a otro pueblo. El conejo no quería ir, pero no dijo nada. Caminó junto a la bruja, hablando como si no pasara nada. Después de caminar durante bastante rato, se detuvieron para descansar. El conejo dijo: «Tengo tanta sed..».. La bruja arrancó una hoja de un árbol, sopló sobre ella y le entregó al conejo una calabaza llena de agua. El conejo tomó la calabaza, bebió el agua, y no dijo nada. Continuaron con su viaje. Durante otro período de descanso, el conejo le anunció a la bruja: «Tengo hambre». La bruja recogió una piedra, sopló sobre ella y ésta se convirtió en un manojo de rábanos. El conejo aceptó los rábanos, se los comió, y no dijo nada. Continuaron con su viaje. Poco después, el conejo perdió el equilibrio y cayó por la ladera de la montaña hasta acabar dentro de una cueva muy profunda. La bruja se convirtió en un pájaro y voló junto al conejo. Éste se encontraba en muy mal estado. La bruja volvió a convertirse en una persona. Reunió todas las hojas y piedras que pudo encontrar. Con unas pocas palabras mágicas, hizo un ungüento mágico con el cual frotó todo el cuerpo del conejo. Éste estuvo yaciendo allí durante un tiempo. La bruja nunca se marchó de su lado. Varios días más tarde, cuando el conejo empezó a sentirse mejor, la bruja se convirtió en un águila, agarró al conejo y emprendió el vuelo. Lo llevó hasta su nido y volvió a marcharse volando.

Pasaron muchos días, y la bruja no encontraba al conejo. Lo llamó. Lo buscó. No conseguía encontrar a su amigo. Un día, de un modo puramente accidental, la bruja se encontró con el conejo en el bosque. «¿Por qué has estado escondiéndote de mí? ¿Por qué no me hiciste saber que te encontrabas mejor?». «¡Aléjate de mí!», gritó el conejo. «Te tengo miedo. No me gustas, ¡y no me gustan las cosas mágicas que haces!». La bruja se sintió muy dolida. Las lágrimas brotaron de sus ojos mientras le decía al conejo: «Te ayudé porque creía que eras mi amigo. Tú aceptaste mis regalos mágicos como si fueras mi amigo. ¡Y ahora me das la espalda! ¿Acaso no sabes que puedo destruirte? No lo haré porque he sido tu amiga. Lo que haré será echarte una maldición. A partir de este día, cuando no des a conocer tus deseos, perderás tu capacidad de desear. Y cuando no tengas deseos y tengas miedo, aquello que temas te sucederá». La moraleja de esta historia es que aquello que no elijas te elegirá, y aquello que temas te encontrará.

No es que no nos demos cuenta de que hemos de hacer elecciones; la mayoría de nosotros tiene miedo de hacer la elección equivocada. En algunos casos, no poder elegir es el resultado del temor a abandonar lo viejo por lo nuevo, lo conocido por lo desconocido. Ésta es la esencia de la elección: la capacidad de dar a conocer nuestros deseos, de saltar y colocarnos sobre un terreno nuevo y desconocido. De lo que no nos damos cuenta es de que la elección es un maestro divino, pues cuando elegimos aprendemos que nada aparece en nuestro camino sin una razón. Cuando elegimos seguir cierto camino, o dedicarnos a cierta actividad, es porque esa elección contiene una lección para nosotros.

Cuando nos quedamos quietos, negándonos a elegir, perdemos la oportunidad divina de desarrollar nuestra intuición y obedecer a los susurros de nuestro corazón. La elección nos enseña a escuchar, y por qué debemos obedecer.

Las consecuencias de nuestras elecciones o de nuestra incapacidad de elegir nos enseñan a vivir en armonía con nuestro Yo. El Yo siempre está guiándonos y protegiéndonos. Somos nosotros los que decidimos si queremos oír lo que nos está diciendo. El Yo nos habla a través de los sentimientos. Nos habla a través de la necesidad de crecer. Cuando el ritmo de la vida o los hábitos nerviosos nos obligan a elegir, quizá no nos tomemos el tiempo necesario para escuchar nuestro interior, para sopesar todas las alternativas y evaluar las consecuencias. Sin duda, estas elecciones forzadas nos enseñarán lo que funciona y lo que no funciona en nuestras vidas. Por otro lado, las elecciones claramente centradas, ancladas en la conciencia de uno mismo y en la confianza, te revelan la verdad de tu conocimiento interno. Tus elecciones se convierten en tu biblioteca personal de victoria y de éxito, o en la necesidad de pasar más tiempo honrándote a ti mismo. Todas las elecciones, tanto si son forzadas como si son centradas, resistentes o valientes, te conducirán a un nivel de comprensión que, a la larga, influirá sobre tu forma de ver la vida.

Estar dispuesto a tomar decisiones conscientes es otra manera de demostrar que estás preparado para encontrar nuevas formas de vida y de existencia antes de verte obligado a hacerlo. Cuando las cosas que hacemos, cómo las hacemos y la forma de hacerlas ya no encaja con nuestro propósito en la vida, debemos elegir otra cosa. Esto significa que somos conscientes de nuestros patrones de comportamiento, y que elegimos no utilizarlos. Esto se convierte en la elección de crecer. Cuando elegimos conscientemente el crecimiento en lugar del estancamiento y el miedo, el espíritu divino del universo apoya nuestra decisión, impartiendo nuestra lección con suavidad y con amor. Sabes que lo que imaginas suele ser mucho peor que la verdad. En consecuencia, cuando uno elige conocer la verdad de su fuerza, su poder, su capacidad para soportar las consecuencias de sus elecciones, nunca es tan terrible como lo había imaginado. La elección facilita las cosas porque, cuando has elegido y ves que las cosas se te están escapando un poco de las manos o que en realidad no estás preparado, tienes la capacidad, el derecho y el poder de hacer otra elección.

Diario del comentario

Después de leer el comentario de hoy, me doy cuenta de que _____

_____

_____

_____

_____

_____

_____

_____

_____

_____

_____

La(s) frase(s) clave que deseo recordar y trabajar hoy es/son _____

_____

_____

_____

_____

_____

_____

_____

_____

_____

_____

_____

Afirmación matinal sobre la Elección

Sólo hay un Poder y una Presencia operando en mi mente, mi cuerpo y en
todos los asuntos de mi vida.
Es el poder del Divino que todo lo abarca. El poder y la presencia de Dios.
La verdad de Dios, la paz de Dios, la sabiduría de Dios y la alegría de
Dios llenan ahora cada uno de los aspectos de mi ser.
La verdad de Dios me es revelada en cada ELECCIÓN que hago.
La paz de Dios me es revelada en cada ELECCIÓN que hago.
La sabiduría de Dios me es revelada en cada ELECCIÓN que hago.
El amor de Dios me sostiene en cada ELECCIÓN que hago.
¡Por esto me siento tan agradecido/a!
¡Y Así Es!

Deseo recordar que...

La ELECCIÓN es mi maestro divino.

Mis ELECCIONES están sostenidas por la sabiduría divina.

El silencio es la ELECCIÓN de no elegir.

La ELECCIÓN inconsciente gana por omisión.

Aquello a lo que me resista, persistirá.

La ELECCIÓN consciente es el camino hacia

el poder personal.

Diario nocturno sobre la Elección

Hoy, me he dado cuenta de que me resultaba difícil hacer una ELECCIÓN
cuando _____

_____

_____

_____

_____

_____

_____

Hoy, me he dado cuenta de que me resultaba fácil hacer una ELECCIÓN
cuando _____

_____

_____

_____

_____

_____

_____

Hoy, me he dado cuenta de que no he hecho una ELECCIÓN *consciente sobre*

_____

_____

_____

_____

_____

_____

_____

Día 13

Hónrate a ti mismo con la... CONSERVACIÓN

Definición a trabajar

El principio con el que trabajaremos hoy es la CONSERVACIÓN. Se trata de un estado de relajación consciente. La preservación y protección de los recursos.

Comentario sobre la Conservación

Creo que fue mi abuela quien me hizo creer que tenía que mantenerme ocupada todo el tiempo. La ociosidad, me decía, es una señal de pereza, y la pereza es un pecado. Fue mucho más tarde en la vida cuando aprendí que «*pecado*» quería decir «*tontería autoinfligida*». ¡Pero entonces era demasiado tarde! Había trabajado hasta el delirio. Era una abejita ajetreada, revoloteando de aquí allá, haciendo un poquito de esto y un poquito de aquello. Tenía veinticinco años y estaba exhausta. No sabía relajarme. No sabía guardar mi energía.

La relajación es la mejor manera de conservar tu energía y añadir años a tu vida. Empieza con una nueva evaluación de los patrones de comportamiento ajetreados y con un nuevo aprendizaje. ¿Eres el primero, o la primera, en ponerte de pie y retirar la mesa? ¿Eres el primero en decir: «¡Yo te ayudo!» o «¡Ya lo haré yo!»? En primer grado nos daban estrellas por hacerlo. ¿Recuerdas cuando levantabas la mano y rogabas que te dejaran limpiar la pizarra o los borradores? El estado de ajetreo empezó entonces. Se nos premiaba por estar dispuestos a hacer más de lo que nos correspondía. Nos animaban a mantenernos ocupados. Como consecuencia de esto, aprendimos a infligirnos tareas autoimpuestas que, tarde o temprano, conducen al agotamiento mental, físico y espiritual.

La conservación exige que estemos dispuestos a quedarnos quietos y a correr el riesgo de parecer perezosos. Esto no sólo implica estar físicamente quietos, sino que también comprende la calma mental y emocional. De este modo, no sólo conservas tu cuerpo físico, sino que, además, incluyes a la mente y el espíritu. Te mereces descansar. Tienes derecho a moverte a un ritmo que te resulte cómodo. Si no quieres perder la cordura, necesitas tiempo para estar a solas, tiempo para ti, para estar contigo mismo. ¡El ajetreo constante puede conducirte a la locura! Y este tipo de locura en concreto siempre es autoinfligida. Aprendemos a medir nuestra importancia en la vida según la cantidad de cosas que hacemos. Cuando no tenemos nada que hacer, nos sentimos inútiles. En los peores momentos, podemos llegar a sentir que no valemos nada. Este desprecio autoinfligido es una forma de locura.

Del mismo modo que no se nos ha enseñado a conservarnos, también nos perdimos la lección de cómo conservar nuestros recursos. El tiempo, el dinero y el conocimiento son recursos que vale la pena conservar. Utilizar tu tiempo haciendo cosas que no proporcionan ningún placer y ninguna alegría, ni a ti ni a nadie, es desperdiciar unos recursos muy valiosos. Gastar tu dinero de forma, o en cosas, que no te benefician ni a ti ni a nadie, es desperdiciar tus recursos. Intentar convencer a las personas de que sabes algo que podría ser beneficioso para ellas, cuando éstas se niegan a escucharte, es un desperdicio de valiosos recursos. Cuando aprendemos el valor de quiénes somos y de lo que tenemos, empezamos a prestar atención a la conservación.

El mayor enemigo del principio de conservación es el temor a ser perezosos, tacaños y egoístas. Por alguna extraña razón, realmente creemos que conservar lo que tenemos para nuestro propio beneficio es algo malo. Si eres inteligente, la gente espera que compartas tus conocimientos. Y, sin embargo, los maestros se encuentran entre los profesionales peor pagados de nuestra sociedad. Si eres rico, se espera que entregues tu dinero a los menos afortunados. Sí, es maravilloso dar y compartir, pero el mero hecho de tener varios millones de dólares en el banco no significa que tengas que hallar la forma de regalarlos. Cerrar tu puerta, bajar las persianas y pasar a solas unos momentos de tranquilidad no quiere decir que seas reservado, o que te pase algo malo. La conservación empieza cuando honras a tu Yo lo suficiente como para pasar algunos momentos alejado de los demás. Yo misma he sido culpable de hacerlo. He llamado codiciosos a los ricos cuando no me daban lo que yo consideraba que sería suficiente. He llamado egoístas a algunas personas porque no me dedicaron su tiempo y su energía como yo creía que debían hacerlo, o para las causas que yo quería. Incluso he llamado raras a las personas tranquilas, cuando no iban apresuradamente de aquí para allá. Claro que todo esto sucedió antes de que conociera el principio y el concepto de la conservación.

La conservación es una forma de sanación que tiene como resultado la conciencia de uno mismo, el perdón de uno mismo y la autoestima. Cuando aprendes a ahorrar tus movimientos, tu energía y tus recursos, aprendes a librarte de los patrones de comportamiento destructivos. Éstos suelen conducirte a la tontería autoinfligida, que está estrechamente asociada a un falso sentido de responsabilidad. El ajetreo constante tiene como resultado la creencia de que somos responsables de personas, circunstancias y situaciones que quizá no tengan nada que ver con nuestro propio bienestar. La conservación permite también la sanación de nuestro sistema de creencias. Las cosas que nos enseñaron y que experimentamos siendo niños son el cimiento de nuestras creencias. Muchas de ellas son venenosas y nos frustran. En la mayoría de las ocasiones, lo que hacemos, cómo lo hacemos y la razón por la que lo hacemos es una consecuencia de estas experiencias venenosas, frustrantes, que nos conducen a la abnegación. Mediante la conservación del yo y de los recursos, aprendemos a sanar estas heridas. Al hacerlo, empezamos a ser fuertes física, mental, emocional y espiritualmente. Esta fortaleza tiene como consecuencia un crecimiento y una evolución globales. Si estás descansado y tienes una seguridad económica, y si comprendes el valor de tu mera presencia en el planeta, eres capaz de dar más cuando das. La conservación te ayuda a dar lo mejor de ti cuando das, haces o eres.

No siempre tienes que tener algo que hacer. Cuando tengas algo que hacer, hazlo a un ritmo que te resulte cómodo. No corras. No compitas. Pasa tu tiempo en un estado de relajación mental, emocional y espiritual, sabiendo que, al final, todo se hace siempre en un tiempo divino y en un orden divino. Incluso cuando tu copa de bondad esté rebosando, recuerda que lo que hay en la copa es tuyo. Conserva algunos de tus recursos para ti. Mi abuela decía: «¡No lo gastes todo en una cosa!». Una corrección amable a la sabiduría de mi abuela sería: no lo gastes todo, nunca. Guarda algo para un día de lluvia y, si en tu vida nunca llueve, guárdalo de todos modos.

La Biblia nos advierte: «No arrojes tus perlas a los cerdos. Y no des a los perros lo que es sagrado». Evita, a toda costa, entregar tus conocimientos, tu tiempo y tus energías a causas y personas que no se lo merezcan. ¿Cómo sabes que no se lo merecen? Si tienes que luchar con las personas para que acepten lo que les estás dando como un acto de amor, no se lo merecen. Los árboles, las selvas tropicales, los minerales y los animales no son los únicos recursos naturales que se merecen nuestros esfuerzos de conservación. Tú eres un recurso divinamente natural. La vida quiere que te quedes aquí durante mucho, mucho tiempo. La vida quiere que estés en buena forma mientras permanezcas aquí. No le sirves de nada a la vida cuando estás ojeroso, arruinado y agotado. Aprender a relajarte y a conservar tus energías naturales es uno de los mejores regalos que puedes ofrecerle a la vida.

Diario del comerntario

Después de leer el comentario de hoy, me doy cuenta de que _____

_____

_____

_____

_____

_____

_____

_____

_____

_____

_____

La(s) frase(s) clave que deseo recordar y trabajar hoy es/son _____

_____

_____

_____

_____

_____

_____

_____

_____

_____

_____

_____

Afirmación matinal sobre la Conservación

Descanso en Ti. Descanso en Ti. Descanso en Ti.
Todo cuanto soy, lo descanso en Ti.
Todo cuanto tengo, lo descanso en Ti.
Todo cuanto doy, lo descanso en Ti.
Todo lo que hago es para Tu gloria y en Tu nombre.
Enséñame a ser, a hacer, a dar de manera que honren Tu divina presencia
en mí.
Enséñame a CONSERVAR mi Yo, mis dones, mis recursos, para que pueda
realizar siempre Tu obra perfecta.
Guíame hasta el camino que debo tomar.
Condúceme por el sendero perfecto, de acuerdo con Tu perfecta voluntad
para mi vida.
Dame la sabiduría, la capacidad de discernir y la visión para conocer Tu
voluntad y hacerla con gracia y facilidad.
¡Por esto me siento tan agradecido/a!
¡Y Así Es!

Deseo recordar que...

Soy un recurso valioso.

La CONSERVACIÓN es un proceso de autocuración.

La CONSERVACIÓN crea autoestima.

La CONSERVACIÓN es una etapa necesaria

en el crecimiento personal.

Merezco descansar.

Lo que me doy a mí mismo/a, se lo doy al mundo.

¡R-E-L-Á-J-A-T-E!

Diario nocturno sobre la Conservación

Hoy, he descubierto que me resultaba difícil relajarme cuando _____

_____

_____

_____

_____

_____

_____

_____

Soy consciente de que debo aprender a CONSERVAR *mi tiempo/energía/recursos en relación con* _____

_____

_____

_____

_____

_____

_____

Hoy, he hecho progresos en dirección a la CONSERVACIÓN *de mi tiempo/energía/recursos al hacer lo siguiente:* _____

_____

_____

_____

_____

_____

_____

Día 14

Hónrate a ti mismo
con la... LIBERTAD

Definición a trabajar

El principio con el que trabajaremos hoy es la LIBERTAD. *Se trata de la cualidad o estado de ser sin restricciones, ataduras, limitaciones o represión, que es inducida espiritualmente. Una sensación de bienestar interior y exterior.*

Comentario sobre la Libertad

Durante la mayor parte de mi vida, creí que lo que deseaba era dinero. Pensaba que, si tenía dinero para hacer lo que quisiera, cuando quisiera hacerlo, sería inmensamente feliz y libre. De niña y de adulta, me he oído decir a menudo: «¡Ojalá tuviera un millón de dólares!». Creía que ése sería mi billete hacia la libertad. Un día desperté con esos mismos pensamientos flotando en mi mente, y al final del día tenía 1,1 millones de dólares. Poco tiempo después, me di cuenta de que en realidad lo que yo quería no era el dinero. Mi verdadero deseo era tener la libertad que yo creía que el dinero me proporcionaría. ¡Era demasiado tarde! Tenía el dinero y todas las obligaciones que acompañaban al hecho de ganarlo.

En sus talleres para la adquisición de poder, el autor Stuart Wilde dice: «Si no eres totalmente libre, pregúntate por qué». ¿Por qué? Pues porque nos pintamos en cajas que determinan lo que nos permitiremos hacer, basándonos en nuestra raza, género, edad y en las expectativas externas que creemos que estas cajas comunican. En la mayoría de los casos, podemos ir donde queremos, hacer lo que queremos, comer, beber y vestirnos como queremos. ¿Elegimos nosotros mismos aquello que verdaderamente deseamos? En las condiciones más normales y sometidos a las presiones de la vida, no. Permitimos que las etiquetas y las expectativas nos mantengan dentro de cajas, y luego pedimos a gritos nuestra libertad. Todo el propósito de la vida sobre la tierra es ser libres, ejercer el libre albedrío y elegir los parámetros de nuestra libertad. ¿Y qué hacemos? Pasamos la mayor parte de nuestras vidas haciendo cosas y adquiriendo cosas que, en la mayoría de los casos, nos mantienen en un estado de esclavitud mental, física y emocional.

La libertad es un estado mental. Es la consecuencia de estar dispuestos a hacer elecciones conscientes por nuestro propio libre albedrío y a vivir las consecuencias de nuestras elecciones sin culpar a nadie, sin vergüenza o culpa. La libertad es una señal de conciencia de uno mismo. Cuando eres consciente de lo que necesitas para mantener tu bienestar mental, emocional y físico y haces las elecciones conscientes en dirección a dicho objetivo, estás ejercitando tu libertad. La libertad es el reconocimiento de la verdad. La verdad es que fuiste creado con «genes de diseñador». Los genes de Aquel que creó el universo están en el centro de tu ser. Cuando te das cuenta de esta verdad y la aceptas como un hecho en tu realidad, sabes que eres libre de escoger aquello que tú creas que es el reflejo más auténtico de tu identidad. La libertad exige actos de valor coherentes y constantes. Debes ser valiente para admitir que todas las cosas son posibles, y que estás equipado para manejarlas. Cuando estás dispuesto a demostrar este grado de valentía y a correr riesgos sabiendo que, pase lo que pase, acabarás exactamente ahí donde deberías estar, eres totalmente e inequívocamente libre.

Puedo oír cómo se dispara tu mente, pensando en todas las cosas que te impiden ser libre: tus hijos, el dinero y la falta del mismo, las leyes, las reglas, las responsabilidades hacia los demás, los impuestos, etc. Sí. Ésas son realidades con las que vivimos a diario. Nos afectan de muchas formas. Pero, no obstante, no coartan nuestra libertad en modo alguno. ¡LA LIBERTAD ES UN ESTADO MENTAL! Lo que crees, cómo te sientes, lo que haces, el modo en que respondes a cualquier circunstancia dada en cualquier momento dado, son los únicos impedimentos para tu libertad. Eres siempre libre de elegir tu forma de responder. Eres siempre libre de elegir lo que harás y lo que no harás. Eres siempre libre de probar algo nuevo, de correr un riesgo, de desafiar al *statu quo* y de cambiar de idea. De eso se trata la libertad. No tiene que ver con tu cuenta bancaria o con tu nivel de educación. Esas cosas pueden ayudarte a experimentar una mayor libertad de movimiento y de realización pero, no obstante, no determinan el que tú seas libre o no.

¿Existe la discriminación racial y de género? Sí. ¿Existen la pobreza, la enfermedad y la hambruna? Sí. ¿Existe la delincuencia? Sí. ¿Existen las clases sociales y los favores sociales concedidos como consecuencia de la riqueza, la herencia y las influencias políticas? ¡Sin duda alguna! Y nada de esto puede negarte, en absoluto, tu derecho divino a la libertad. La cuestión es, ¿qué es lo que quieres? ¿Qué es lo que quieres hacer? ¿Eres suficientemente valiente como para vivir la verdad de tus deseos sin temor? Esto es lo que determinará tu libertad. Una vez has decidido lo que deseas, y si estás dispuesto a hacer lo necesario para conseguirlo, eres libre de perseguir tus sueños. Y lo que es más importante, cuando tienes claro cuál es la experiencia que deseas tener, eres libre de tomar las decisiones que te conducirán a dicha experiencia.

Yo deseaba ser libre para viajar. Deseaba vivir en una casa bonita, grande, en un barrio agradable y elegante. Deseaba poder comprar las cosas que quería tener, cuando yo las quisiera, sin preocuparme por el precio. Estos deseos no tenían nada que ver con la libertad. Yo era libre de viajar. Podía haber sido azafata de una línea aérea. Podía haberme unido al Cuerpo de Paz. Comprar un billete de avión no es la única manera de acceder a los viajes. Para ser libre tienes que tener claro qué es lo que deseas exactamente y estar abierto a cualquier medio posible que tengas para adquirir aquello que deseas. Vivir en una casa grande y bonita significa que tendrás que limpiarla. ¡No me gusta limpiar casas! ¿Cómo puedes ser libre si tienes una casa enorme que limpiar? Obviamente, había algunos conflictos incoherentes en mi búsqueda de libertad.

Cuando tienes muchas cosas, particularmente cosas caras, hay un profundo deseo de protegerlas de cualquier daño. Esto se traduce en rejas, verjas, sistemas de alarma. ¡Yo no quería vivir detrás de rejas y verjas! ¡Eso es como vivir en la cárcel! Una vez más, hallé pruebas de conflicto en mi búsqueda de libertad. Creo que esto se aplica a la mayoría de nosotros. En realidad, aquellas cosas que creemos que nos proporcionarán libertad nos hacen esclavos. Lo que también descubrí fue que en realidad quería muchas de las cosas que creía desear como una demostración de libertad, por razones completamente distintas. Deseaba cosas que yo creía que me harían sentir bien conmigo misma. Las actitudes, comportamientos y creencias que hacían que me derrotara y me negara a mí misma, me habían encarcelado.

Conseguí la casa, la mayoría de las cosas, y la oportunidad de viajar, mucho antes de conseguir el dinero. Encontré la libertad casi al mismo tiempo que cumplí cuarenta años. Fue entonces cuando fui lo bastante madura como para analizar y eliminar cualquier comportamiento, actitud o creencia que fuese limitadora o restrictiva. Fue entonces cuando abandoné el hábito de querer complacer siempre a las personas. Encontré la libertad prácticamente en el mismo momento en que desarrollé el valor y la presencia de ánimo para decir «no» sin sentirme culpable. La consecuencia inmediata de mi recién estrenada libertad fue la capacidad de pedir lo que deseaba. Esto se vio reforzado por mi voluntad de pedírselo a otra persona si la primera me lo negaba. Mi sensación de libertad personal aumentó al mismo ritmo que mi voluntad de hacer lo que me pareciera adecuado, incluso si la gente me decía que estaba loca. Mi libertad también llevaba el mismo paso que mi disposición a enfrentarme a aquello que más temía. Si puedes admitir que tienes miedo, y sigues adelante, te liberarás de él. El hecho de estar libre de temores, de culpas, de falsas responsabilidades y de la necesidad de tener la aprobación de los demás, abre tu mente a nuevas opciones, a nuevas oportunidades y a posibilidades sorprendentes.

Cuando me di cuenta de que Dios, el origen divino de la vida, y no las personas, era la fuente y la sustancia de todas las cosas buenas, me liberé de todos los «ismos» que me mantenían cautiva. Cuando dejé de compararme con los demás, de competir, cuando fui capaz de desearles lo mejor con sinceridad, cuando estuve dispuesta a tomar decisiones y a aceptar toda la responsabilidad de sus consecuencias, las cadenas que me mantenían atada a la mediocridad y la insatisfacción desaparecieron. En mi caso, el día que dejé de decirle a Dios lo que yo quería y le pregunté cómo podía servirlo, descubrí que la libertad era una parte inherente de mi vida. Poco después, llegó la orientación; la confianza en mí misma se hizo más profunda, y las puertas de mi prisión mental, emocional y espiritual se abrieron de par en par. Hay algo muy liberador en el hecho de saber que Dios cree en ti.

Diario del comentario

Después de leer el comentario de hoy, me doy cuenta de que _____

_____

_____

_____

_____

_____

_____

_____

_____

_____

_____

La(s) frase(s) clave que deseo recordar y trabajar hoy es/son _____

_____

_____

_____

_____

_____

_____

_____

_____

_____

_____

_____

Afirmación matinal sobre la Libertad

Hoy, recordaré cuán poderoso/a soy
Hoy, recordaré que soy protegido/a, guiado/a e iluminado/a por la presencia
divina que hay en mi ser.
Hoy, recordaré cuántas veces he sido puesto/a al abrigo de la tormenta.
Hoy, recordaré que fui perdonado/a cuando yo era incapaz de perdonarme,
o no estaba dispuesto/a a hacerlo.
Hoy, daré las gracias al Divino por la compasión, la gracia y la bondad que
me dan la LIBERTAD para ser y crecer y vivir la gloria de mi divinidad.
¡Por esto me siento tan agradecido/a!
¡Y Así Es!

Deseo recordar que...

La gracia de Dios es Libertad.

El plan perfecto y divino de Dios para mi vida
me Liberará.

La Libertad es mi derecho divino.

La Libertad es un estado mental.

Siempre soy Libre de elegir.

Mi Libre albedrío es el cimiento de mi Libertad.

Soy Libre de pedir lo que deseo.

La Libertad es una experiencia que el dinero
no puede comprar.

Diario nocturno sobre la Libertad

Hoy, me he dado cuenta de que mi comprensión de la LIBERTAD *es* _____

_____

_____

_____

_____

_____

_____

_____

La experiencia de LIBERTAD *que busco es* _____

_____

_____

_____

_____

_____

_____

_____

El modo en que he dificultado mi propia LIBERTAD *es* _____

_____

_____

_____

_____

_____

_____

_____

Día 15

Hónrate a ti mismo con la... DIVERSIÓN

Definición a trabajar

El principio con el que trabajaremos hoy es el gozo. La DIVERSIÓN es la búsqueda del gozo. Actividades que proporcionan entretenimiento y liberación mental o emocional.

Comentario sobre la Diversión

¿Tienes juguetes? En caso de que lo hayas olvidado, los juguetes son cosas con las que uno juega por el mero gusto de jugar. Yo juego con los zapatos. Son mis juguetes. Salgo en busca de zapatos. Cuando los encuentro, me los pruebo. A veces los compro, pero comprar zapatos no es jugar con los zapatos. Juego con los zapatos porque es divertido. También juego con el maquillaje. Tengo todo tipo de productos de maquillaje, y me han maquillado en tantos mostradores de productos cosméticos que bien podrían haberme cobrado el alquiler. Compro productos de maquillaje para poder llevármelos a casa y jugar con ellos. Me divierto tanto maquillándome que he llegado a pasar un día entero haciendo solamente eso. Antes solía jugar con los alimentos. Jugaba con distintas recetas y hacía que mi familia comiera cualquier cosa que yo cocinaba. Cocinar era divertido, pero cuando los alimentos empezaron a ser tan caros, tuve que renunciar a jugar con ellos. Lo que quiero decir es que es absolutamente necesario que uno dedique una buena parte de la vida a divertirse.

Podemos quedarnos tan atrapados en el proceso de la vida, en las responsabilidades de la vida, en lo que queremos de la vida, que olvidamos divertirnos. La vida es una broma. Es absolutamente histérica. Si piensas en algunas de las cosas que suceden en tu vida, no te queda más remedio que reír. La vida es un juego. Los juegos están hechos para ser divertidos, pero trabajamos en nuestros juegos y los convertimos en trabajo. Llegamos a estar tan atrapados en la parte de la vida que es trabajo, que nos olvidamos de jugar. Nos olvidamos de divertirnos. Es aquí donde los juguetes pueden resultar muy útiles. Cuando dedicas un rato, cada semana, a jugar y a divertirte, la vida se hace mucho más fácil. Cuando te das cuenta de que hay más en la vida que trabajar y pagar cuentas, cuando te hace ilusión hacer algo divertido, la vida adquiere una tonalidad totalmente distinta. La diversión te proporciona otra perspectiva. Te ayuda a expandir tu mente y tu espíritu. Te mantiene joven y vibrante. La diversión te permite pensar en otras cosas, en lugar de pensar en lo que no tienes o en lo que no puedes hacer y en los lugares a los que desearías no tener que ir.

La diversión es totalmente gratuita. Si no tienes juguetes, siempre puedes desnudarte. Simplemente, quítate la ropa y colócate delante del espejo. Te garantizo que podrás reírte de, por lo menos, una cosa de tu cuerpo. Si te resulta demasiado traumático reírte de ti, ríete de alguna otra persona. A veces, mientras voy conduciendo, señalo a las personas y les sonrío al pasar junto a ellas. Se quedan totalmente conmocionadas. A veces me devuelven la sonrisa, pero la mayoría de las veces miran a su alrededor para ver a quién le estoy sonriendo, creyendo que no puede ser a ellas. Somos tan serios en relación con la vida que no pensamos que deberíamos sonreírnos unos a otros. Yo me divierto señalando a las personas y sonriéndoles. Y me divierto aún más guiñándoles el ojo a los hombres. Les encanta. Si lo haces bien, sus rostros serán atravesados por una gran sonrisa. Claro que esto no representa ningún peligro, porque puedo arrancar cuando el semáforo se pone en verde.

¿Cuándo fue la última vez que jugaste a engalanarte? ¿O que le lanzaste un globo de agua a algún conocido? ¿Cuándo fue la última vez que hiciste una demostración de talento con tus hijos o amigos? ¡Hay tantas cosas sencillas que podemos hacer para aportar gozo y risas a nuestras vidas! Hay muchas cosas no competitivas, no intelectuales, que puedes hacer por el mero placer de hacerlas. Puedes perderte las noticias por una noche. Puedes acabar el libro mañana. La ropa limpia puede esperar unas horas más en una pila pulcra y ordenada. Ahora mismo, necesitas salir y divertirte un poco. Vamos. Encuentra algo divertido que hacer y hazlo.

Diario del comentario

Después de leer el comentario de hoy, me doy cuenta de que _____

_____

_____

_____

_____

_____

_____

_____

_____

_____

_____

La(s) frase(s) clave que deseo recordar y trabajar hoy es/son _____

_____

_____

_____

_____

_____

_____

_____

_____

_____

_____

_____

Afirmación matinal sobre la Diversión

Sé que Dios es feliz cuando yo soy feliz.
Sé que Dios desea que yo sea feliz durante toda mi vida.
Mi mayor felicidad es cuando hago algo que me encanta hacer.
Soy feliz cuando me DIVIERTO.
Hoy, me prometo que encontraré algo que me encante hacer y que lo haré
    únicamente por DIVERSIÓN.
Me siento muy agradecido/a porque puedo darme permiso de DIVERTIRME.
¡Y Así Lo Haré!

Deseo recordar que...

Dios es feliz cuando yo soy feliz.

La vida es un juego que debe ser Divertido.

Siempre hay tiempo para la Diversión.

La Diversión es una demostración de que
uno cree en la dicha.

Hoy es un día Divertido.

Diario nocturno sobre la Diversión

La cosa que más disfruto haciendo es _____

_____

_____

_____

_____

_____

_____

_____

Hoy no he podido DIVERTIRME porque   _____

_____

_____

_____

_____

_____

_____

Me he negado el permiso para DIVERTIRME porque _____

_____

_____

_____

_____

_____

_____

_____

Día 16

Hónrate a ti mismo con la... RENDICIÓN

Definición a trabajar

El principio con el que trabajaremos hoy es la RENDICIÓN. *Es la capacidad de alcanzar una liberación mental y emocional. Reconocer el poder de la actividad espiritual. La obediencia al principio espiritual, que evoluciona hasta convertirse en una experiencia de paz y bienestar. Un acto de aceptación.*

Comentario sobre la Rendición

¿Has estado alguna vez en casa, ocupándote de tus asuntos, sin haberte bañado o sin haberte lavado los dientes, moviéndote con lentitud para no percibir tu olorcillo en la brisa? Es el tipo de cosa que uno haría un domingo por la mañana, o en su día libre. De modo que uno está en casa, oliendo mal, sin molestar a nadie, cuando, de improviso, alguien llama por teléfono y te dice algo que te pone en un estado de furia absoluta. Me sucedió a mí. Fue totalmente inesperado. Difícilmente esperas que alguien pueda llamarte para molestarte ¡cuando ni siquiera te has lavado los dientes! Pero sucede. Y cuando sucede, tienes que ser consciente de que estás siendo llamado a rendirte.

Ahí estaba yo, ocupándome de mis asuntos, cuando entró esa llamada e hizo que mi cerebro empezara a arder. La persona al otro lado de la línea me dijo algo que me puso tan furiosa que empecé a pasarme el auricular de una oreja a otra para no volverme loca. A medida que las palabras iban llegando, la furia iba creciendo en mi interior a tal punto, que yo no dejaba de caminar en círculos a paso acelerado. Cuando ya no pude más, le dije a esa persona: «Estaré ahí por la mañana, y cuando llegue espero que todo esté solucionado, ¡o de lo contrario alguien saldrá lesionado!». Reconozco que lo que dije no era muy espiritual, ¡pero es que yo todavía no me había lavado los dientes! Colgué el auricular y empecé a planear el asalto. Pensé en todas las cosas que diría y haría cuando llegase a destino y me enfrentase al objeto de mi ira. Cuanto más pensaba en ello, más me iba encolerizando. Las cosas no mejoraron cuando me di cuenta de que tendría que atravesar dos estados en coche para llevar a cabo el asalto. ¡Pensar que tendría que conducir todos esos kilómetros en coche no hizo más que empeorar las cosas!

Ojalá pudiera decir que he alcanzado un grado de madurez espiritual en el cual las influencias cotidianas de la existencia humana no provocan mi enfado. Si lo dijera estaría faltando a la verdad. Muchas personas creen que cuando te has embarcado en el viaje a la espiritualidad no deberías enfadarte. Que deberías ser siempre cariñosa y comprensiva. ¡Dominarte! ¡Somos seres humanos! También debemos recordar el incidente en el que Jesús volcó la mesa de una patada. Imagino que les diría a sus discípulos: «¡Verdaderamente, me estáis sacando de quicio!». Una conciencia espiritual no hace que dejes de tener una respuesta normal a las experiencias humanas. Lo que sí hace, sin embargo, es darte las herramientas para que trabajes. Aquella mañana en particular, yo necesitaba una herramienta. Mientras daba vueltas en círculo como un animal hambriento, acabé por darme cuenta de que necesitaba rendirme. No podía decir que no estaba enfadada, porque lo estaba. No podía decir que no tenía deseos de herir a alguien que me había hecho algo que yo consideraba ofensivo, porque los tenía. Lo que podía hacer, e hice, fue admitir que estaba enfadada, y entregar este enfado a la presencia de la energía divina en mí. No fue fácil.

Resulta muy peligroso creer que una vez que te encuentras en el camino espiritual, serás capaz de ver todo lo que hacen los demás bajo una luz espiritual. Es una tontería creer que siempre serás capaz de bendecir a tu enemigo y de tener buenos pensamientos sobre las personas, sin importar lo que éstas hagan. No siempre tendrás la presencia de ánimo para frotarte la cabeza con cristales, repetir tus afirmaciones, o rezar por el bien de alguien que te ha encolerizado. No obstante, lo que puedes hacer cuando tu mente esté inmersa en la rabia, en el miedo o en cualquier otra emoción negativa, es rendirte. Admitir lo que sientes. Sentirlo, y luego dejarlo. Debes rendirte antes de atraer la influencia de lo negativo. El problema no es experimentar el sentimiento. El problema es lo que uno hace en respuesta a dicho sentimiento. Cuando te encuentras en un viaje espiritual, lo que debes hacer es rendirte.

Aprendí a rendirme durante el proceso de la compra de una casa. Me di cuenta de que había evitado el proceso porque tenía miedo de exponerme ante personas desconocidas. Temía ser juzgada porque tenía un informe *poco atractivo* del banco. Me había convencido de que nadie me daría una hipoteca debido a mi historial de irresponsabilidad financiera. Cuando finalmente me di cuenta de que tenía miedo de enfrentarme a las preguntas, los juicios y el rechazo que yo esperaba, tuve que rendirme. Tuve que admitir que estaba asustada. Tuve que permitir que el miedo atravesase mi cerebro. Tuve que sentir el rechazo y, desde esa posición, tuve que confiar en que cualquier cosa que sucediera sería buena. Tuve que rendirme a la vergüenza, al miedo, a la culpa de tener que confesar mis actos inconscientes del pasado a una persona extraña con autoridad para juzgar si yo era digna o indigna de ser dueña de una casa. La rendición es un recordatorio activo de que hay una ley divina en funcionamiento, y que siempre somos responsables ante la ley. Rendirnos es admitir que no podemos hacer que suceda nada. No obstante, si estamos alineados con la ley, siempre conseguiremos lo que deseamos. Si no estamos alineados, esto simplemente significará que tenemos que trabajar para estarlo.

La rendición nos permite enfrentarnos a aquello que tememos antes de que se convierta en realidad. Al temor a estar equivocados. Al temor a perder el control. Al temor a ser descubiertos. La mayoría de las veces, aquello que tememos no tiene absolutamente ningún poder y, sin embargo, nos protegemos ante la peor de las posibilidades. En esta postura defensiva, mantenemos la mente fija en lo que puede, o podría, suceder.

El temor a enfrentarnos a ese desenlace negativo imaginario es lo que nos mantiene paralizados. La rendición nos coloca en una posición de ofensiva. Nos proporciona la oportunidad de planificar y de actuar según con nuestro plan. Cuando nos rendimos, llegamos mentalmente hasta el final, pasando por aquello que tememos, lo cual, en realidad, permite que los pensamientos de miedo abandonen nuestra mente. Esto te ayuda a darte cuenta de que, suceda lo que suceda, serás capaz de manejarlo. La rendición te ayuda a estar dispuesto a vivir la experiencia, sin entregarle toda tu vida. También hace un sitio en tu corazón y en tu mente para que el Divino te proporcione ideas nuevas. Un nuevo pensamiento. Cuando te rindes, cuando renuncias a los pensamientos de temor y renuncias al control de la situación, despejas el camino para que ocurra un milagro.

No atravesé dos estados en automóvil para cometer un asalto criminal. Entregué mi solicitud a una compañía acreedora, y cuando fui rechazada hice un plan con el cual cancelé las deudas más importantes. Todavía hay ciertas experiencias que hacen que me enfade y me asuste, pero ahora sé rendirme. Hay una pequeña oración que recito cuando sé que necesito rendirme. La compartiré contigo con la esperanza de que te proporcione tanta liberación como a mí.

Querido Dios:

En este preciso instante me encuentro en medio de _____.
Sé que esto no es para mi mayor y más elevado bien. Sé que esto no es un reflejo de tu Voluntad Divina. Te pido que me recuerdes cómo transformar esta experiencia en algo que sea un reflejo de Ti y de mi verdadero yo. Te pido que llenes mi corazón y mi mente con Tu influencia divina, para que entre en alineación con Tu plan perfecto para mí. Te pido que me perdones por haber olvidado que soy tu hija adorada, que estoy bajo Tu atenta mirada en todo momento, y que no hay nada fuera de Ti que tenga ningún poder sobre mí. Me perdono por haber permitido que esta situación exista, y te la entrego. Que se haga Tu voluntad y no la mía. ¡Que Así Sea!

Diario del comentario

Después de leer el comentario de hoy, me doy cuenta de que _____

_____

_____

_____

_____

_____

_____

_____

_____

_____

_____

_____

La(s) frase(s) clave que deseo recordar y trabajar hoy es/son _____

_____

_____

_____

_____

_____

_____

_____

_____

_____

_____

_____

_____

Comentario matinal sobre la Rendición

Hoy, me RINDO.
Elevo las manos hacia Ti.
Reconozco la Presencia Divina y el Poder Divino como la única fuerza
activa en mi vida.
RENUNCIO a cualquier atadura a las apariencias externas.
ENTREGO las emociones venenosas de mi mente física a la esencia pura del
Espíritu.
ENTREGO el miedo. ENTREGO la vergüenza.
ENTREGO la ira. ENTREGO el resentimiento.
ENTREGO el control.
Me RINDO al Poder y la Presencia que es la Voluntad Divina en movimiento
activo.
Me RINDO, sabiendo que la Compasión Divina y la Gracia Divina siempre
trabajan conjuntamente para mi bien.
¡Por esto me siento tan agradecido/a!
¡Y Así Es!

Deseo recordar que...

Dios está al mando.

Yo no puedo hacer que suceda nada.

Tu voluntad, y no la mía, se hace siempre
de un modo perfecto.

La Presencia Divina en mí no puede negarse
ninguna cosa buena.

La RENDICIÓN eliminará el miedo.

La RENDICIÓN eliminará la ira.

Debo estar dispuesta a trabajar
para superar el miedo.

Diario nocturno sobre la Rendición

*Hoy, me di cuenta de que tenía miedo cuando*_____

_____

_____

_____

_____

_____

_____

_____

Descubrí que me resultaba difícil RENDIRME *a lo que estaba sintiendo porque* _____

_____

_____

_____

_____

_____

_____

Me resultó fácil RENDIRME *cuando* _____

_____

_____

_____

_____

_____

_____

_____

Tercera fase

Si crees no tener defectos,
puedes estar seguro de que tienes uno: el orgullo.
Si sientes que tus defectos y tus imperfecciones te impiden
ver los defectos y las imperfecciones de los demás,
recuerda, es posible que hoy seas el único contacto
con Dios que tenga alguien.
Siéntete orgulloso de ello.

Honra a los demás

Lloraba por mi hermano. Lo había hecho antes en muchas ocasiones, pero esta vez mi alma estaba, verdaderamente, haciendo una limpieza para eliminar su dolor, su pena y su tristeza. Había hecho limpiezas espirituales para los demás en otras ocasiones, pero ese día me llegó mientras conducía a 65 millas por hora por la autopista de Nueva Jersey. Todo empezó cuando un hombre joven se colocó junto a mí. Al contemplar nuestros respectivos automóviles, nuestras miradas se encontraron. Tenía una tez muy oscura, como la de mi hermano. Tenía los mismos ojos chispeantes, danzarines, que habían sido su rasgo distintivo más llamativo en su juventud, cuando no bebía. Lo que más me lo recordó fue esa zona de calvicie. Las mismas entradas que me recordaban, al mismo tiempo, a mi padre y a mi hermano. Mis ojos se humedecieron, mi corazón se abrió, y comencé a llorar inconteniblemente por mi hermano.

Lloraba porque me sentía tan increíblemente incapaz. No había sido capaz de ayudarlo, de salvarlo. Llevaba unos veinticinco años bebiendo y drogándose. Parecía más iracundo que nunca. Seguía sin trabajar y ahora, a los cuarenta y cuatro años, se enfrentaba a una acusación criminal por tenencia de drogas. Yo era su abogada defensora, y aun así no era capaz de ayudarlo.

Le había visto intentar suicidarse inconscientemente durante años. Sabía que él debía ser consciente de que, si continuaba haciendo lo que hacía, no sobreviviría. Muchos de sus amigos ya habían perdido la vida por ese mismo abandono que era su *modus operandi*. Parecía que mis palabras, mis intentos de convencerlo y mi ayuda, eran en vano. Cuando observé al joven que aceleraba a mi lado en la autopista, pude ver claramente que la única persona capaz de ayudar a mi hermano era él mismo. Esto me dio terror.

Hay uno en cada familia. Un espíritu brillante, libre, potencialmente capaz de ser una estrella resplandeciente. Suelen tener algún talento o alguna habilidad importante que es evidente, y de la que ellos no parecen ser conscientes en absoluto. En la mayoría de los casos, pasan la mayor parte del tiempo persiguiéndolo todo, menos aquello para lo que son buenos, aquello que tienen a mano. Las personas que están más cerca de ellos siempre están luchando contra sus deseos de sacudirlos o de abofetearlos. Uno siente deseos de agarrarlos con ambas manos y sacudirlos, para que sean un poco más sensatos. O quizá de sacudirlos para librarlos de parte de su ira. Los más brillantes siempre parecen estar enfadados, o ser perezosos, o no comprometerse con nada. En cierta forma, los que los observamos sabemos que si se pusieran en marcha, no sólo se salvarían, sino que probablemente nos salvarían también a nosotros, y al mundo que nos rodea. No podemos comprender qué es lo que no funciona, y ellos no parecen darse cuenta de que algo no funciona. Lo de que sí son conscientes es de que no están del todo bien, pero no parecen saber cómo ponerle remedio. Es tan frustrante... Esto es lo que se apoderó de mí en la autopista: la frustración y el temor a que mi hermano nunca fuese capaz de salir adelante.

No podía detenerme. Ya era demasiado tarde. Tuve que soportar el dolor, el miedo y las lágrimas. Básicamente, tenía que pasar por ello. En una serie de escenas retrospectivas, me vi creciendo junto a mi hermano. Colgando de los árboles que había a un lado de la autopista, vi el maltrato. En la línea amarilla divisoria delante de mí, vi el abandono. En cada señal de salida, vi la tristeza de los ojos de mi hermano. Escuché su llanto en la brisa que entraba por la ventana entreabierta del coche.

En las nubes que danzaban en el cielo, vi su decisión de retirarse para entrar en el dolor, en el miedo y en la rabia. En los rayos de sol que se asomaban entre las nubes, vi mi decisión de sanar. No era mi dolor. Le pertenecía a mi hermano, y estaba colgando de mi cuello como un pesado talego.

¿Qué desearías que yo hiciera, querido Dios? ¿Cómo puedo ayudarle? Apagué la radio para oír las respuestas. Ahora mi nariz goteaba. Abrí la guantera buscando un pañuelo de papel. Mientras buscaba con la mano, me llegó la respuesta: «Ábrete a sus elecciones. Hónralo honrando las elecciones que ha hecho y las decisiones que ha tomado». Cerré la guantera con un golpe y dejé que mi nariz gotease. ¿Qué diablos significaba eso? Dejé que mis lágrimas, mi nariz, los pensamientos, fluyeran con naturalidad. «Una de las cosas más difíciles que podemos ser llamados a hacer en esta vida es ver caer a un ser querido. Queremos ayudarlo. Queremos salvarlo. Al hacerlo, le arrebatamos su poder y bloqueamos sus bendiciones. Lo que siempre debemos hacer es recordar que el Dios que nos ama y nos ayuda es el mismo Dios que ayudará a nuestros seres queridos cuando dejemos libre el camino». Estas palabras de *Lessons in Truth* de Emilie Cady me vinieron a la mente, seguidas de: «Dios sabe lo que él necesita, y en cuanto él se abra a recibirlo, lo recibirá. Tu tarea consiste en rezar para que él se abra y en esperar las señales, incluso las más pequeñas, de que esta apertura ha tenido lugar, de que se ha iniciado la sanación. Hónralo lo suficiente como para conocer la verdad sobre él. La verdad es que Dios está en él, realizando un trabajo magistral». Tomé un pañuelo de papel y me soné la nariz.

La verdad es que estaba enfadada con mi hermano porque él no vivía a la altura de mis expectativas sobre su potencial. Yo sabía que era brillante. Sabía que era capaz, pero no podía comprender por qué no salía adelante. Esto me sacaba de quicio. La verdad es que resulta muy difícil ver que a un ser querido le van mal las cosas, o verle sufrir. Uno siente como si en verdad le estuviera pasando a uno. Eso hace que nos enfademos. La cuestión es: ¿queremos que salgan adelante por su bien, o por el nuestro? Ciertamente, la conclusión natural sería que la respuesta es: una combinación de ambas cosas. Queremos lo mejor para ellos, y ciertamente que quisiéramos sentirnos mejor en relación con ellos. Sin embargo, existe otra verdad que se nos suele escapar: las personas aprenden lo que necesitan aprender de la forma en que ellas deciden aprenderlo, y no hay nada que nosotros podamos hacer respecto a su elección. La verdad es que Dios escucha todas las plegarias. La mía para él. La suya para sí mismo. Es una gran cosa que sus plegarias primen sobre las mías. Dios es suficientemente sabio como para honrar a las personas y honrar sus elecciones, no importa cuál sea su apariencia.

Supongo que está en la naturaleza humana vivir a través de otras personas. Nos vemos en ellas, y sólo deseamos ver nuestras mejores cualidades a todo color. Al observar a mi hermano, recordaba constantemente mis pobres comienzos, la disfunción de mi familia, las deficiencias paternas que me habían obsesionado durante la mayor parte de mi vida. Después de haber conseguido estar en paz con aquellas experiencias, sencillamente no deseaba volver a verlas. Odiaba que él me las mostrara. Además, debe de haber alguna parte de la psique humana que cree que eso que consideramos fracaso es hereditario.

Cuando triunfamos sobre la adversidad, deseamos la confirmación de los demás a través de sus actos. Queremos que ellos lo consigan, porque nosotros lo hemos conseguido. Si no es así, tendemos a creer que nuestra victoria podría ser efímera, un extraño accidente que podría acabar bruscamente a causa de nuestra configuración genética. Incluso cuando nos convencemos de que «ellos» son como son porque «ellos» quieren serlo, el miedo y la rabia por su falta de éxito nos crean un conflicto interno. ¡No es tarea mía ayudarles! Pero, ¡se trata de mi hermano, de mi hermana, de mi madre, de mi padre! Olvidamos que ellos también son hijos de Dios, con acceso directo a la gracia de Dios.

Está bien, lo reconozco. También me sentía culpable. «¿Por qué yo?». ¡No soy especial! ¡Venimos del mismo sitio! ¿Por qué me eligió Dios a mí para elevarme, y a mi hermano para dejarlo caer? ¿Cómo esperaba que yo me divirtiera, que continuara progresando desde el lugar de donde provenía, dejando a mi hermano atrás, sufriendo? ¿Estaba yo bendita o maldita? No comprendía absolutamente nada. Él era mayor que yo. Era más inteligente. Era varón. Recuerdo algo que leí en una ocasión en un libro titulado *God's Little Answer Book*: «Confiar en Dios significa avanzar con el corazón cuando la cabeza te dice que eso no se puede hacer». ¿Eso era todo? Como mujer, ¿había sido capaz de confiar más? ¿De sentir más a Dios? ¿De acallar los pensamientos dominantes y seguir los sentimientos dominantes? *No sucedió porque eras mujer; sucedió porque tú elegiste dejar que sucediera. Estás viviendo el resultado de tus elecciones.*

Ya casi había llegado. Tenía diez minutos para comprender esto y para ponerme rímel. Mentalmente, hice una columna A y una columna B. En la columna A, hice una lista de la verdad tal como yo la conocía.

- Mi hermano es un hijo de Dios.
- Mi hermano tiene todos los atributos de la Mente Divina de Dios.
- Dios ama a mi hermano y quiere lo mejor para él. Dios le proporcionará cualquier cosa que él le pida.
- Dios siempre ha estado con mi hermano y siempre estará con él.
- Dios perdonará a mi hermano por todos sus errores.
- Dios ha enviado a mi hermano a la Tierra para realizar una misión divina que sólo él puede realizar.
- Mi hermano está vivo por la gracia de Dios.
- Dios sabe exactamente lo que mi hermano necesita, y está dispuesto a dárselo en cualquier momento. Todo lleva su tiempo.
- Lo que a mí me parece un sufrimiento y una lucha es el modo en que mi hermano ha elegido aprender sus lecciones en la vida.
- Dios conoce a mi hermano mejor que yo, porque mi hermano fue creado a imagen y semejanza de Dios.
- Amo a mi hermano, pero no puedo ayudarlo.

En la columna B, hice una lista mental de lo que estaba apareciendo ante mí. Y lo que es más importante aún, hice una lista de mis juicios y mis percepciones de la situación que estaban basados en mis propios miedos:

- Creo que mi hermano toma drogas y alcohol para escapar de su dolor y de su miedo.
- Mi hermano podría morir, y yo me sentiría culpable por ello.

- Creo que mi hermano quiere que los demás sientan pena de él, y eso me pone furiosa.
- Mi hermano está desperdiciando su vida.
- Quiero que mi hermano quiera para sí mismo lo que yo quiero para él porque creo que eso hará que se sienta mejor. Sé que esto haría que yo me sintiera mejor.
- En realidad, no sé qué planes tiene Dios para mi hermano.
- Cuando veo a mi hermano me siento impotente.
- Me siento avergonzada de mi hermano.
- Cuando mi hermano me pide ayuda, me enfado porque creo que él debería ayudarse a sí mismo.
- Cuando yo me encontraba en la situación de mi hermano, no me sentía como me siento ahora.
- Estoy enfadada conmigo misma porque al parecer soy incapaz de convencer a mi hermano de que podría irle mejor.
- En realidad no sé lo que es mejor para él.
- Realmente deseo que Dios ayude a mi hermano.

¡Oh, Dios mío! ¡En realidad no estaba llorando por él! Estaba llorando por mí. ¡Por mi miedo y mi rabia! ¡Por mi vergüenza y mi culpa! Ahora que he tenido esta brillante revelación en la I-95, ¿qué se supone que he de hacer? Ama a tu hermano como a ti misma. Hónralo, honrando sus elecciones.

— ¡Pero si se está matando!
— ¡El Padre sabe lo que él necesita antes de que él lo pida!
— ¡Pero si ni siquiera está pidiendo!
— ¡Alabada sea la tierra en la que puede crecer el Espíritu!
— ¿Alabar a mi hermano por desperdiciar su vida?
— ¡Alaba la verdad que tú conoces sobre él! ¡Honra la verdad que conoces acerca de Dios!
— Pero, realmente me preocupa que le pueda suceder algo malo.
— La mayoría de las cosas por las que te preocupas nunca suceden, y aquello que suceda puede llegar tan inesperadamente que, de cualquier modo, ¡no te habrás preocupado por ello!

— ¿No tengo la responsabilidad de ayudarlo?

— ¡Tu responsabilidad con Dios y contigo misma es honrarlo!

— ¿Cómo honras a alguien que hace cosas tan horribles?

— ¿Cómo honras la verdad de la columna A?

— Entonces, ¿alabarlo por ser un hijo de Dios que no trabaja, que siente lástima de sí mismo, que se droga y que me llama para pedirme prestado un dinero que jamás me devolverá? ¿Alabarlo por deshonrar a mi madre y a mi padre? ¿Alabarlo por no haberse quedado con su esposa y haber criado a sus hijos? ¿Alabarlo por esperar a tener cuarenta y tres años para meterse en actividades delictivas? ¿Alabarlo por eso? ¿Honrar eso?

— No, por eso debes perdonarte. Él no es eso. ¡Eso es lo que tú juzgas!

— ¿Cómo puedo alabarlo cuando estoy tan enfadada con él y temo tanto por él?

— Alábalo y mira lo bueno que hay en él, no importa lo que vean tus ojos. Míralo como un espíritu, no como un cuerpo. Alábalo silenciosamente en tu corazón por ser un hijo de Dios. Alábalo abiertamente porque lo quieres. Cuando venga a pedirte ayuda, ayúdalo de formas que te aporten alegría. Cuando no puedas ayudarlo, dile la verdad. No digas que no tienes cuando tienes. Eso no honra lo que Dios te ha dado. No digas que no puedes hacer, di que no harás. Hónrate por tu derecho a elegir; de este modo lo honras por las elecciones que él hace. Únicamente a través de la verdad pueden la luz y el poder de Dios eliminar la oscuridad. Únicamente cuando honras a tu hermano, no como tu hermano, sino como una creación perfecta de Dios, puedes honrar al Dios que hay en tu interior.

Día 17

Honra a los demás
con... LÍMITES

Definición a trabajar

El principio con el que trabajaremos hoy es el de los LÍMITES. Se trata de estructuras mentales, emocionales o físicas que definen o limitan el área en la que uno desea estar presente. El espacio o área en la que uno trabaja, vive o desea estar.

Comentario sobre los Límites

Estaba borracha, y me estaba llamando para pedirme dinero. Una vez más. Yo sabía que no estaba trabajando. Sabía que no tenía a nadie más a quien acudir. También sabía que eso no podía seguir así eternamente. No podía continuar emborrachándose y comportándose de un modo anormal eternamente, y yo no podía sostener indefinidamente a una mujer adulta. Si ése fuera el caso, habría una cierta responsabilidad por mi parte. Es posible que antes fuera capaz de justificarlo. Pero ya no. No en estas circunstancias. Las personas deben aprender a cuidar de sí mismas. Deben aprender a asumir la responsabilidad de sus vidas. Si tu vida no está funcionando, ¿quién es el responsable? ¿Qué se supone que debemos hacer cuando las personas de nuestro entorno parecen no funcionar? ¿Cuánto es demasiado? ¿Cuánto tiempo es demasiado tiempo para dar, para cuidar de otra persona y sostenerla? El mero hecho de pensar en ello me hacía enfurecer. Lo curioso es que estaba furiosa conmigo misma por no haber respetado mis límites y por haberme implicado en la vida de otra persona.

Ken Kizer, mi entrenador de *rebirthing*, me dijo: «Cuando no pones límites, las personas se introducen en partes de tu vida en las que tú no quieres tenerlas, y en las que no tienen por qué estar. Poner límites es como dibujar una línea en la arena y decir: "Yo no pasaré de aquí, y tú no entrarás". La clave es tener muy claro lo que estás dispuesta a hacer si alguien cruza esa línea, y estar muy comprometida con ello». El día que me dijo esto, me di cuenta de que mi vida había sido como un gran terreno de acampada, en el que se mezclaban todos, y todo. Había personas extrañas en mi cocina y en mi dormitorio. Los miembros de mi familia hurgaban en mis objetos más personales. Las relaciones de trabajo, sociales y personales, estaban todas entremezcladas. Todo el mundo conocía a todos los demás, y todo el mundo tenía algo que decir sobre cada cosa. Las personas estaban desbocadas en mi vida, y no parecía haber nada que yo pudiera decir o hacer al respecto. No había límites.

Al reflexionar sobre mi situación personal, pude ver que era un reflejo del modo en que yo encajaba en las vidas de los demás. Conocía detalles muy particulares sobre las personas que trabajaban para mí, y conmigo. Sabía demasiado sobre las personas con las que me asociaba para los negocios o a nivel profesional. No era sólo que yo supiera demasiado sobre demasiadas personas, en realidad, también estaba implicada en aspectos personales de sus vidas. Cuando no estaba dando consejos, estaba prestando dinero. Y si no estaba prestando dinero, estaba ayudando a alguien a salir de, o entrar en, una situación que no tenía nada que ver conmigo o con mi vida. Sí, se espera que uno ayude a la gente cuando puede hacerlo. Sí, uno debería compartir recursos, intercambiar información, ofrecer apoyo a aquellos que lo necesitan. Pero, ¿cuándo debes soltar y permitir que las personas se las arreglen por sí mismas? Si continúas haciendo por los demás lo que ellos deben aprender a hacer por sí mismos, nunca aprenderán a hacerlo. Eso no honra a las personas. Tampoco te honra a ti.

Yo siempre había cuidado de los demás. De niña, cuidaba de mi tía cuando ésta se encontraba mal por la hipertensión o deprimida a causa de su inestable marido. Siendo una adolescente, cuidaba de mi madrastra cuando ésta se encontraba emocionalmente turbada por la poca atención que mi padre le prestaba. Siendo adulta, cuidaba de mis tres hijos, de un hermano drogadicto, de un marido mujeriego y de un grupo de amigas que tenían los mismos problemas, o similares. Cuidar de alguien significaba enmendar aquello que iba mal. Si no conseguía encontrar la manera de arreglarlo, consideraba que tenía la obligación de encontrar a otra persona que lo hiciera. Si ambos esfuerzos fracasaban, entonces mi tarea consistía en defender o proteger a los agraviados. En consecuencia, siempre estaba implicada en alguna producción dramática que tenía pocos efectos positivos en mi propia vida, o ninguno. Utilizaba el cuidado de otras personas como un inteligente disfraz para no tener que establecer límites.

Mis esfuerzos cuidando de otras personas no carecían de un objetivo. Mientras yo cuidara de ti, tenía el control. Secretamente, era una fanática del control. Necesitaba saber lo que iba a suceder, cuándo iba a suceder, cómo iba a suceder y el papel que yo desempeñaría en el acontecimiento. Al cuidar de otras personas, controlaba lo que éstas me hacían, cómo lo hacían, cuándo lo hacían y si lo hacían. Lo dirigía todo, lo cual significaba que no podía resultar herida. Podía ser utilizada y manipulada, pero eso era distinto. Cuando estás cuidando de las personas, se te concede la oportunidad de ver a las personas en su peor situación, lo cual, por lo general, significa que están peor que tú. Yo hacía una inversión secreta al ver a las personas permanecer en esa situación. Como cuidadora, tenía la oportunidad de ver a las personas en sus momentos de debilidad, lo cual significaba que yo no era tan débil. Es extraño que el hecho de estar entre personas débiles haga que te sientas fuerte, incluso cuando no crees serlo. Cuidar de otras personas y tener control sobre sus vidas le resta tiempo, energía y atención a lo único a lo que realmente te tienes que enfrentar en la vida: tú. Sin embargo, para poder cuidar de ti debes tener límites.

La llamada de aquella amiga afligida me indicó que, una vez más, necesitaba trazar una línea en la arena. Una vez más, estaba huyendo de mí misma. Una vez más, estaba luchando para tener el control. Una vez más, estaba apoyando a otras personas para que continuaran siendo más débiles que yo. En ese momento, mi vida no iba bien, y yo había estado invirtiendo demasiado tiempo en arreglar problemas que no eran míos, y me estaba implicando demasiado en unas vidas que no me pertenecían. Si me decidía a hacer de muleta, le estaría negando a las personas la oportunidad de aprender lo que necesitaban aprender para valerse por sí mismas. Al igual que yo, mi amiga necesitaba límites. Necesitaba saber cuánto debía beber, cuánto debía gastar, y cuándo parar antes de meterse en problemas. Si yo continuaba rescatándola de su falta de límites, nunca aprendería a hacer que su vida funcionara. La falta de límites no sólo hace que tu vida sea incómoda, sino que además te ayuda a ayudar a otras personas a hacer que sus vidas sean incómodas. No puedes honrar a los demás cuando los apoyas en su autodestrucción.

Si volvía a prestarle dinero, ella volvería a dejar de pagarme, lo cual significaría que, una vez más, yo volvería a estar muy enfadada con ella. Cuando no hay límites, la misma decisión equivocada tiene la oportunidad de repetirse. Yo tenía demasiadas cosas que hacer. No necesitaba enfadarme conmigo misma ni con ninguna otra persona. Si esta vez no le decía que su problema con la bebida estaba afectando a nuestra relación, la próxima vez ella pensaría que lo que estaba haciendo estaba bien. Y lo que es más importante, me di cuenta de que aquello no tenía nada que ver con el hecho de que una mujer embriagada estuviese llorando porque la iban a echar de su casa. Aquello tenía que ver con mi necesidad de honrar sus elecciones y honrarme a mí misma. No me sentía bien dándole dinero, y si ella hubiese estado sobria, probablemente no se hubiera sentido bien pidiéndomelo. Necesitábamos límites en nuestras vidas y en nuestra amistad. A mí me correspondía trazar la línea en la arena. «No me siento bien contigo cuando bebes hasta el punto en que ahora te encuentras. Cuando estás así, apreciaría que no me llamaras. Tampoco me siento bien respecto a la coincidencia entre el hecho de que estés borracha y tu necesidad de pedirme dinero prestado para algo esencial en tu vida. De modo que, dejemos claro que soy tu amiga. Estoy aquí para ayudarte si me necesitas y cuando me necesites. No obstante, quiero que esa necesidad no esté ligada a tener que ocuparme de lo fundamental. El alquiler es fundamental. La comida es fundamental. Llegar al trabajo a tiempo es fundamental. Si quieres ir de compras o de vacaciones, llámame. Iré contigo, o te prestaré el dinero para que vayas sola. Tú ocúpate de lo fundamental, y yo, tu amiga, te apoyaré para conseguir lo accesorio».

Diario del comentario

Después de leer el comentario de hoy, me doy cuenta de que _____

_____

_____

_____

_____

_____

_____

_____

_____

_____

_____

_____

La(s) frase(s) clave que deseo recordar y trabajar hoy es/son _____

_____

_____

_____

_____

_____

_____

_____

_____

_____

_____

_____

Afirmación matinal sobre los Límites

En este lugar, soy paz.
En este lugar, soy luz.
En este lugar, soy alegría.
En este lugar, soy amor.
En este lugar, soy una idea divina en la mente de Dios, compartiendo la
    paz, la luz, la alegría y el amor de Dios.
En este lugar, doy.
En este lugar, comparto.
En este lugar, sirvo.
En este lugar, doy, comparto, sirvo a la gloria y a la bondad de Dios.
En este lugar, soy un recipiente.
Un recipiente de paz, de luz, de alegría y de amor, dando y compartiendo
    las ideas divinas de Dios.
Mi tarea es fácil. Mi carga es ligera.
Cuando no lo es, no estoy en mi lugar.
¡Y Así Es!

Deseo recordar que...

Los Límites me permiten cuidar de mí mismo/a.

Los Límites permiten que otras personas cuiden de sí mismas.

Los Límites crean libertad de elección.

Puedo decir no y continuar ofreciendo amor y apoyo.

Los Límites me mantienen en mi espacio divino, adecuado.

Diario nocturno sobre los Límites

Hoy, me di cuenta de que no tengo LÍMITES definidos, porque _____

_____

_____

_____

_____

_____

_____

_____

Hoy, me sentí tentado/a a atravesar mis LÍMITES cuando _____

_____

_____

_____

_____

_____

_____

_____

Hoy, me he dado cuenta de que es necesario establecer LÍMITES porque __

_____

_____

_____

_____

_____

_____

_____

Día 18

Honra a los demás con... COMPASIÓN

Definición a trabajar

El principio con el que trabajaremos hoy es la Compasión. *Se trata de la capacidad de ser uno con los demás y de sacrificar tus necesidades por sus necesidades, sin sentirte mermado. Dar de ti sin ser consciente de que, en efecto, estás dando de ti.*

Comentario sobre la Compasión

Ojalá recibiera un centavo cada vez que me dicen: «Sencillamente, no se puede ser demasiado amable. La gente se aprovecha de ti por completo y luego te dejan colgada». Una manera de no ser *demasiado* amable es ser un poco amable. Desgraciadamente, esto rara vez funciona. Cuando uno es simplemente un poco amable, parece como si uno nunca hiciera lo suficiente. Al otro lado de la balanza está el no ser nada amable. Esto nunca funciona. Cuando no eres amable con las personas, probablemente eso querrá decir que estás enfadada. Si estás enfadada, te pasas muchísimo tiempo dándote explicaciones a ti misma y a los demás sobre por qué no deberías ser, no tienes que ser, y no eres, amable. Esto te recordará cómo y por qué te enfadaste en un principio. Si no estás enfadada y sólo estás pasando por una racha temporal de locura que te impide ser amable, probablemente estarás llena de culpa. La culpa nunca es agradable. La manera de evitar la culpa y de ser amable sin serlo en exceso, es practicando la compasión.

Únicamente cuando tienes una relación sana, honorable y afirmadora contigo, puedes tenerla con los demás. Esta relación es el fundamento de tu capacidad de mostrar compasión y de practicarla. Únicamente teniendo un verdadero dominio de ti y siendo capaz de permanecer en tu sentido de poder personal, puedes ser compasivo. Si ésta no es la verdad de tu ser, tus intentos de ser compasivo se traducirán en que serás excesivamente amable, y te convertirás en un felpudo. Creerás que estás siendo utilizado. Sentirás que están abusando de tu amabilidad, y al final te resentirás por todo lo que has hecho o estás haciendo por los demás. Únicamente desde un sentido de poder personal verdadero y auténtico podrás dar, apoyar, compartir y ayudar sin sentir que pierdes algo. Cuando eres un poderoso maestro de ti mismo sabes que lo que das proviene de la energía universal divina que fluye a través de ti. No es tuyo, le pertenece a la vida. Cuando una persona poderosa da vida, sabe que no puede ser mermada. Antes bien, sabe que está siendo fortalecida. Para poder ser compasivo, has de ser fuerte.

Una persona compasiva no es la que hace por los demás lo que ellos deben hacer por sí mismos para crecer. Una persona compasiva no es la que se lanza y asume el mando, o que da hasta agotarse o mermar. Una persona auténticamente compasiva es aquella que puede sentir lo que tú sientes porque es una contigo en mente, en cuerpo y en espíritu, no por obligación o por un falso sentido de responsabilidad. Una persona compasiva es la que comprende lo que estás pasando y, antes que unirse a ti en el sufrimiento y el miedo, ve la lección, la bendición y la victoria que se encuentran al final. Una persona compasiva no se une a esa mentalidad de víctima que culpa a los demás; antes bien, estará a tu lado siendo fuerte, apoyándote para que aceptes la situación. La persona compasiva sabe –contigo, para ti y, cuando sea necesario, a pesar de ti– que todas las cosas funcionan conjuntamente para tu bien. Para ser compasivo es necesario tener visión.

Eso que la mayoría de nosotros llama compasión es una búsqueda de poder y de control. A menudo, los que se consideran compasivos son aquellos que intentan ser amables con los demás y, al hacerlo, acaban sintiéndose utilizados y manipulados. Muchos de nosotros creemos que la compasión es ver lo que alguien necesita y dárselo, para que esa persona, y nosotros, nos sintamos mejor. Es duro ver sufrir a alguien. Resulta aún más duro cuando uno no está sufriendo, o luchando. Cuando lo ves, te sientes mal por la otra persona y te lanzas a salvarla. Bueno, es posible que no necesite ser salvada. Es posible que lo que necesite sea apoyo para tomar una decisión, o una información que la ayude a reconsiderar su situación para tener la fuerza para enfrentarse a ella por sí misma. Nosotros lo llamamos ser amables, hacer cosas por los demás, ayudar a alguien menos afortunado. ¡Eso no es compasión! Eso es martirio, porque lo más probable es que, si las cosas no resultan como tú esperabas, te pongas furioso. Estarás furioso con la persona a la que has ayudado, y probablemente contigo mismo por haber malgastado tu tiempo, tus recursos y tu energía. Para ser compasivo, debes saber que el universo es una reserva infinita de recursos.

Las personas compasivas no ayudan; ofrecen su apoyo, porque saben que apoyar significa también ayudar a sanar y a crecer. Las personas compasivas te preguntan qué necesitas y luego responden a tu solicitud, no a lo que ellas creen que deberías tener. Las personas compasivas no te quitan poder; te ayudan a encontrarlo, manteniéndose firmes en su propio sentido del poder. No hay escasez de amor, de paz, de prosperidad o de cualquier cosa buena de la vida. Las personas compasivas lo saben, y quieren apoyarte para que comprendas este principio. Una persona compasiva puede caminar a tu lado, puede ofrecerte sus recursos, puede ayudarte a levantarte si se lo pides. Una persona compasiva puede hacer todo esto sin sentir, en modo alguno, que les debes nada o que hay que buscar un resultado predeterminado. Quiere lo mejor para ti, no porque crea saber lo que es mejor para ti, sino porque lo que es mejor para ti es lo mejor para ella. Verás, una persona compasiva está en ello contigo a lo largo del camino, sin otra expectativa que ser capaz de hacer lo que sea necesario.

En la tradición de los nativos americanos, las personas compasivas son aquellas que encarnan la medicina de las serpientes. La mayoría de nosotros tememos a las serpientes, y no es ninguna casualidad que muchos de nosotros le tengamos miedo también a nuestro poder y a las personas poderosas. No nos damos cuenta de que la serpiente representa nuestro poder y la capacidad de sanar. Una persona compasiva apoya a los demás en su capacidad de sanarse a sí mismos. De desprenderse y seguir estando enteros. De ser sensibles y vulnerables y, aun así, seguir adelante. La medicina de las serpientes es el conocimiento de que aquellas cosas que son consideradas venenosas pueden ser ingeridas, integradas y transformadas mediante el estado mental adecuado. Una persona compasiva es capaz de conectar con tu sufrimiento, o dolor percibido, y transmutar esa energía mediante la presencia de su poder. Es el poder del pensamiento, de la ambición, de la resolución, de la sabiduría y la comprensión, que siempre darán como resultado la entereza. Una persona compasiva quiere que tú, como ser universal, seas consciente de tu entereza. Tu entereza no tiene nada que ver con ser amable, y una persona compasiva reconoce que tu viaje hacia la entereza puede no parecer agradable. Las personas compasivas tienen la habilidad de nutrir, consolar y proporcionar alimento a otros en las diversas etapas. Sanan sin enfermar.

Cuando puedas dejar a un lado tus necesidades y deseos, estando completamente dispuesto a dar de ti para satisfacer las necesidades de otra persona, habrás descubierto tu sensación de poder, y esto te permitirá ser verdaderamente compasivo. Cuando eres capaz de sentir el dolor del otro, de sentir su miedo, de saber por lo que está pasando, sin considerarlo una víctima o sentir tu propia sensación de sacrificio, estás preparado para mostrar compasión. Cuando comprendas que lo que hagas por otra persona, o lo que le des, no tendrá ningún efecto adverso sobre ti, habrás llegado al reino de la compasión. Si tienes la necesidad abrumadora de lanzarte a salvar a alguien porque temes que, si no lo haces, te arrastrará con él, o si no puedes ver sufrir a los demás porque temes que, si no los ayudas, te podría suceder lo mismo, todavía no has alcanzado el estado de maestría personal que te permitirá ser compasivo. Si estás actuando por la mera necesidad de ser amable, acabarás sintiéndote utilizado. Las personas utilizadas se convierten en víctimas que no tienen ni idea de lo que significa la compasión. La compasión es el modo en que nos honramos a nosotros mismos y a los demás, mostrando nuestra maestría. Muy pocos han alcanzado la maestría de lo que realmente significa ser amables.

Diario del comentario

Después de leer el comentario de hoy, me doy cuenta de que _____

_____

_____

_____

_____

_____

_____

_____

_____

_____

_____

_____

_____

La(s) frase(s) clave que deseo recordar y trabajar hoy es/son _____

_____

_____

_____

_____

_____

_____

_____

_____

_____

_____

_____

_____

Afirmación matinal sobre la Compasión

Soy uno/a con todas las cosas.
Soy uno/a con toda la vida.
Soy uno/a con todas las personas.
Soy uno/a con el Divino.
En mi unidad soy eterno/a e ilimitado/a.
En mi unidad soy capaz de dar de mí para mí.
En mi unidad doy lo que soy.
En mi unidad doy libremente, de buena gana, compasivamente, con amor.
Al darme a mí mismo/a, soy fortalecido/a.
Al dar de mí mismo/a, adquiero poder.
Al dar mi todo, la presencia de la Divinidad eterna, ilimitada, se convierte
    en la realidad de mi existencia.
Por esto me siento tan agradecido/a.
¡Y Así Es!

Deseo recordar que...

Soy suficientemente poderoso/a
para dar lo que tengo sin perder nada.

Soy uno/a con todo y con todos.

Apoyo + Consuelo + Nutrición = Compasión

En mi Compasión por ti me estoy fortaleciendo.

Todo el mundo tiene el poder de sanarse a sí mismo.

Diario nocturno sobre la Compasión

Hoy, descubrí que me resultaba difícil ser Compasivo *cuando* _____

_____

_____

_____

_____

_____

_____

_____

Hoy, fui capaz de mostrar Compasión *cuando* _____

_____

_____

_____

_____

_____

_____

Ahora me doy cuenta de que mi capacidad de ser Compasivo *se ve dificultada por* _____

_____

_____

_____

_____

_____

Día 19

Honra a los demás con... CONCLUSIÓN

Definición a trabajar

El principio con el que trabajaremos hoy es la Conclusión. *Es el estado de estar completos mediante un desapego mental y emocional. Un acto, o acciones, que ponen fin a la naturaleza y el estado de una situación o relación.*

Comentario sobre la Conclusión

Estaba muerto. Mi padre había muerto sin haberme dicho jamás que me quería. Yo tenía treinta años, pero todavía me dolía. Sabía que estaba sintiendo dolor porque, mientras contemplaba a mi padre muerto sin derramar una lágrima, estaba recordando que nunca me había dicho «Te quiero». Todos me miraban. Yo sentía que debería estar haciendo algo más, aparte de recordar ese aspecto desagradable de nuestra relación, pero lo cierto es que la mayor parte de nuestra relación había sido desagradable. En esos momentos, junto a su féretro, estaba recordando eso también. Era muy extraño y muy doloroso. Quería tocarlo, pero no podía. Quería decirle algo, incluso sabiendo que no podía oírme. Necesitaba hablarle. Decidí no hacer nada, excepto volver a sentarme.

Pasé las semanas siguientes intentando averiguar por qué no podía llorar por mi padre. Sin duda, lo echaría de menos, pero no echaría de menos la hostilidad que aparentemente siempre había existido entre nosotros. Yo sabía que no había sufrido, pues había muerto en paz, mientras dormía. Pero había sufrido. Había sufrido a lo largo de una vida de insatisfacción y mediocridad. Había sufrido por la vergüenza de no haber sido capaz de asegurar el porvenir de su familia. Sí, había sufrido en vida y ahora estaba en paz. Desgraciadamente, el hecho de que él estuviera en un estado de paz eterna dejaba un agujero abierto en mi corazón. Había tantas cosas que yo había necesitado y deseado de mi padre y que él nunca había sido capaz de darme. Mucho tiempo atrás, había aceptado eso como una realidad de mi vida. Y sin embargo, por alguna razón, ahora que estaba muerto, todas las preguntas que habían quedado sin respuesta atravesaban mi mente a toda velocidad. ¿Había estado orgulloso de mí? ¿Cuál era la verdadera razón por la que no había asistido a mi graduación de la universidad? ¿Por qué había abandonado a mi madre? Y, sobre todo, ¿me había querido?

Cuando le expliqué a una amiga cómo me sentía, me dijo que yo necesitaba una conclusión. Si no tienes la oportunidad de expresar lo que sientes cuando una relación se acaba, la relación queda incompleta. Da igual si la otra persona ya no vive; en cualquier relación, si no hay una conclusión, las personas implicadas se sienten incompletas. La muerte, al igual que una separación, un divorcio o la terminación abrupta de cualquier tipo de relación, evoca una gran cantidad de emociones que deben ser liberadas. Su liberación tiene como resultado la conclusión. Si no las dejas ir, te haces preguntas, sufres, las preguntas no obtienen respuesta, y acaban produciendo rabia y miedo. Y lo que es más importante, dijo mi amiga, cuando no hay conclusión, te pierdes las lecciones y las bendiciones. Nunca estás realmente segura de la razón por la cual esa persona estuvo en tu vida, de lo que compartisteis para tu beneficio, de lo que aprendiste sobre ti, y de por qué estás mejor ahora, mejor equipada para pasar a relaciones nuevas y más productivas. Cuando no hay conclusión, sufres. «¿Cómo puede uno llegar a la conclusión», pregunté, «si la otra persona está muerta?». Escribe una carta. No se trata de que la otra persona la lea; lo que importa es que tengas la oportunidad de expresar lo que estás sintiendo.

Querido papá:

Sé que estás muerto y que nunca leerás esta carta, pero éste es mi intento de liberarnos a ambos del dolor de nuestra antigua relación. Supongo que primero debería darte las gracias por ser mi padre. Es cierto que elegimos a nuestros padres y que ellos están de acuerdo en traernos a la vida. Te debo mi gratitud. Me alegro de estar viva, aunque no estoy muy contenta por la forma en que viví bajo tu cuidado. No quiero señalar a nadie, no es eso, pero hiciste un trabajo bastante lamentable cuidándome y manteniéndome. Estoy segura de que sabías, por tu propia experiencia, que tu madre tenía una tendencia al maltrato innecesario pero, aun así, me dejaste a su cuidado. ¿Por qué lo hiciste? ¿Qué era eso tan importante para ti que te impedía cuidar de mí? ¡Sabías que ella me pegaba! Sabías que me gritaba y chillaba y que me insultaba. Me decía que tú estabas saliendo con otras mujeres, y que yo no te importaba. Y tú nunca me dijiste lo contrario. Venías un rato, me dabas unas palmaditas en la cabeza, me regalabas algunas monedas y te marchabas alegremente, sabiendo que la abuela me torturaba. ¿Por qué lo hacías? ¿Por qué? ¿POR QUÉ? ¿POR QUÉ?

¿Tan mala niña era yo? ¿Tan fea y tan gorda? ¿Estabas avergonzado de mí, o qué? ¿Era ésa la razón por la cual nunca venías a buscarme a la escuela? ¿Era ésa la razón por la cual nunca revisabas mis deberes o me leías un cuento? ¿Era ésa la razón por la cual nunca venías a mis actuaciones de danza? ¿Qué hice yo para que me trataras con tanto desprecio? Yo era tan sólo una niña pequeña. No quería ser fea. ¡Tú me hiciste fea! Después de todo, ¡eran tus genes! ¿Tienes idea de lo horrible que es ser una niña pequeña y tener un padre que se comporta como si te odiara? Sé que en realidad no me odiabas, pero, ciertamente, actuabas como si lo hicieras. También me doy cuenta de que tu madre, siendo tan poco cariñosa como es, probablemente nunca te enseñó a ser cariñoso. ¡Era tu responsabilidad aprender! ¡Yo era tu

hija! Necesitaba que me besaras, que me abrazaras, que me sostuvieras en tus brazos, ¡y que me trataras como si fuera especial! ¿Alguna vez fui especial para ti, papi? ¿Le dijiste alguna vez a la gente que tenías una niñita y que era muy especial? Espero que lo hicieras, incluso a pesar de que nunca te oí decirlo.

También debo decirte que, en mis días malos, te hago total y absolutamente responsable de la destrucción de mi hermano. Intento decirme que él es responsable de su propia vida. Sé que tiene la misma capacidad que tengo yo para reunir fuerzas y hacer algo con su vida, pero también sé que las personas son diferentes. Él y yo no somos iguales. De algún modo, yo fui capaz de superar el maltrato, la negligencia y la disfunción de nuestras vidas. Mi hermano, tu hijo, no ha sido tan afortunado. Sufre todos los días. Siente tanto dolor, tanta rabia y tanta confusión que no encuentra ninguna razón para vivir. ¿Sabías que tu hijo es un alcohólico? ¿Sabías que ha sido drogadicto desde los diecinueve años? ¡Naturalmente que lo sabías! La pregunta es, ¿qué hiciste al respecto? ¿Qué dijiste? ¿Sabías que estaba furioso contigo por las cosas que no hiciste por nosotros? Creía que el juego, las mujeres y el dinero eran más importantes para ti que él. Necesitaba un padre que lo orientase, ¡pero tú nunca estabas en casa! ¡Siempre estabas demasiado ocupado! Pero no estabas demasiado ocupado para criticarlo o para quejarte por lo que no había hecho, ¿verdad? ¿Por qué le decías que le ibas a dar una patada en el culo? ¿Cómo podías decirle eso a un chico de quince años al que no habías visto en dos semanas? ¿Quién diablos te creías que eras para decirle eso? Por eso se fue de casa, ¿sabes? ¡Desde entonces ha sido un completo desastre! Siempre te he odiado por lo que le hiciste. Es mi único hermano. Él estaba ahí para apoyarme cuando tú no estabas. Y, a causa de tu falta de cariño, de tu falta de atención, de tu falta de interés, él no puede sostenerse a sí mismo. Absolutamente, inequívocamente, sin ninguna vergüenza, ¡te odio por el dolor que le causaste a mi hermano!

¿Amaste a mi madre? Si lo hiciste, ¿por qué la enterraste en una tumba sin inscripción en el cementerio de los pobres? ¿Por qué no pediste dinero prestado de tus compinches de juego y no enterraste a mi madre como un ser humano decente? ¿Sabías que tardé años en

averiguar dónde estaba enterrada? ¡Estaba enterrada en una tumba con otras cinco personas! ¡Cinco desconocidos que no sabían que ella te amaba y que había dado a luz a tus dos hijos! ¿Qué clase de hombre le haría algo así a la mujer a la que amaba? ¿La amabas? Si la amabas, ¿por qué no te casaste con ella? ¿Por qué te casaste con otra persona mientras vivías con mi madre? ¿Y por qué no me lo dijiste? ¿Por qué tuve que enterarme de los detalles más íntimos de los comienzos de mi vida por otras personas? ¿Por qué me mentiste? ¡Vaya pieza eras! He intentado comprender todo esto, y nada de ello tiene ningún sentido para mí. Ahora estás muerto, y yo me he quedado aquí, intentando salir adelante en medio del desastre.

He intentado perdonarte. A veces me sale bastante bien. En ocasiones, esta locura adquiere mucho sentido. Hiciste lo mejor que podías con lo que tenías. Sé que no tuviste una vida fácil. Sé que te esforzaste por hacer las cosas bien, pero cuando viste que no estaban yendo bien, ¿qué hiciste? Saliste corriendo. Te ocultaste, o al menos eso me pareció a mí. No dijiste la verdad. No pediste perdón. Nunca admitiste haberte equivocado y nunca te disculpaste. Bueno, ¿sabes? De cualquier modo, en mis días buenos, te perdono. En mis días buenos, me doy cuenta de que me enseñaste mucho. Me enseñaste la importancia de estar ahí para mis hijos. Me enseñaste la importancia de decir la verdad y hacer saber a los demás lo que está sucediendo. Además, me diste el regalo más valioso de mi vida. Me diste a mi madrastra, mi mejor amiga, mi ángel. Sin ella no creo que podría haber llegado tan lejos. Ella fue para mí todo lo que tú no fuiste.

En los días malos, sufro, y te odio. Quiero que sepas otra cosa: odiarte hace que me sienta peor. Es duro odiar a tu padre. Te vuelve loca, y he estado loca durante demasiado tiempo. Ahora quiero estar en paz, igual que tú. De modo que te estoy escribiendo para hacerte saber que ya no tendré más días malos. Sólo tendré esos días en que siento compasión por ti y te perdono por haberme mentido, por haberte marchado, por haberle sido infiel a mi madre, por habernos abandonado a mi hermano y a mí, y por no haber sido, en modo alguno, la clase de padre que deseaba y que necesitaba que fueses.

En cuanto a este preciso instante, elijo recordar sólo las cosas buenas que supe de ti. Que eras guapo, que me regalaste mi primer coche, que me compraste una lavadora como regalo de bodas y que, sin duda ninguna, amaste a tus nietos. Recordaré cómo cocinabas para ellos. Recordaré que dejabas que mi hijo se sentara en tu regazo y llevara el volante del coche cuando sólo tenía dos años. Conservo tu imagen llegando a mi puerta para buscarlo los sábados por la mañana, y de cómo te alejabas con él colgado de tus piernas. Eras un niñero excelente, y realmente te querían. Sé que ellos te echarán de menos. Quizá mis hijos fueran todavía suficientemente pequeños e inocentes para ver lo bueno que había en ti. Si conservo en mi mente tus imágenes on ellos, es posible que algún día yo también sea capaz de ver lo bueno que había en ti. Lo deseo más que cualquier otra cosa. Si soy capaz de recordar tu amor por ellos, quizá pueda ver que realmente me quisiste a tu modo. Sé que yo te quise, y supongo que yo era igual que tú, porque nunca supe cómo decírtelo. Quizás ahora sepa hacerlo. Sin duda, eso espero.

Cuando dejé de escribir, lloré por mi padre.

Diario del comentario

Después de leer el comentario de hoy, me doy cuenta de que _____

_____

_____

_____

_____

_____

_____

_____

_____

_____

_____

_____

La(s) frase(s) clave que deseo recordar y trabajar hoy es/son _____

_____

_____

_____

_____

_____

_____

_____

_____

_____

_____

_____

_____

Afirmación matinal sobre la Conclusión

Hoy, me rindo, suelto, me desvinculo de toda persona, toda circunstancia, todo estado y toda situación que ya no sirva a un propósito divino en mi vida.

Hoy, me doy cuenta de que todas las cosas tienen un período, y que todas los períodos llegan a su fin.

Hoy, me doy cuenta de que todas las cosas tienen el propósito divino de apoyar mi desarrollo y mi evolución como expresión única y noble de la vida.

Hoy, me doy cuenta de que no hay un final. Sólo hay un ahora, y este ahora inicia un período y un propósito divinamente nuevos en mi vida.

Hoy, elijo un nuevo comienzo, en lugar de los recuerdos dolorosos del pasado.

Hoy, elijo un nuevo período, lleno de pensamientos y actividades con propósito.

Hoy, elijo cerrar la puerta al ayer y abrir mi mente, mi corazón y mi espíritu a las bendiciones de este momento.

En este momento, estoy lleno/a de luz. ¡Estoy lleno/a de amor! ¡Estoy lleno/a de ese amor que trae la comprensión Divina!

¡Por esto me siento tan agradecido/a!

¡Y Así Es!

Deseo recordar que...

Las personas entran en nuestra vida por una razón, por un período, o para toda una vida.

La Conclusión se inicia cuando digo la verdad sobre lo que siento.

Tengo derecho a honrar lo que siento.

Cuando una puerta se cierra, otra puerta se abre.

Cualquier cosa que reprimas se convertirá en tensión.

Diario nocturno sobre la Conclusión

Me doy cuenta de que es difícil llevar una situación a su Conclusión
cuando _____
_____
_____
_____
_____
_____
_____

Hoy, fui capaz de llevar Conclusión *a* _____
_____
_____
_____
_____
_____

Me doy cuenta de que debo continuar trabajando para llevar Conclusión
a mis pensamientos y sentimientos sobre _____
_____
_____
_____
_____
_____
_____

Día 20

Honra a los demás con... AUSENCIA DE JUICIO

┌─────────────── Definición a trabajar ───────────────┐

El principio con el que trabajaremos hoy es la AUSENCIA DE JUICIO. Se trata de un estado de apertura y receptividad mental y emocional a nuevas experiencias y a nuevas interpretaciones de las experiencias pasadas. La observación de las personas y/o la participación en los acontecimientos sin imponer tu voluntad, tus percepciones o críticas personales.

└──┘

Comentario sobre la Ausencia de juicio

Todo padre desea que su hijo o sus hijos sean lo mejor que puedan ser. Este deseo, muy natural y muy normal, viene acompañado de la perspectiva del progenitor acerca de, exactamente, cuán bueno puede llegar a ser el niño, o la niña, y sobre cómo debería mostrar esta virtud. Los padres tienen reglas, parámetros y postes indicadores que miden cuán bien lo está haciendo el niño. Aunque no les guste admitirlo, creo que la mayoría de los padres ponen también un límite de tiempo. Quieren que se haga de determinada manera, en determinado lapso de tiempo. Dicen que es por el bien del niño. Ellos saben, tú sabes, lo que ocurre con las manos y las mentes ociosas. No sólo lo han leído en la Biblia, también han visto lo que ha sucedido con otras personas, y con los hijos de otros, que no se entregaron por completo al objetivo de ser buenos. Cuando los hijos no consiguen demostrar un progreso satisfactorio en dirección a la meta de la virtud, los progenitores suponen, naturalmente, que están fumando marihuana o jugando con el demonio.

Conozco el tema muy bien. Verás, soy madre de tres hijos. Una nació buena, y nunca se descarrió. Otra tenía una vaga idea de que el bien existía, e intentó desesperadamente averiguar dónde vivía. El otro, juzgué yo, no era capaz de identificar el bien, incluso si éste aparecía y le mordía el trasero. Ninguno de mis hijos está muerto, de modo que todo esto cambió. Antes de que el cambio pudiera tener lugar, me invadió el miedo. En medio de mi temor, los sometí a todo tipo de juicios, comparaciones, críticas y a la histeria materna natural, lo cual estuvo a punto de destruir nuestra relación. Los juzgué irresponsables, descentrados, no comprometidos y, directamente, perezosos. Aprendí de una amiga muy querida que lo que yo estaba observando no tenía absolutamente nada que ver con mis hijos. Los estaba viendo según los juicios que había hecho sobre mí misma.

Yo provenía de un entorno disfuncional, empobrecido. Quedé embarazada a los dieciséis años. Dejé la escuela. Me casé joven. Tuve un mal matrimonio. Luché para criar a mis tres hijos sola, esperando, rezando y haciendo todo lo que estaba en mis manos para asegurarme de que ellos no cometieran los mismos errores que yo. Quería más para ellos. Admito que no sabía lo que quería decir más, o lo que haría falta para conseguirlo, pero creía conocer muy bien las cosas que los empujarían al mismo sendero por el que yo había transitado. Siempre estaba buscando esas cosas. Las cosas que yo había hecho. Las cosas que había dicho. Los comportamientos que había exhibido. Siempre que veía señales de mí en mis hijos, me enfadaba. Me enfadaba con ellos por aquello que, a mi parecer, estaba poniendo en peligro sus vidas, y conmigo misma por lo que había contribuido a alejarlos del buen camino. Cuando el enfado cedía, me invadía el miedo. Miedo a que no consiguieran llegar a lo mejor, y miedo a fallarles como yo juzgaba que mis padres me habían fallado. Podía ver el ciclo de disfunción transmitiéndose de mis padres a mí, de mí a mis hijos. ¡Eso me volvía loca!

Es tan agradable tener un amigo cuerdo con quien hablar cuando estás loca. Yo lo tenía. Mi amigo hizo una declaración. Fue una simple declaración que no tenía ningún sentido y, al mismo tiempo, tenía mucho sentido. Me ofreció algunas reflexiones que me ayudaron a liberar a mis hijos, a mí misma, y a todas las demás personas y situaciones de mi vida del agarre mortífero de la crítica. Ésta fue su declaración:

—No hay nada correcto, nada incorrecto, ¡lo único que hay es lo que es!

—¿Me estás diciendo que no está mal matar, mentir y robar?

—Las personas que cometen esos actos lo hacen por miedo, vergüenza o culpa. ¿Es incorrecto sentir miedo o vergüenza, o sentirte culpable?

Tenía sentido, pero no me parecía correcto, quiero decir, adecuado. Yo necesitaba entrar un poco más en esa línea de pensamiento. Si no hay nada que sea correcto o incorrecto, eso quiere decir que cualquiera puede hacer cualquier cosa porque tiene miedo, vergüenza, o porque se siente culpable.

De todos modos, las personas hacen cualquier cosa, y de todo. El hecho de que juzguemos que algo esté bien o esté mal no impide que las personas hagan cualquier cosa en esta vida. Cuando juzgamos lo que han hecho, en realidad, les estamos informando de las condiciones que ponemos para amarlas. Cuando hacen lo que creemos que está bien, las amamos. Si, a nuestro juicio, están equivocadas, nos enfadamos y desencadenamos el temor a que les neguemos nuestro amor. Una persona sin amor es una persona asustada. Y una persona asustada es capaz de hacer cosas muy poco amorosas.

—¡Hazme el favor! ¿Miles de personas fueron esclavizadas porque alguien sintió que no era amado? ¿Hitler mató a millones de personas porque no se sintió querido? Creía que era al revés.

—Tememos aquello con lo que no estamos familiarizados. Tememos aquello que no comprendemos. Las personas están esclavizadas por el miedo, o debido a él. Cuando nos sentimos impotentes buscamos el poder. Cuando no tenemos control buscamos el control. Las personas son asesinadas cuando la impotencia busca el control.

—¡Eso es una locura!

—Un juicio es una locura.

—¿No es una locura que las personas maten o esclavicen a otras personas porque tienen miedo o porque se sienten impotentes o porque desean el control?

—¿Quién puede decirlo? La gente hace lo que hace basándose en quién es, en lo que cree y en la información que tiene en ese momento y que apoya sus sentimientos y sus creencias. Actualmente, la esclavitud está mal vista. Hace cuatrocientos años parecía una aventura económica viable. Hitler ha sido considerado un monstruo. Sin embargo, en su época, miles de personas lo apoyaron, o lo ignoraron. Decir que eso fuera correcto o incorrecto no cambia el hecho de que sucedió. Cuando piensas que algo está mal, en realidad, estás diciendo que hay algo que va mal en ti.

—¿En mí? ¡No creo que haya nada malo en mí!

—Por supuesto que sí. Por eso juzgas a tus hijos.

—No estoy juzgando a mis hijos. Sólo quiero que hagan lo... correcto. Quiero decir, quiero que salgan mejor que yo.

—¿Qué hay de malo en cómo has salido?

—Lo puse todo tan difícil para mí y para las personas de mi entorno...

—Hiciste lo que sabías hacer basándote en lo que sabías y creías que era correcto en ese momento. ¿Cómo puedes impedir que tus hijos hagan lo mismo, si eligen hacerlo?

—Enseñándoles a hacer las cosas de la forma correcta. Proporcionándoles más conocimientos, mejores herramientas que las que yo tuve. Has conseguido que tenga miedo de decir la palabra «correcto».

—Cuando tienes miedo, ves y oyes cosas que no tienen nada que ver con la realidad. Tus hijos harán lo que quieran hacer, no importa lo que tú pienses, digas o temas.

—Lo sé. De familias malas salen chicos buenos. De las familias buenas salen chicos malos. Debe de haber alguna fórmula mágica para asegurarnos el éxito de nuestros hijos.

—La hay. Dales lo mejor de ti. Comparte con ellos lo que sepas, y deja que ellos hagan sus propias elecciones basándose en lo que habéis compartido. Cuando vacilen o caigan, ofréceles tu apoyo sin enfado ni miedo. Quítale condiciones a tu amor. Deja de buscar errores en sus acciones. Cuando ya todo se ha dicho y hecho, lo mejor que puedes hacer por tus hijos es dejar de creer que hay algo mal en cómo han acabado siendo, o en cómo acabaste siendo tú.

—Odio que tengas razón.

—Nunca tengo razón. Simplemente, comparto contigo lo que sé porque soy.

—Querrás decir, «¡Tú eres!».

Diario del comentario

Después de leer el comentario de hoy, me doy cuenta de que _____

_____

_____

_____

_____

_____

_____

_____

_____

_____

_____

_____

La(s) frase(s) clave que deseo recordar y trabajar hoy es/son _____

_____

_____

_____

_____

_____

_____

_____

_____

_____

_____

_____

_____

Afirmación matinal sobre la Ausencia de juicio

Yo soy, porque Dios tiene el control.
Todo es, porque Dios tiene el control.
Toda persona y todo ser viviente tiene en el centro de su vida el control
  perfecto de Dios.
No juzgaré según las apariencias.
No tendré miedo cuando las cosas no vayan como yo quiero.
No importa cuáles sean las apariencias, debo recordar que Dios siempre
  tiene el control completo y perfecto.
Por esto doy las gracias.
¡Y Así Es!

Deseo recordar que...

Nada es correcto o incorrecto, sólo es.

No comprendo aquello que estoy mirando,
de modo que no debo Juzgar lo que veo.

Siempre Juzgo a los demás según los Juicios
que he hecho sobre mí.

El Juicio cierra la mente y el corazón
a nuevos niveles de comprensión.

No importa cuáles sean las apariencias,

Dios tiene el control.

Diario nocturno sobre la Ausencia de juicio

Hoy, me he dado cuenta de que me JUZGO *con rapidez cuando* _____

_____

_____

_____

_____

_____

_____

_____

Hoy, me descubrí JUZGANDO *a los demás cuando* _____

_____

_____

_____

_____

_____

_____

_____

Me doy cuenta de que es fácil dejar de JUZGAR *cuando* _____

_____

_____

_____

_____

_____

_____

_____

Día 21

Honra a los demás
con... PERDÓN

Definición a trabajar

El principio con el que trabajaremos hoy es el PERDÓN. *Es soltar. Es dejar ir. Es el proceso de retirar de la mente los errores, buscando la armonía. Dejar ir lo que es falso y sustituirlo por lo que es cierto. Renunciar a un pensamiento o sentimiento con el fin de facilitar el cambio en el pensamiento o el sentimiento.*

Comentario sobre el Perdón

«¿Cuánto tiempo vas a continuar estando furiosa y dolida?». No lo sabía, pero sabía que aún no estaba preparada para dejar de estar furiosa. ¡Lo que me había hecho era imperdonable! Además, en el fondo, realmente creía que, cuanto más tiempo estuviera furiosa con ella, más la haría sufrir. Después de un tiempo, lo que me había hecho dejó de ser lo fundamental. Lo fundamental era su sufrimiento. ¡Tenía que sufrir! ¡Y yo quería que todo el mundo supiese que ella estaba sufriendo por lo que me había hecho! ¡Quería que se enteraran de su sufrimiento por los periódicos! Entonces, y sólo entonces, consideraría la posibilidad de dejar de estar furiosa con ella. Debe de haber sabido que yo estaba furiosa con ella, porque un día murió silenciosamente mientras dormía.

Yo tenía ganas de decir: «¡Me alegro por ella!». Pero estaba demasiado furiosa. Muchos, muchos años después de su muerte, continuaba estando furiosa, y me sentía desdichada. Seguía estando dolida, y ella seguía estando muerta. Entonces, ¿qué sentido tenía?

La mayoría de la gente cree que cuando uno perdona a alguien está haciendo algo por esa persona. Lo cierto es que, cuando uno perdona, lo hace por uno mismo. En cuanto al perdón, uno debe renunciar a aquello que no desea para hacer sitio para lo que desea. Uno ha de renunciar al dolor, a la rabia, al resentimiento y al miedo, para poder experimentar bondad, alegría, paz y amor. Por alguna razón, creemos que si perdonamos a alguien, esa persona podría recibir algo bueno antes que nosotros. El hecho de ofrecer a otra persona el perdón que necesita fortalece tu naturaleza espiritual. Es esta naturaleza, y la conciencia de ella, la que te concede los beneficios de la vida. Cuando le niegas a alguien el perdón, o el amor, por la razón que fuere, tu conciencia de la abundancia del bien en la vida disminuye. Te quedas atascado en tantas cosas viejas, que lo nuevo no tiene cómo llegar a ti. Esencialmente, el bien que le niegues a los demás te será negado.

Mientras continúes aferrándote a la creencia de que cualquier persona en esta tierra puede hacerte algo, serás incapaz de perdonar. La gente no puede cambiar lo que tú eres y lo que estás destinado a ser. Puede poner obstáculos en tu camino. Puede hacer cosas para hacerte creer que eres distinto a como eres, pero la gente no puede cambiar, alterar u ocultar en modo ninguno la verdad de tu ser. La verdad es que eres divino. La verdad es que la fuente divina de vida te hizo perfecto y completo, y que nada de lo que hagan los demás puede cambiar esto. La verdad es que todos olvidamos que somos divinos y actuamos movidos por nuestros miedos, por nuestras creencias y percepciones humanas. Al hacerlo, ofendemos las sensibilidades de los demás, ignoramos sus fronteras, repartimos golpes a diestro y siniestro, sin mirar a quién, y descargamos nuestro dolor sobre los demás de una forma siniestra. Esto no cambia lo que somos. Hace que creamos que somos menos de lo que somos. Esto hace que nos pongamos furiosos y, aferrándonos a nuestra *locura*, nos neguemos a perdonar.

No hay nadie que no cometa errores. Los errores son una forma de vida humana. Creemos, erróneamente, que lo que vemos es la verdad. No nos damos cuenta de que siempre hay más en la vida de lo que somos capaces de ver y de que la verdad no siempre es visible. Creemos, erróneamente, que lo que nosotros conocemos es todo cuanto hay. No nos damos cuenta de que no siempre conocemos la historia completa. En cualquier momento dado de tu vida, hay personajes, argumentos y guiones que todavía no te han sido presentados. Si no conoces toda la historia, prácticamente cualquier conclusión a la que llegues será errónea. Creemos, equivocadamente, que nuestras experiencias, en particular las malas experiencias, son indicativas de lo que somos y de lo que nos merecemos. Incluso cuando sabemos que nos merecemos algo mejor, confundimos nuestras experiencias con obstáculos que pueden impedir que experimentemos más. A veces cometemos el error de pensar que otras personas tienen el poder de controlar o modificar nuestro destino. Son nuestras creencias, erróneas o no, las que finalmente determinan lo que haremos o seremos en la vida, no los demás.

Si no cometiésemos errores, no sabríamos lo que funciona y lo que no funciona. Cada vez que cometemos un error, se nos ofrece la oportunidad de corregirnos. El espíritu divino de la vida es autocorrector. Nos mostrará nuestros errores a través del dolor y el sufrimiento. Nos mostrará nuestros errores a través de la intranquilidad mental y la insatisfacción emocional. Lamentablemente, cuando nos topamos con los resultados de nuestras creencias, elecciones y percepciones erróneas, culpamos a otras personas. Hacemos a otros responsables de lo que pensamos, sentimos o creemos. Creemos que nuestras experiencias nos convierten en lo que somos en la vida, y luego culpamos a los jugadores que hay en ellas. El mayor error que podemos cometer es pensar que los demás pueden hacernos daño. Cuando creemos que lo han hecho, no deseamos perdonarlos.

Mi tía se negaba a reconocer que mi tío, su marido, me había violado. Actuaba como si no tuviera importancia. Traducción: yo no tenía importancia, y lo que él me había hecho no tenía importancia. Llegué a la conclusión de que yo no le importaba a ella, que él era malvado, yo era sucia, ¡y de que la vida en general era un asco! Me aferré al recuerdo de aquella experiencia, a mis interpretaciones, a mis conclusiones y a la rabia durante mucho tiempo. Cuando una terapeuta me preguntó durante cuánto tiempo pensaba seguir estando furiosa, habían transcurrido dieciséis años, tres hijos, un mal matrimonio y varias relaciones que me habían roto el corazón. «¿Qué quieres hacer?», me preguntó. Quería que mi tía me reconociera. Quería que reconociera que lo que él había hecho estaba mal. «¿Y cómo te haría sentir eso?», me siguió preguntando. «¡Mejor!», dije yo. Dado que mi tía ya estaba muerta, mi terapeuta sugirió que yo necesitaba encontrar otra manera de sentirme mejor. Me sugirió que intentase perdonar a mi tía por no haberme reconocido, y por haber cometido el error de creer que reconocer lo que su marido me había hecho supondría el fin de su matrimonio. Le dije que estaba completamente loca.

Cuando estar dolida y enfadada y creer que eres menos de lo que eres no hace que consigas lo que quieres, ha llegado el momento de perdonar. Cuando no eres capaz de superar el recuerdo de lo que alguien te ha hecho y ese recuerdo te mantiene, de algún modo, dolida, enfadada o limitada en la vida, ha llegado el momento de perdonar. Cuando lo único que recuerdas sobre alguien es lo que te hizo y no el hecho de que se trata de un ser humano susceptible de cometer errores, ha llegado el momento de perdonar. Si puedes decir honestamente que hay alguien, en cualquier lugar del planeta, a quien no amas, ha llegado el momento de perdonar. Si tienes sobrepeso o estás excesivamente delgado o delgada, si estás sin dinero, o tienes una mala relación, o estás trabajando en una profesión que no te satisface, si tienes callos en los dedos del pie, si tienes un resfriado o un dolor de muelas, hay alguien, en algún lugar, a quien necesitas perdonar. Empieza por ti mismo. Perdónate por creer que cualquiera que ocupe un cuerpo como ser humano es capaz de alterar de algún modo la verdad de tu ser. Una vez que has hecho esto, te resultará fácil perdonar a cualquier persona por cualquier cosa, particularmente si lo estás reteniendo como rehén por haber cometido errores humanos.

Diario del comentario

Después de leer el comentario de hoy, me doy cuenta de que _____

_____

_____

_____

_____

_____

_____

_____

_____

_____

_____

_____

_____

La(s) frase(s) clave que deseo recordar y trabajar hoy es/son _____

_____

_____

_____

_____

_____

_____

_____

_____

_____

_____

_____

_____

_____

Afirmación matinal sobre el Perdón

Ahora estoy preparado/a y dispuesto/a a recibir la presencia perfeccionadora del Espíritu en mi vida.

Ahora abro mi mente y mi corazón a la divina comprensión del Espíritu.

Ahora me PERDONO por cada pensamiento, palabra y acto que he albergado o realizado y que ha impedido la realización de la verdad sobre mí mismo/a, y el perfecto despliegue del plan divino para mi vida.

Ahora estoy preparado/a y dispuesto/a a recibir la presencia perfeccionadora del Espíritu en mi vida.

Ahora abro mi mente y mi corazón a la comprensión divina del Espíritu.

Ahora PERDONO a todos por cada pensamiento, palabra y acto que hayan albergado o realizado y que haya impedido la realización de la verdad sobre sí mismos y sobre mí, y el perfecto despliegue del plan divino para nuestras vidas.

¡Lo PERDONO todo! ¡Lo dejo ir todo! ¡Ahora estoy libre de todo, excepto del plan y el propósito perfectos y Divinos para mi vida!

¡Por esto me siento tan agradecido/a!

¡Y Así Es!

Deseo recordar que...

Dios siempre me ha PERDONADO.

Puedo PERDONARME a mí mismo/a.

PERDONAR es ser libre.

Estar enfadado/a o dolido/a no me dará lo que deseo.

Aquello que le niego a otra persona, me es negado.

Diario nocturno sobre el Perdón

Hoy, me doy cuenta de que no he estado dispuesto/a o no he sido capaz de PERDONAR *porque* _____
_____
_____
_____
_____
_____
_____
_____

Me doy cuenta de que estaría dispuesto/a a PERDONAR *a* _____
_____ *si* _____
_____
_____
_____
_____
_____

Ahora me doy cuenta de la necesidad de que el hecho de no estar dispuesto/a a PERDONAR *ha* _____
_____
_____
_____
_____
_____
_____
_____

Día 22

Honra a los demás
con... SERVICIO

---- Definición a trabajar ----

El principio con el que trabajaremos hoy es el SERVICIO. *Es la capacidad de dar de uno mismo (por ejemplo: tiempo, conocimientos, recursos) sin apego a la expectativa de recompensa o de reconocimiento. Trabajar con conciencia de amor (dar con altruismo).*

Comentario sobre el Servicio

Rara vez se nos enseña a servir en la vida. Se nos enseña a trabajar. Se nos enseña que trabajar es el acto de hacer lo que hay que hacer para adquirir las cosas que necesitamos. El trabajo, creemos nosotros, es necesario para nuestra capacidad de supervivencia en la vida. El trabajo, tal como se realiza en nuestra sociedad, es la medida fundamental de nuestra valía en la vida. Cuanto más ganamos por el trabajo que realizamos, mayor valor nos concedemos. Trabajamos, pero no por el placer de hacerlo; trabajamos por las recompensas y el reconocimiento. Aunque existen muchas formas de trabajo en las que ofrecemos un servicio a los demás y al mundo, nuestra atención suele concentrarse en lo que conseguimos y en los resultados de lo que hacemos. Esto no es servicio.

Servicio es hacer aquello que amas por el placer de hacerlo. Es el trabajo más elevado que se puede realizar en el mundo. El servicio es un multiplicador divino. Cuando realizas un acto de auténtico servicio, ofreciendo tu tiempo, tu energía y tus recursos en un acto de amor, el universo multiplica lo que haces y te recompensa con unos resultados mejores de lo esperado. El amor enciende el fuego de la pasión. La pasión conduce a la espontaneidad y la creatividad. La creatividad espontánea es un acto supremo de confianza. Cuando confías en ti mismo y en el universo lo suficiente como para entregarte con pasión a aquello que amas, estás sirviendo a la humanidad y al Divino.

¿Te has preguntado alguna vez por qué hay tanta gente que odia su trabajo? Quizá seas una de las personas que se encuentran en esta categoría. Si es así, entonces ya sabes que la mayoría de nosotros detesta lo que hace como trabajo, odia el entorno en que lo hace, odia a las personas con las que lo hace o está amargamente desilusionada con los resultados que recibe. La mayoría de nosotros creemos que si la recompensa fuese mayor, si las condiciones fuesen mejores, si las personas fuesen más amables, nos sentiríamos mucho mejor en relación con nuestro trabajo. Esto es lo que creemos, pero ésa no suele ser la verdad. Cuando avasallas tu pasión para concentrarte en la recompensa y en los resultados, no hay una expresión de amor. La base de la naturaleza humana es que necesitamos amor. Ansiamos el amor. Crecemos en un entorno amoroso. Lo que nos falta en nuestro lugar de trabajo no es dinero, es amor. Es servicio.

Me gradué en la facultad de Derecho creyendo que la mejor manera en que podía servir al mundo y a la humanidad era siendo abogado. El problema era que no estaba orgullosa de la premisa del sistema legal, ni me gustaba. Tal como está escrito, todo el mundo es igual, todo el mundo tiene los mismos derechos, los derechos han de ser protegidos y el sistema no debería discriminar por razones de raza, género, edad o cualquier característica inherente a los seres humanos. Por mucho que deseemos creer que es así, el sistema legal sencillamente no funciona así, y en muchas ocasiones me he sentido avergonzada por el modo en que el sistema funciona. No me gustaba formar parte del sistema. Después de un tiempo, no me gustaba a mí misma por encontrarme dentro del sistema. Y ganaba bastante dinero, pero no el suficiente para proporcionarme alegría o paz. No estaba sirviendo. Estaba recibiendo un sueldo.

La doctora Susan Jeffers escribió un libro titulado *Do What You Love, The Money Will Follow*, que nos enseña el valor de sentir pasión por lo que uno hace. Mis propias experiencias me han enseñado que el servicio, hacer aquello que amas, tiene recompensas que el dinero no puede comprar. También he visto claramente que, cuando te entregas en un acto de amor, utilizando apasionadamente tu tiempo en dar, nunca pierdes nada y nunca te falta lo que necesitas. Lo creas o no, necesitamos muchas más cosas en la vida, aparte de dinero. Necesitamos tener un sentido de propósito. El propósito impide que te quemes. El servicio te da un propósito. Necesitamos una misión personal que nos ayude a concentrar nuestro tiempo y nuestra energía en algo. Cuando tienes una misión, cuando tienes pasión, un fuego interno te mantiene vivo. El servicio te mantiene con vida, y bien. Necesitamos una sensación de conexión que nos haga sentir meritorios. Cuando te sientes meritorio, sabes que eres valioso, e intuitivamente deseas cuidar de ti mismo. El servicio te proporciona una razón para cuidar de ti.

Hay una gran diferencia entre el servicio y el trabajo para conseguir algo. Cuando sirves, no estás atado al resultado. No te interesa lo que las personas hagan como resultado de lo que tú haces, o lo que las personas piensen sobre lo que haces. Das lo que tienes porque eso hace que tú te sientas bien. Das lo que tienes, porque sabes que tu forma especial de hacer las cosas hará que otra persona se sienta bien. No te sientes utilizado o derrotado cuando tu servicio no es recompensado con un reconocimiento económico o público. Te sientes animado a llevar tu servicio a un nivel más alto. Te sientes inspirado a verter más amor en tu trabajo. Jesucristo llegó a ser un maestro en el arte del servicio. Dio de Sí Mismo para la evolución de los demás. No tenía un interés personal en el resultado. De hecho, se le pagó en escasas ocasiones, si fue en alguna. Antes bien, Su dicha provenía del servicio a los demás por un propósito más elevado. Su propósito era Su propio crecimiento y evolución espirituales.

A muchos de nosotros nos resulta un tanto difícil y poco grato el tipo de servicio que Cristo ofreció al mundo. ¿Quién quiere ser apedreado, perseguido y crucificado en nombre del amor? Ciertamente, ¡yo no! No obstante, quiero vivir una vida en la que las contribuciones que haga, el trabajo que realice, el propósito al que sirva, tengan un efecto duradero en la humanidad. Quiero ser recordada. Quiero ser apreciada. Deseo conocer el amor. Si piensas en ello, probablemente desees las mismas cosas. Éstas son las recompensas del servicio. Es posible que, en esta vida, no llegues a conocer el efecto que tuvo en la gente tu trabajo y tus contribuciones hechas con amor. Sin embargo, cuando ofreces un servicio, esto no te preocupa. Haces lo que haces porque te encanta hacerlo. Cualquier cosa que ames, tocará a alguien. Incluso conseguir que una persona pronuncie tu nombre, cante tus alabanzas, honre lo que haces, es más de lo que muchos obtendrán en esta vida.

El servicio, como principio espiritual, no implica ni significa pobreza. La mayoría de nosotros cree que, si uno sirve dando de sí mismo, sin concentrarse en el dinero, acabará siendo pobre. ¿Cómo, pensamos, puedo trabajar y no preocuparme por el dinero o las recompensas? Nos enseñan que si uno trabaja duro y da lo mejor de sí, debería ser recompensado magníficamente. Esta línea de pensamiento presenta un problema. ¿Cuánto dinero crees que puedes hacer trabajando en la sección de correspondencia? Puedes matarte trabajando, ordenando cartas y pegando sellos, y lo más probable es que nunca ganes lo suficiente como para ser considerado rico en el sentido monetario. No obstante, si piensas en tu trabajo como en un servicio, si lo haces con amor, si te valoras y valoras tu posición, las recompensas llegarán por muchas otras vías. También existe la posibilidad de que la pasión que rezumas atraiga la atención de alguien y que seas trasladado, ascendido o promovido a una posición desde la cual puedas ofrecer un mayor servicio. Por desgracia, la mayoría de nosotros no consideraría el trabajo en la sección de correspondencia como una posición honorable. Probablemente, estaríamos tan preocupados por el dinero que no estamos ganando que detestaríamos nuestro trabajo, el ambiente y a la gente. Ahí donde hay odio, no puede haber amor. Ahí donde no hay amor no hay servicio.

¡Haz aquello que amas! ¡Hazlo con pasión! ¡Hazlo comprendiendo que, aunque nunca seas recompensado con dinero o reconocido por el público, estarás haciendo una valiosa contribución para ti mismo. Deja de concentrarte en el dinero y concéntrate en el amor. Cuando tienes amor, quieres dar de ti. Cuando das de ti por amor, las leyes impersonales, inmutables y perfectas del universo exigen que seas recompensado diez veces. ¡Deja de preocuparte por la supervivencia! ¡Has sobrevivido! ¡Sobrevivirás! Comprende que, cuando sirvas, cuando des al multiplicador universal, serás recompensado. Cuidarán de ti. No midas tu valía y tu valor según pautas externas. No te compares, y no compares lo que haces con lo que otras personas hacen. Si esperas que alguien te diga que eres estupendo y te recompense por ello, y esto nunca sucede, es posible que acabes convencido de que estás viviendo una existencia sin valor. Eres divino. Hay mucho valor en tu divinidad. Debes amar a tu yo divino lo suficiente como para saber que todo lo que haces debe ser un acto de amor. Dar de tu ser divino en nombre del amor es el mayor honor que puedes hacerles a las personas de tu entorno.

Diario del comentario

Después de leer el comentario de hoy, me doy cuenta de que _____

_____

_____

_____

_____

_____

_____

_____

_____

_____

_____

La(s) frase(s) clave que deseo recordar y trabajar hoy es/son _____

_____

_____

_____

_____

_____

_____

_____

_____

_____

_____

_____

_____

Afirmación matinal sobre el Servicio

Hoy, reconozco que soy hijo/a del Divino; que soy sostenido/a por el amor divino, guiado/a por la luz divina, protegido/a por la compasión divina, y que estoy vivo/a por la gracia divina.

Hoy, me siento agradecido/a por este regalo que es la vida, a través de la cual puedo SERVIR.

Hoy, le pido al Divino que me utilice.

Utiliza mi mente. Utiliza mis ojos. Utiliza mis manos. Utiliza mis pies.

Utiliza mi ser y este don de vida para SERVIR a aquellos que lo necesiten.

Utilízame como un instrumento de paz. Utilízame como un instrumento de fortaleza. Utilízame como un recipiente de paciencia, sanación y amor para que yo pueda SERVIR a aquellos que lo necesiten.

Que todo lo que soy hoy esté al SERVICIO de Tu voluntad.

Que todo lo que haga hoy esté al SERVICIO de Tu amor.

Que todo lo que dé hoy esté al SERVICIO de, y en alineación con, tu plan perfecto para la humanidad.

Hoy, estoy a Tu SERVICIO.

¡Por esto me siento tan agradecido/a!

¡Y Así Es!

Deseo recordar que...

SERVIR es un acto de amor.

Mi SERVICIO es un regalo divino para el mundo.

Cuando hago aquello que amo, soy recompensado/a
abundantemente.

El SERVICIO y la pobreza no coexisten.

Pasión + Concentración + Propósito = SERVICIO

Cuando doy SERVICIO, la supervivencia está garantizada.

Diario nocturno sobre el Servicio

Hoy, me doy cuenta de que la diferencia entre el trabajo que realizo y el SERVICIO que puedo ofrecer es _____

_____

_____

_____

_____

_____

_____

Una cosa que podría hacer durante el resto de mi vida, tanto si me pagan como si no, es _____

_____

_____

_____

_____

_____

_____

Las cosas que hacen que continúe trabajando en lugar de SERVIR son ____

_____

_____

_____

_____

_____

_____

Cuarta fase

Dios puede sanar un corazón roto,
pero ha de tener todos los pedazos.

DE GOD'S LITTLE DEVOTIONAL BOOK

Honra lo que sientes

No hay nada más frustrante que oír a alguien decirte que *no deberías sentir* algo cuando lo estás sintiendo. ¿Es que no se da cuenta de que ya es demasiado tarde? ¡Uno ya lo está sintiendo! Sea cual fuere el sentimiento que estás experimentando en ese momento, que alguien te bombardee con «deberías» no suele ayudarte a salir de ahí. En realidad, el simple hecho de oír lo que no *deberías hacer* hará que acabes más sumido en el sentimiento, o hará que te sientas culpable o avergonzado. La culpa implica que hay algo *malo* en lo que estás haciendo. La vergüenza implica que algo *malo* hay en ti debido a lo que estás haciendo. Dado que ahora entendemos que no hay nada correcto y nada incorrecto, debemos comprender también que tenemos derecho a sentir cualquier cosa que sintamos.

Las emociones desagradables o negativas son meras expresiones. Nos hacen saber que hay algo en nosotros o en nuestras vidas que no está siendo expresado al mayor nivel posible. Dado que la mayoría de nosotros se ha sentido avergonzado o culpable por lo que sentía cuando lo sentía, ahora tenemos miedo de nuestros sentimientos. Para mí, algunas de las experiencias más perjudiciales de mi infancia derivan del hecho de que me dijeran que estaba equivocada, o de haber sido castigada por expresar lo que sentía. «¡Cállate! ¡No llores! ¡Esto no duele!». Este tipo de comentarios me decían que lo que estaba sintiendo no era real o importante. «¡No toques eso!», te decía que la curiosidad natural no era bueno. «¡No digas eso! ¡Eso no es bonito!», se traducía en la represión de las emociones y en la duda de mí misma. Muchas de las amonestaciones que oímos de niños acaban teniendo como consecuencia una incapacidad de confiar en lo que uno siente, y el que uno no sepa qué hacer cuando lo siente.

Las emociones, o los sentimientos, como uno quiera llamarlos, son energías que nos mueven en respuesta a nuestros pensamientos y experiencias. Todas las emociones son neutras. No tienen ningún significado, excepto el que nosotros les asignamos. Una emoción es como un estallido de energía que circula rápidamente por la mente y por el cuerpo, indicando que hay un desequilibrio de energía que necesita ser llevado al equilibrio. Equilibrio, aquí, significa neutralidad o estar vacío de significado. Cuando un pensamiento o experiencia hace impacto en nuestra mente consciente, la energía empieza a circular por la mente y el cuerpo, adhiriéndose a toda energía similar que ya exista. Esto quiere decir que si un pensamiento o una experiencia produce ira en ti hoy, encontrará todos los pensamientos o experiencias que te han hecho sentir así alguna vez, y se adherirá a ellos. No importa si tu primera experiencia fue a los tres, a los cinco, o a los dieciséis años. La energía de la experiencia permanece en tu mente subconsciente. El miedo, la vergüenza, la culpa, el amor, la alegría, la paz —todos funcionan de la misma manera—. En consecuencia, las cosas que hoy evocan emociones en ti son expresiones de las mismas cosas que las evocaron la primera vez que las experimentaste. Esta teoría lleva a muchos psicólogos a decir que uno nunca está asustado, enfadado, o se siente culpable o avergonzado por la razón que cree. La razón que se presenta ante ti hoy es la experiencia más reciente, *la última gota*, por así decirlo.

Lo que sucede en nuestras vidas y las experiencias que tenemos en cualquier momento dado no suelen ser el problema. Respondemos a los significados y a los juicios que asociamos a las experiencias, y son nuestros juicios los que provocan desequilibrios en nuestra energía mental y emocional. Cuando a esto se le suman las influencias del mundo que nos dicen que lo que estamos sintiendo está mal, el resultado es el conflicto interno. Éste hace que nos machaquemos a nosotros mismos. Los iguales se atraen. El conflicto que hay en nuestra mente y en nuestra naturaleza emocional atrae al del mundo que nos rodea. La respuesta humana habitual al conflicto es culpar. Buscamos y señalamos a aquellas personas y experiencias que han provocado ese desequilibrio de energía, ese sentimiento que estamos experimentando. Es entonces cuando nos vemos atrapados en el miedo, en la ira, en más conflictos, y en la incapacidad de expresar lo que sentimos. En los peores casos, expresamos lo que sentimos de formas inapropiadas como, por ejemplo, repartiendo golpes violentamente, gritando o insultando. Incluso estas expresiones no son malas ni incorrectas. Son inapropiadas y socialmente inaceptables.

Tienes derecho a tus pensamientos y a tus sentimientos. También tienes derecho a actuar en respuesta a lo que piensas y lo que sientes. Tus actos son un reflejo de quién eres y de aquello que crees que es verdad sobre ti. Recuerda, *Pensamiento + Palabra + Acción = Resultados*. Hay límites predeterminados a los que se espera que nos adhiramos, y lo que crea el conflicto en nuestro ser emocional es nuestro intento de permanecer dentro de estos límites. Los límites son para la protección de los demás. No determinan la validez de lo que estás experimentando. Tus sentimientos son siempre válidos. El reto al que todos nos enfrentamos es el de comprender lo que estamos sintiendo y descargarlo o neutralizarlo, posibilitando así la expresión del sentimiento al mayor nivel posible para el bien de todos los implicados. Cuando uno está enfadado, está enfadado. Cuando uno tiene miedo, tiene miedo. Lo que debemos aprender a hacer es entrar por debajo del sentimiento y extraer la causa de raíz, con el fin de volver a equilibrar nuestras energías mentales, emocionales y espirituales. Esto exige mucho trabajo. También exige que tengamos el valor de examinar y explorar nuestro conflicto interno. Exige paciencia con uno mismo y con los demás. Y lo que es más importante, exige que estemos dispuestos a retroceder para poder avanzar.

No estoy sugiriendo que si tu pareja, tu hijo o tu jefe dicen o hacen algo que encoleriza, tú debas detenerte, retroceder tus grabaciones mentales, identificar cuándo y cómo experimentaste el enfado por primera vez, e intentar expresar ese sentimiento en esa ocasión. Lo que te estoy pidiendo es que lleves lo que sientes a la expresión más elevada posible. No niegues lo que sientes. Simplemente, recuerda que eso pasará. Te estoy pidiendo que sientas lo que estás sintiendo, cuando lo estés sintiendo, y que admitas ante ti y, si lo consideras apropiado, ante la otra persona, lo que estás sintiendo. Siempre tienes el control. En cuanto experimentes una explosión de energía de carga emocional, deja de juzgarte por estar sintiendo eso, y pasa por ello.

Confía bastante en ti mismo como para saber que puedes sentir cualquier cosa y luego recuperarte. Debes saber que el hecho de sentir algo no significa que tengas que actuar en consecuencia en el momento en que lo sientas. Permanece con ello el tiempo suficiente para quitarle la carga. Respira hondo. Si puedes, escribe lo que estás pensando y sintiendo, y luego destruye ese trozo de papel con todo el fervor posible. Por encima de todo, durante los primeros treinta a sesenta segundos de la experiencia, por favor, practica el MEBOC. Este antiguo principio, que se pronuncia «meboc», se asegurará de que encuentres la expresión adecuada para cualquier desequilibrio emocional. MEBOC significa «¡Mantén Esa Bocaza Cerrada!». ¡Serénate, y deja que tu cerebro vuelva a centrarse! Pregúntate: «¿Cuál es el verdadero problema?». En sesenta segundos, o menos, sabrás exactamente lo que tienes que hacer. Eres así de divino y poderoso. Más tarde, cuando puedas estar a solas, puedes practicar algunas de las cosas que se indican en este diario. No te desmoronarás. Puedes pasar por cualquier situación manteniendo intacta tu dignidad y tu respeto por ti mismo. ¡Pero no olvides practicar el MEBOC!

Proceso de Neutralización Emocional

No hay arreglos rápidos para los desequilibrios emocionales que requieren sanación. La sanación es un proceso continuo. No obstante, hay momentos en los que debemos hacer algo que nos proporcione un alivio temporal y nos libere de las experiencias y emociones negativas. El cuadro siguiente no se ofrece como un arreglo rápido, sino como un proceso mediante el cual puedes hallar un alivio temporal ante la experiencia de una emoción negativa. La mayor parte de lo que aquí se ofrece puede hacerse en sesenta segundos, o menos. Esto quiere decir que, ante la experiencia temporal de un pensamiento o sentimiento negativo, debes estar dispuesto a decir la verdad, a no juzgarte y a no juzgar a los demás. También quiere decir que, en cuanto tengas la oportunidad de hacerlo, debes comprometerte a llevar este proceso a un nivel más profundo y a sanar/neutralizar a tu ser emocional. Al hacer lo que viene a continuación, es posible que te resulte más fácil pasar por la experiencia sin hacerte daño, o hacérselo a otra persona.

Cuando te sientas	Puedes	Debes practicar
Enfadado/-a	Respirar hondo varias veces Renunciar a la necesidad de tener razón Perdonarte Perdonar a la persona que ha provocado tu enfado Ponerte en el lugar de la otra persona y hablar con ella, diciéndole lo que a ti te gustaría oír en las mismas circunstancias Decirle a esa persona cómo te sientes y preguntarle si podéis continuar con la conversación más tarde Invocar al Divino y pedirle que tu mente, tu corazón y tus palabras sean templados por el amor.	el Perdón
Confundido/-a	Identificar lo que en realidad quieres Admitir para ti lo que en realidad quieres No juzgar aquello que deseas Hacerles saber a todas las personas implicadas lo que en realidad quieres Identificar cuáles son los problemas a los que te enfrentas Hacer un plan para manejar un problema a la vez Poner tu plan por escrito y seguirlo	la Meditación
Decepcionado/-a	Examinar tu propósito Admitir para ti cuál es tu verdadero propósito Admitir para ti si les has dicho a todos los implicados cuál es tu verdadero propósito o si no lo has hecho Perdonarte por no haber sido sincero Hacer un nuevo plan para conseguir lo que realmente deseas	la Verdad

Cuando te sientas	Puedes	Debes practicar
Dudoso/-a	Respirar Suspender todo juicio Rezar pidiendo orientación Desvincularte del resultado Invocar al Divino para que te dé fuerzas, apoyo y orientación Acordarte de todas las cosas por las que puedes sentirte agradecido/-a	la Paciencia
Culpable	Admitir lo que te has hecho a ti mismo/-a Admitir lo que le has hecho a otra persona Examinar tus motivos y la información Aceptar lo que tenías a tu disposición en el momento del acto Ser honesto Perdonarte Pedirle a alguien que te perdone por lo que has hecho Realizar al menos un acto de compensación Ser consciente de lo que estás haciendo.	el Perdón
Solo/-a	Abrazarte Ir a un campo o parque tranquilo, abierto, y tumbarte en el suelo Recordar a aquellos que te quieren las ocasiones en que te has sentido amado/-a Rezar y pedirle al Divino que llene de amor tu corazón Analizar tu intención, es decir, porqué hiciste lo que hiciste	el Servicio
Infravalorado	Examinar tus expectativas sobre los demás Perdonarte por haber juzgado a los demás Escribirte una carta de amor	la Ausencia de Juicio

Día 23

Cuando te sientas...

ENFADADO

Definición a trabajar

La emoción con la que trabajaremos hoy es el ENFADO. Es la respuesta a una frustración acumulada. Una rebelión contra la autoridad. La experiencia de sentir que nuestra sensación de poder personal nos es negada o es infringida.

Comentario sobre el Enfado

¿Cómo manejas el enfado? ¿Lo bloqueas? ¿Atacas verbalmente a alguien? ¿Te mientes a ti mismo y a los demás diciendo que no estás enfadado/a cuando lo estás? ¿Crees que *se supone* que una persona de tu nivel intelectual, espiritual o social no debe enfadarse? ¿Cómo se expresaba el enfado en tu infancia? ¿Cómo te sentías cuando alguien se enfadaba contigo? ¿Qué estabas dispuesto a hacer para arreglar las cosas cuando alguien se enfadaba contigo? (¿No odias que la gente te lance un montón de preguntas antes de que tu cerebro sea capaz de registrarlas?). Creo que la ira es una de las emociones más poderosas que un ser humano puede experimentar. Quizás esto se deba a que el impulso de la ira es la pasión. La pasión es una fuerza motora de la vida. Lamentablemente, al parecer, cuando no sabemos cómo procesar y expresar nuestro enfado, también tenemos dificultades para expresar nuestra pasión.

«Nunca estás enfadado por la razón que crees», es una de las premisas básicas presentadas en el *Curso de Milagros*, una construcción psicológica diseñada para crear un cambio en la percepción. *El Curso*, publicado por The Foundation for Inner Peace, enseña que el enfado es una respuesta del ego a la creencia de que está siendo atacado. El ego cree que puede ser atacado porque somos todos seres separados. Sin embargo, dado que todos somos uno en la mente de Dios, es imposible que seamos atacados porque Dios no puede atacarse a Sí Mismo. Es necesario un profundo deseo, mucho estudio y mucho tiempo para que uno integre los principios del Curso en su conciencia. Entretanto, la mayoría de nosotros intenta averiguar qué debe hacer respecto al hecho de estar enfadado cuando lo está. Y todos nos sentimos con derecho a sentirnos así cuando lo hacemos.

Mi hijo y yo fuimos a buscar unas obras de arte que habíamos llevado a enmarcar. Aparcamos en un estacionamiento diminuto a varios metros de distancia de la tienda. Cuando el trabajo estuvo listo, mi hijo condujo el coche hasta la puerta de la tienda. Aunque estaba bloqueando el paso de varios de los automóviles que estaban aparcados en el estacionamiento, abrió el maletero, caminó tres o cuatro metros hasta la puerta y recogió los cuadros que yo había dejado allí. Dado que se trataba de diez cuadros grandes, teníamos que hacer varios viajes, pero en ningún momento nos alejamos del coche. No tendríamos que haber tardado más de tres minutos en cargarlo. Mientras caminábamos de aquí para allá, un maravilloso caballero, hábilmente disfrazado de lunático, frenéticamente iracundo y amargado, le dijo a mi hijo que moviera su coche. Mi hijo le dijo: «Oh, perdone. Sólo me quedan un par de cosas». El caballero respondió: «¡Mueva su coche AHORA!». Mi maravilloso hijo dijo: «¡ESTÁ BIEN! ¡Un minuto!». Si el hombre hubiese entrado en su coche, se hubiese puesto el cinturón de seguridad, hubiese encendido el motor y puesto el coche en movimiento, para entonces nosotros ya no hubiéramos estado allí. Eso hubiese sido demasiado sencillo. En lugar de eso, le dijo a mi hijo: «¡HE DICHO AHORA!».

Un chico de veintiséis años que había salido de la prisión tres semanas antes sólo puede tolerar tanto maltrato verbal en un aparcamiento. Inquisitivamente, le preguntó al hombre: «¿A quién le está usted hablando de ese modo?». «¡Le he dicho que mueva su coche!». Avanzando a paso de tortuga, mi hijo dijo: «Muy bien, ¡ahora tendrá que esperar!». El hombre introdujo la mano en su bolsillo. Creí que estaba buscando un revólver. Sacó una moneda, corrió unos metros hasta una cabina de teléfono, levantó el auricular, miró a mi hijo, volvió a poner el auricular en su sitio con un golpe, se volvió hacia él y gritó: «¿Dónde está tu espíritu navideño?». ¡Entonces supe que las luces estaban encendidas y no había nadie en casa! Aunque mi hijo había estado cargando dos cuadros envueltos a la vez, ahora llevaba sólo uno mientras silbaba y caminaba mirando al cielo. Antes de que cualquiera de los dos pudiera volver a abrir la boca, hablé con el hombre. «Por favor, discúlpenos. Sólo será un minuto más». Dejando el teléfono y caminando hacia su coche, el hombre me respondió: «¿De quién es el coche?». Mi hijo continuaba arrastrándose y silbando. «Mío», dije. «Bueno, ¡pues retírelo de mi camino, maldita sea!». Es asombroso cómo la ira puede convertir una situación muy sencilla en una gran producción dramática. Mi hijo dejó sobre mi pecho el cuadro que llevaba, empujándome contra el coche. Volviéndose, y abalanzándose sobre el hombre con un solo movimiento, gritó con todas sus fuerzas: «¡No le hable así a mi madre!». Entonces supe que realmente había problemas a la vista. Empecé a gritar el nombre de mi hijo, diciéndole que entrase en el coche. El hombre, que ahora intentaba encontrar sus llaves mientras mi hijo se le iba acercando cada vez más, gritaba incesantemente: «¡Mueve tu coche o lo haré pedazos! ¡Mueve tu coche o lo haré pedazos!». Él conducía un Lexus. Yo conducía un Honda ampliamente asegurado. Mi hijo le chillaba: «¡Es mi madre! ¡Es mi madre!». Finalmente, grité: «Damon, no me ha hecho nada. ¡El pobre hombre necesita sanación! ¡Entra en el coche!». El tiempo se detuvo. Mi hijo se detuvo. Mi corazón se detuvo. El hombre entró en su coche de un salto y aceleró. Yo me coloqué detrás del volante y salí del estacionamiento. Tal como había supuesto, toda la escena había durado unos tres minutos. El colérico intercambio hizo que pareciera una hora.

El Curso enseña que «cuanto peor sea el comportamiento de las personas, mayor es su necesidad de sanación». Cuando experimentamos la ira, hay algo en nuestro interior que está pidiendo a gritos ser sanado. ¿Crees que eres un ser independiente que lucha por sobrevivir en la vida? ¿Te rebelas contra la autoridad? ¿Crees que tu espacio personal ha sido invadido? ¿Te sientes impotente? ¿Sientes que no eres reconocido? ¿Que no eres amado? ¿Con quién estás enfadado en realidad? ¿Contigo mismo? ¿Con uno de tus padres? ¿Con tu primer amor verdadero, que te dejó por otra persona? ¿Por qué estás enfadada? ¿Qué te ha hecho esa persona en realidad? ¿Por qué crees que lo hizo? ¿Qué tipo de cosas estás dando por sentadas sobre esa persona? ¿Y sobre ti? Todas estas preguntas, y algunas más, se encuentran bajo la experiencia temporal de enfado que sueles experimentar.

Mi hijo estaba furioso. Le dije que respirase profundamente un par de veces. Eso le ayudó a centrar su mente. «¿Qué te ha pasado?», le pregunté.

—¿Que ese tipo es un cerdo, quizá? –respondió.

—Ésa no es la cuestión. ¿Qué te pasó a ti?

—¡No tenía por qué hablarte de ese modo!

—Él no me hizo nada. Tiene derecho a decir lo que se le antoje. Nosotros estábamos mal aparcados. Le estábamos bloqueando el paso.

—Podía haber esperado. ¡No tenía derecho a hablarte de ese modo!

—Puede que su madre le hablase así. Es posible que tuviese prisa. Quizá su mujer lo haya abandonado esta mañana, y estaba yendo a buscarla. Quizá su hijo sea un loco. No se trata de eso. Se trata de que le estábamos bloqueando el paso, y él tiene derecho a sentir lo que elija sentir al respecto. Lo que nosotros teníamos que haber hecho era mover el coche con la mayor rapidez posible.

—Es igual que esos guardias de la prisión. Solían hablarme de ese modo. No me gustaba entonces, y ahora tampoco me gusta. Cuando estaba allí dentro tenía que aguantarlo. Aquí fuera, ¡no lo aguanto! Es un cerdo y lo traté como a un cerdo.

—Es tu hermano, y merece ser querido por ser el cerdo que es.

—Ma, ¡estás llevando este asunto espiritual demasiado lejos!

—Quizá, pero, ¿cuál es la alternativa cuando te encuentras en una plaza de estacionamiento gritándole a un maravilloso hijo de Dios que está hábilmente disfrazado de cerdo?

Mi hijo respiró profundamente una vez más y dijo:

—No sé cómo encontrarle sentido a un disparate.

—Deja de intentarlo, Damon. Limítate a seguir respirando profundamente. Tarde o temprano, lo verás con claridad.

Diario del comentario

Después de leer el comentario de hoy, me doy cuenta de que _____

_____

_____

_____

_____

_____

_____

_____

_____

_____

_____

_____

_____

La(s) frase(s) clave que deseo recordar y trabajar hoy es/son _____

_____

_____

_____

_____

_____

_____

_____

_____

_____

_____

_____

_____

_____

Afirmación matinal sobre el Enfado

Éste es el día de la expresión divina.
En este día no buscaré nada que no sea alegría, sabiendo que todas las cosas
*   están funcionando conjuntamente para aportarme sanación, para que*
*   yo pueda ser una expresión mayor del Amor Divino.*
¡Por esto me siento tan agradecido/a!
¡Y Así Es!

Deseo recordar que...

Tengo derecho a sentir lo que siento.

Lo que estoy sintiendo es una experiencia temporal
que no puede hacerme daño.

Todas las cosas me aportan sanación.

Las personas actúan por su necesidad de sanación.

Puedo elegir lo que siento sobre cualquier experiencia.

El perdón me proporcionará alivio y liberación.

El amor sanará cualquier cosa que no sea
una expresión de amor.

Diario nocturno sobre el Enfado

Las experiencias que tuve hoy que provocaron mi ENFADO fueron _____

_____
_____
_____
_____
_____
_____
_____

Respondí haciendo lo siguiente: _____

_____
_____
_____
_____
_____
_____
_____

Me perdono y estoy dispuesto/a a ser sanado/a para dejar de sentir _____

_____
_____
_____
_____
_____
_____
_____
_____

Día 24

Cuando te sientas...

CONFUNDIDO

--- Definición a trabajar ---

La emoción con la que trabajaremos hoy es la CONFUSIÓN. *Es la experiencia que resulta cuando uno no admite lo que quiere o necesita en cualquier situación dada. Es saber lo que hay que hacer y no mostrar el valor necesario para hacerlo. Es una respuesta al miedo.*

Comentario sobre la Confusión

El caos y la confusión no son la misma cosa. El caos es la energía que creamos cuando tenemos la necesidad de estar necesitados, cuando queremos sentirnos importantes, cuando intentamos convencernos de que no somos importantes y cuando necesitamos tener algo que hacer. El caos parece confuso, pero no es confusión. El caos es una manera, hábilmente disfrazada, de decir: «¡Yo sé lo que hay que hacer, y tú no!» o «Tú sabes lo que hay que hacer, de modo que, ¡por favor, rescátame!» o «¡Quítate de mi camino! ¡Yo mando aquí!» o «Tendría que estar haciendo otra cosa, pero no puedo hacerla ahora porque estoy ocupado creando el caos!». La confusión, por otro lado, es una respuesta mental y emocional a la incapacidad de admitir lo que realmente queremos, por temor a no conseguirlo.

La confusión es la experiencia de tener el cerebro cerrado. Te está llegando un aluvión de información, y no eres capaz de distinguir lo que es real de lo que no lo es. La respuesta natural es experimentar el no saber qué hacer. Pues bien, ¡eso es imposible! Uno siempre sabe lo que hay que hacer, porque tiene una conexión divina con la Mente Única que todo lo sabe. La confusión es también la consecuencia mental y emocional del hecho de saber exactamente lo que hay que hacer y permitir que ese conocimiento sea nublado por la creencia de no ser suficientemente buenos o hábiles para hacerlo. Esto se ve incrementado por el temor a que si lo hacemos, es posible que no lo hagamos bien, o a que si lo hacemos correctamente, alguien se enfurecerá con nosotros. La respuesta natural a este parloteo mental negativo es que la mente intelectual se bloquea. El resultado es eso que llamamos confusión.

Hubo una época en mi vida en la que estuve muy confundida respecto a la razón por la cual no era capaz de mantener una relación duradera, significativa. Tenía la impresión de que nunca tendría una relación satisfactoria o duradera con un hombre, y de que los amigos siempre me traicionarían. Me decía que no era culpa mía, que había hecho lo mejor que podía en cada situación. Finalmente, me escondí tras el juicio degradante de que había algo que iba mal en mí. Confusa y herida como estaba, continué arrastrándome, entrando y saliendo de relaciones y amistades. La confusión acabó por extenderse hasta mi profesión. Aparentemente, nunca conseguía averiguar lo que mi supervisor quería. Aparentemente, nunca hacía nada bien. A partir de ahí, mi confusión se extendió hasta mis finanzas. No podía entender por qué nunca tenía suficiente dinero, por qué siempre me devolvían los cheques. ¿Dónde se iba todo el dinero? Yo lo depositaba en el banco.

La confesión es otro paso importante para eliminar la confusión. Confieso que no estaba dispuesta a pedirles a los hombres que había en mi vida lo que quería, por temor a que me abandonaran. Confieso que no estaba dispuesta a decirles a mis amigos que estaban sobrepasando sus límites cuando lo hacían, porque creía que se enfadarían conmigo. Confieso que no estaba manejando mis finanzas con atención y cuidado porque creía que nunca tenía lo suficiente para hacer lo que quería hacer. Confieso que me consideraba fea, gorda, nada lista, indigna, nada valiosa, y una decepción para mi madre y para Dios. La consecuencia de no haberme confesado todas estas cosas sobre mí y de no haber dado los pasos de sanación para corregirlo fue la confusión. Perder mi coche fue la gota que colmó el vaso. No, no me lo robaron. Lo perdí en la plaza de estacionamiento. Lo aparqué debajo de una gran letra C. Cuando regresé de mi expedición por las tiendas, ya no estaba allí. Tardé cuarenta y cinco minutos en encontrarlo exactamente donde lo había aparcado: bajo una gran letra N. Ene de niebla. Mi cerebro estaba lleno de niebla a causa de mi negativa a pedir lo que quería.

Hasta que estés preparado para admitir qué es exactamente lo que quieres, experimentarás confusión. Hasta que estés dispuesto a pedir exactamente aquello que deseas en la vida, en cualquier situación, o en tus relaciones con otras personas, experimentarás confusión. La confusión no cederá hasta que estés sinceramente convencido de que te mereces aquello que deseas; que tienes derecho a tener la experiencia de aquello que deseas y que, si es para tu bien superior, acabarás teniendo exactamente eso que deseas. Para poder salir de la confusión, debes estar dispuesto a permanecer quieto el tiempo necesario para entrar en contacto con lo que realmente deseas. Puede ser una experiencia bastante aterradora, particularmente cuando hay una conversación interior y un parloteo negativos en tu mente. Puedes mitigar este tipo de interrupción con pensamientos y actos de autoafirmación. Una vez has hecho esto, y has identificado lo que deseas, debes estar dispuesto a vivir mentalmente y emocionalmente la experiencia de admitir lo que deseas. Deja de preocuparte por cómo y cuándo sucederá. Date cuenta de que en la vida sólo puedes tener aquello que estás destinado a tener. Todo lo que recibes es para tu crecimiento y para tu sanación.

Una vez has reconocido lo que deseas, tienes que dar, conscientemente, los pasos hacia la realización de dicha experiencia. Di y haz cosas que sean un reflejo de tu deseo. No te conformes con algo que sabes que es un facsímil razonable de lo que deseas. Espera a que aparezca lo que en realidad quieres. Vive tu sueño. Lo reconocerás cuando aparezca porque encajará con cada aspecto de lo que has dicho que deseas experimentar.

Mientras tanto, continúa afirmándote. Tienes que estar dispuesto, o dispuesta, a reconocer que has cometido un error cuando lo cometas. Pide ayuda o apoyo cuando lo necesites. Mientras avanzas hacia tu objetivo y reúnes información nueva, comprende que nunca es demasiado tarde para cambiar de idea. En cuanto te des cuenta de que necesitas hacer otra elección, admítelo, y luego hazlo.

Diario del comentario

Después de leer el comentario de hoy, me doy cuenta de que _____

_____

_____

_____

_____

_____

_____

_____

_____

_____

_____

_____

La(s) frase(s) clave que deseo recordar y trabajar hoy es/son _____

_____

_____

_____

_____

_____

_____

_____

_____

_____

_____

_____

_____

_____

Afirmación matinal sobre la Confusión

La Presencia Divina de la vida, el amor, la dicha, la paz y la bondad sabe
lo que quiero antes de que yo lo solicite.
Esta Presencia es ilimitada y abundante.
Esta Presencia apoya mi derecho a tener un bien ilimitado y una abun-
dancia ilimitada.
Hoy, pido lo que quiero, sabiendo que la Presencia Divina que hay dentro de
mí me conducirá hacia aquello que es para mi mayor y más elevado bien.
¡Por esto me siento tan agradecido/a!
¡Y Así Es!

Deseo recordar que...

El Divino conoce mis necesidades y deseos
antes de que yo pida que sean satisfechos.

Todo lo que el Divino tiene es mío por derecho divino.

Tengo derecho a tener lo mejor que la vida me puede ofrecer.

Puedo pedir lo que deseo y esperar recibir
todo aquello que sea para mi propio bien.

En medio de la Confusión, me quedaré quieto/a
y diré la verdad.

Diario nocturno sobre la Confusión

Confieso que he creído ser _____

_____

_____

_____

_____

_____

_____

_____

_____

Confieso que he creído que la vida es _____

_____

_____

_____

_____

_____

_____

_____

Confieso que estoy preparado/a para tener _____

_____

_____

_____

_____

_____

_____

_____

Día 25

Cuando te sientas...
DECEPCIONADO

--- Definición a trabajar ---

La emoción con la que trabajaremos hoy es la DECEPCIÓN. *Tiene lugar cuando no conseguimos realizar algo deseado o esperado. Pensamientos que se basan en el temor a perder el control.*

Comentario sobre la Decepción

Realmente deseaba que mis hijos fueran a la universidad. Mi hijo entró en la Marina. Mi hija mayor fue a la universidad durante dos semestres, perdió diecisiete kilos y me rogó si podía regresar a casa. Mi hija menor apenas consiguió acabar la escuela secundaria. No hace falta decir que yo estaba decepcionada. Tenía tantos sueños para mis hijos... Quería que uno fuese médico, otro abogado y otro profesor universitario. Me hubiese conformado con un arquitecto o un ingeniero, pero realmente tenía el corazón puesto en un profesor universitario, un doctor o una doctora Vanzant. En lugar de eso, obtuve un disc-jockey, una vicepresidenta de mi compañía y una auxiliar de enfermería. Supongo que me hubiese podido ir peor, pero no pude evitar sentirme decepcionada.

Mi primer marido también me decepcionó. Me tomé nuestros votos demasiado en serio. Honrar, amar, en la enfermedad y hasta la muerte.

En lugar de eso obtuve adulterio, violencia, y una demanda de divorcio. La decepción no sólo tiene que ver con lo que nos sucede, también tiene que ver con lo que hacemos o dejamos de hacer por nosotros mismos. En ocasiones he estado muy decepcionada conmigo misma. Por las cosas que he hecho o he dejado de hacer. Las elecciones que he hecho. A veces, el caos y el conflicto que he creado en mi vida han sido muy decepcionantes. Fue a través del autoexamen cómo encontré la causa de mi decepción: no declarar cuáles son tus verdaderas intenciones con mucha claridad en el inicio de cualquier empresa. Cuando dejas de hacer esto, y cuando no le haces saber a todo el mundo implicado qué es exactamente lo que quieres, lo más probable es que acabes decepcionada.

En realidad, me daba igual si mis hijos iban o no a la universidad. En realidad, quería que me hicieran quedar bien. No quería sentirme un fracaso, pues siempre fracasé desde muy joven. No quería continuar estando casada eternamente. Simplemente, me sentía feliz de que alguien nos quisiera a mi hijo y a mí. Nunca he sido incapaz de hacer algo que estoy preparada para hacer, o que haya emprendido con un buen propósito. Sin embargo, he pasado la mayor parte de mi vida haciendo lo que creía que otras personas querían que hiciese. Cuando las cosas no salían como ellas querían, se sentían decepcionadas, y yo también. Cualquier cosa que hagas sin un propósito claro y honesto te dejará en un estado de decepción.

Es una fantasía creer que la gente te puede decepcionar. Las personas sólo pueden hacer lo que pueden hacer. Quizá digan que pueden hacer otra cosa. Quizá quieran hacer otra cosa, particularmente si esa otra cosa es del agrado de alguien a quien aprecian. Nos relacionamos alegremente con las personas, pensando que harán aquello que han dicho que harían, incluso cuando su historial, su demostrada incapacidad o la falta de interés exhibida nos dicen lo contrario. Al final, decimos que nos han decepcionado. No. Nos sentimos decepcionados porque hemos puesto nuestra fe en aquella persona, a pesar de nuestro mejor juicio. La gente siempre te demuestra quién es. No importa lo que te prometa; si revisas el historial de tu relación con la mayoría de personas, tienes pruebas definitivas de quiénes son. Sabes si cumplirán o no cumplirán su palabra. Sabes si aparecerán a tiempo o no. Sabes si te devolverán el dinero o no. Lo sabemos porque siempre lo sabemos y, todavía así, cuando nos replegamos al sentirnos decepcionados, actuamos como si no lo supiésemos.

He oído a muchas personas decir que se sentían decepcionadas al no conseguir la posición, la casa, o el dinero que esperaban. Siempre les pregunto por qué. Hay un principio espiritual que dice que sólo puedes tener aquello que existe para ser tuyo. Independientemente de cuánto puedas desear algo, o creas desearlo, si no está en el plan divino que tú lo tengas, no lo tendrás. No hay razón para sentirse decepcionado. Por otro lado, existen esas situaciones en las que algo está divinamente decretado para uno y nos llega, pero nosotros no estamos preparados para ello. En esas situaciones, nos parecerá que las cosas se nos escapan de las manos. El sentimiento es de decepción y desolación. La lección es que tenemos que estar preparados. No puedes perder. Tus bendiciones tienen tu nombre puesto. Cuando estés preparado, se te presentará una oportunidad todavía mejor. Mientras tanto, no te desilusiones.

Otro camino seguro hacia la decepción es hacer algo cuando sabes que no está del todo bien, con la esperanza de obtener algo a cambio. Creo que el término es ganancia mal obtenida. En la mayoría de situaciones de este tipo, te sentirás decepcionado. El principio espiritual dice que no puedes conseguir algo a cambio de nada. No puedes obtener algo bueno si otra persona es perjudicada en el proceso. Las leyes del universo no lo permitirán. No puedes comprar una televisión a color de veintitrés pulgadas en un supermercado por 75 dólares. No puedes tener una relación duradera, tranquila y totalmente satisfactoria con una persona que está casada con otra. Podemos darle vueltas a la situación, diciéndonos aquello que necesitamos oír para justificar nuestros actos, pero nuestro bien nunca puede emerger del daño a otra persona. Si no estamos alineados con la ley, cuando no nos decimos la verdad absoluta y no se la decimos a las demás personas implicadas, nos hallaremos en un mar de decepción.

Tengo tres niños maravillosos, a los que, dado que ya son adultos, llamo hijos. Son honestos, son de fiar y son cariñosos. Me doy cuenta de que tenían derecho a hacer las elecciones que hicieron en sus vidas. Comprendo que sus fracasos o sus éxitos llegarán en respuesta a los parámetros que ellos establezcan para sí mismos. Reconozco que todavía son jóvenes y que tienen mucho tiempo para tomar nuevas decisiones y conducir sus vidas en nuevas direcciones. Espero que alguno de ellos avance hacia la carrera de medicina o de derecho. Espero que alguno de ellos acabe teniendo un «doctor», o «doctora», delante de su nombre. No obstante, en lugar de perder mi tiempo y mi energía sintiéndome decepcionada si no lo hacen, lo he hecho yo misma. Tengo un «doctora». Me gradué como abogado. He sido profesora visitante en varias universidades. Verás, ésa es la clave para no estar nunca decepcionado. Cuando realmente desees algo, no hagas que conseguirlo dependa de ninguna otra persona.

Diario del comentario

Después de leer el comentario de hoy, me doy cuenta de que _____

_____

_____

_____

_____

_____

_____

_____

_____

_____

_____

_____

La(s) frase(s) clave que deseo recordar y trabajar hoy es/son _____

_____

_____

_____

_____

_____

_____

_____

_____

_____

_____

_____

Afirmación matinal sobre la Decepción

*Ahora libero de buena gana todas las creencias negativas sobre mí mismo/a,
   sobre mi vida y sobre todas las personas.*
Ahora me perdono por pensar que alguna vez hice algo malo.
Ahora estoy lleno/a del amor y el Poder que yo soy.
¡Por esto me siento tan agradecido/a!
¡Y Así Es!

Deseo recordar que...

El propósito siempre se revela en el resultado.

Ninguna otra persona es responsable de lo que yo deseo.

Mis bendiciones tienen mi nombre puesto.

Sólo puedo tener aquello que es mío por Derecho Divino.

No puedo perder.

*La falta de honestidad siempre cosecha
una falta de satisfacción.*

Diario nocturno sobre la Decepción

Hoy, he experimentado DECEPCIÓN *cuando* _____
_____
_____
_____
_____
_____
_____
_____

Reconozco que el modo en que me enfrento a la DECEPCIÓN *es haciendo lo siguiente:* _____
_____
_____
_____
_____
_____
_____

Lo que he encontrado más DECEPCIONANTE *en mí ha sido* _____
_____
_____
_____
_____
_____
_____

Día 26

Cuando te sientas...
DUDOSO

Definición a trabajar

La emoción con la que trabajaremos hoy es la DUDA. *Es un estado de conflicto en relación con la aceptación de la verdad. El comienzo de una flaqueza mental, emocional y espiritual. La ausencia de confianza.*

Comentario sobre la Duda

Es un hecho científico demostrado que dos cosas no pueden ocupar el mismo espacio al mismo tiempo. Esta teoría se aplica a la mente y al corazón de los seres humanos. Allí donde haya confianza, no puede haber duda. En cuanto la duda hace su entrada, la confianza desaparece. No puedes creer y dudar. Creer es saber, comprender y aceptar la verdad inmutable. La verdad no cambia. La verdad no puede ser alterada. Ahí donde haya una confianza total en la verdad no puede haber ninguna duda. La duda entra en nuestra conciencia e invade nuestra mente cuando olvidamos la verdad, y cuando no confiamos en la omnipresencia de la ley divina.

La duda se engendra en el estado mental de apego al resultado o de implicación emocional en el mismo. Cuando tenemos una idea fija sobre cómo deberían ser las cosas y sobre el aspecto que desearíamos que tengan, empezamos a dudar de si conseguiremos lo que queremos. La duda emerge de nuestras creencias, muchas de las cuales giran sobre nuestros pensamientos y sentimientos de indignidad. Cuando creemos que no somos dignos de tener aquello que deseamos, dudamos de si podemos recibirlo, o de si lo recibiremos. La duda es también una respuesta emocional y mental a nuestra necesidad de tener el control. Para tener el control debemos saberlo todo sobre todas las cosas. Fijamos la vista en un determinado resultado y en un método para alcanzar dicho resultado. Cuando parece que nuestros planes están saliendo mal, la respuesta natural es el miedo, que es el ingrediente principal de la duda. La duda basada en el control es lo que denominamos preocupación. La preocupación es un descendiente directo de la necesidad de control.

Debemos darnos cuenta de que no podemos verlo todo. No lo sabemos todo. Y lo que es más importante, hemos de comprender que es imposible controlar algo. El proceso de la vida es espiritual y está gobernado por leyes y principios espirituales invisibles, intangibles. Cuando estamos alineados con estas leyes y estos principios, experimentamos el resultado natural de las leyes en acción. Éstas llevan a la manifestación de la voluntad de Dios. Se trata de una voluntad que es para el bien de todos. Cuando comprendemos y abrazamos esta verdad, nunca hay razón para la duda. Sabemos que, no importa cuáles sean las apariencias, el resultado final será bueno.

Atraemos a nuestras vidas aquello en lo que nos concentramos con el más firme propósito. Desafortunadamente, la mayoría de nosotros no controlamos nuestros pensamientos y, por lo tanto, no tenemos ni idea de lo que estamos pensando la mayor parte del tiempo. Incluso en esas ocasiones en las que planificamos nuestro deseo y nos concentramos en él, evaluamos nuestro progreso hacia su realización de acuerdo con la aparición de pruebas físicas. Evaluamos y juzgamos lo que vemos como un factor determinante en nuestro progreso hacia el fin deseado. Cuando un elemento predeterminado no aparece tal como nosotros habíamos decidido que debía hacerlo, dudamos de nosotros mismos y de nuestro progreso. En cuanto una semilla de duda se instala en nuestros pensamientos, podemos llegar a estar tan preocupados por enmendar aquello que aparentemente se ha estropeado, que nuestros pensamientos se alejarán del resultado deseado. Entonces nos concentramos fijamente en asegurarnos de que nada se estropee. Ahora nuestra concentración estará fijada en adelantarnos al mal, antes que en nuestro deseo. Y esta concentración acabará convirtiéndose en aquello que tememos: no conseguir el resultado deseado.

La oración constante y las afirmaciones son la mejor defensa contra la duda. Rezar pidiendo orientación y creyendo que ya la hemos recibido llevará nuestros actos a la alineación con la Voluntad Divina. Afirmar la verdad sobre nosotros mismos y sobre la vida pondrá en funcionamiento los principios espirituales del orden divino y la medida divina del tiempo. Siempre recibimos exactamente aquello que necesitamos cuando lo necesitamos, incluso cuando no somos conscientes de que lo necesitamos. Aprender a vivir sin tener que evaluar cada apariencia, al tiempo que nos mantenemos concentrados en nuestro deseo, sabiendo que es el desenlace de un buen propósito, no deja espacio para que la duda crezca en nuestra mente consciente. El propósito es una energía que apoya las expectativas. Las expectativas siempre determinan los resultados. Cuando esperamos ser guiados y protegidos, y recibir los beneficios de la Voluntad Divina, podemos esperar que los resultados de todas nuestras iniciativas sean favorables.

Diario del comentario

Después de leer el comentario de hoy, me doy cuenta de que _____

_____

_____

_____

_____

_____

_____

_____

_____

_____

_____

La(s) frase(s) clave que deseo recordar y trabajar hoy es/son _____

_____

_____

_____

_____

_____

_____

_____

_____

_____

_____

Afirmación matinal sobre la Duda

Compasivo, Divino y Bendito Espíritu de la vida, gracias por este día.
Gracias por esta vida.
Gracias por tu divina presencia en mí y como yo.
Que puedas establecer la paz, la abundancia y la dicha en mi mundo de
   acuerdo con Tu plan perfecto para mi vida.
Hoy, confío en que traerás a mi mundo todo aquello que es mío por derecho
   divino.
Por esto doy las gracias.
¡Y Así Es!

Deseo recordar que...

Dios tiene el control.

Ahí donde hay confianza, no hay ninguna Duda.

La verdad es más poderosa que la Duda.

Ahí donde hay preocupación, hay una lucha por el control.

Aquello en lo que me concentro con un buen propósito
debe manifestarse.

El deseo del espíritu universal de la dicha es que yo tenga
una abundancia de todo lo que es bueno.

Diario nocturno sobre la Duda

Hoy, me sorprendí preocupándome por _____

_____

_____

_____

_____

_____

_____

_____

Lucho por tener el control porque _____

_____

_____

_____

_____

_____

_____

Me doy cuenta de que puedo confiar en el proceso de la vida porque ___

_____

_____

_____

_____

_____

_____

Día 27

Cuando te sientas...
TEMEROSO

Definición a trabajar

La emoción con la que trabajaremos hoy es el MIEDO. Es la ausencia de confianza. La ignorancia de la verdad. El pavor, la consternación, la inquietud. FEAR* es la sigla de falsas expectativas aparecen como reales.

Comentario sobre el Miedo

Yo tenía cuarenta y tantos años. Ella era mi amiga. Yo estaba haciendo lo que creía necesario para mantener nuestra amistad. A todos los efectos y para todos los fines, yo volvía a tener cinco años. Temía que, si no hacía lo que ella quería que hiciese, dejaría de ser mi amiga. Ella no tenía malas intenciones. Era una víctima de sus propios miedos de la infancia. Es entonces cuando aprendemos sobre el miedo. A enfrentarnos con él, a camuflarlo, a funcionar bajo su presión, y a huir de él. Como diría mi amiga René Kizer: «Me encontraba sola dentro de mi mente, sin supervisión adulta», intentando salvar algo que yo consideraba esencial para mi supervivencia. Durante el proceso de esa

---

* «Fear» es la palabra inglesa que significa 'miedo' o 'temor'. *(N. de la T.)*

amistad, creé un caos total en mi economía, en mi familia y en mis relaciones personales. Al final, nuestra amistad cambió drásticamente y esa persona salió de mi vida.

Pocos de nosotros comprendemos verdaderamente la diversidad de máscaras y disfraces que utiliza el miedo en nuestras vidas. Aprendí, de la manera más dura, que eso que yo llamaba ser una buena amiga era en realidad miedo. Miedo a perder el control. Aprendí, también, que eso que yo llamaba indecisión era miedo: el miedo al fracaso y al éxito se fundían convirtiéndose en una misma cosa. Después de varios embrollos venenosos, descubrí que aquello que yo llamaba santurronamente, «¡Mira lo que me han hecho!», era en realidad miedo. Miedo a no ser suficientemente buena. Miedo a que se descubriera la verdad sobre mí. Tenía que huir. Tenía que sabotear la relación antes de que se descubriera lo que yo creía que era la verdad sobre mí. Después de una auditoría fiscal, descubrí que el hecho de no llevar una contabilidad precisa era en realidad miedo. Miedo a que no hubiera suficiente. El miedo utiliza unos disfraces tan inteligentes que es prácticamente imposible reconocerlo siempre. No obstante, lo que podemos hacer es abrazarlo. Convertirlo en nuestro aliado, en lugar de nuestro enemigo.

En su libro *Construye tu campo de sueños*, Mary Manin-Morrisey escribe: «No puedes dominar a un enemigo si no lo reconoces». Escribía sobre el miedo. Estoy segura de que no estoy sola al confesar que hay muchas cosas que no he hecho en la vida por temor a hacerlas. En muchas ocasiones no supe que tenía miedo. Cuando lo supe, tuve miedo de admitirlo. En lugar de hacerlo, ideé toda clase de formas creativas para evitar hacer aquello que temía. Resultado: el miedo me dominaba. Dictaba mis movimientos y mis respuestas a cualquier situación. El miedo se disfrazaba de lo que yo no era capaz de hacer, de aquello que no tenía, de lo que no tenía tiempo de hacer y de lo que los demás no me dejaban hacer. He disfrazado el miedo con la necesidad de estar en otra parte, haciendo otra cosa, de no saber hacer algo y de no tener la necesidad de hacerlo. Puse una mesa en mi vida por temor a convertirme en una glotona y una maestra insaciable.

Hace unos años, el Ayuntamiento plantó una hilera de árboles en mi barrio. Fueron cuidadosamente plantados, y sujetados con unas cuerdas amarradas a unas estacas de metal que estaban clavadas en la tierra. Cada mañana, mientras daba mi paseo, pasaba delante de esos árboles. En los días especialmente ventosos los veía curvarse con el viento. A veces daban la impresión de estar a punto de quebrarse. No lo hacían. Seguían al viento y permanecían sujetos. El miedo es una respuesta habitual a los fuertes vientos que hay en nuestras vidas. Algo nuevo, algo viejo y recurrente, algo desconocido que aparece de un modo inesperado, todo esto produce temor. En esas ocasiones debemos recordar que estamos anclados en la energía de la fuente divina de la vida. Debemos aprender a curvarnos y a tener la convicción de que no nos quebraremos. Debemos agarrarnos a lo que sabemos sobre nuestra capacidad de soportar la tormenta. De este modo, podemos utilizar la fe para derrotar al miedo.

La próxima vez que tu estómago se retuerza de miedo, no lo niegues actuando como si no pasara nada. Susurra suavemente: «Te conozco, miedo, y sé exactamente lo que quieres. Lamentablemente, ¡hoy no estoy de humor para lidiar contigo!». Cuando se te seque la boca, te tiemblen las piernas o se te calienten las orejas, no digas que es la menopausia o algo que comiste. Abraza el miedo que está clavando su tenedor y su cuchillo en tu mesa y dile: «¡Hola, miedo! ¿Por qué has tardado tanto en llegar? Lo siento, pero hoy no puedo alimentarte». En cuanto te des cuenta de que has caído en las garras del miedo, no luches por liberarte. ¡Relájate! Di la verdad. «¡He caído en las garras del miedo!». El hecho de recordar esta verdad te liberará. Libertad significa elegir invocar esta verdad: «Dondequiera que me encuentre, ¡ahí está Dios!». Respira hondo unas cuantas veces. Afirma: «¡Que se haga la luz!». El miedo detesta la luz de la verdad. Tan pronto como afirmes la verdad, el miedo se dispersará como las formas de vida inferiores que se encuentran en la basura. Sin embargo, si insistes en decirte que no estás asustado cuando lo estás, el miedo, la forma de vida más baja, clavará sus dientes en ti y jamás te soltará.

Diario del comentario

Después de leer el comentario de hoy, me doy cuenta de que _____

_____

_____

_____

_____

_____

_____

_____

_____

_____

_____

La(s) frase(s) clave que deseo recordar y trabajar hoy es/son _____

_____

_____

_____

_____

_____

_____

_____

_____

_____

_____

_____

Afirmación matinal sobre el Miedo

Ahora, conscientemente y de buena gana, llamo a la luz del Espíritu Santo para que entre en cada molécula, cada átomo, cada célula, cada tejido, cada órgano, cada músculo y cada sistema de mi cuerpo, pidiéndole que deje salir toda energía, toda creencia, todo patrón y todo pensamiento que no esté en alineación con el amor de Dios.
¡Por esto me siento tan agradecido/a!
¡Y Así Es!

Deseo recordar que...

Dondequiera que yo esté, está Dios.

El Miedo tiene muchas caras.

Si no es amor, es Miedo.

El amor eclipsará al Miedo.

Cuando acepto el Miedo, se convierte en mi aliado.

Las expectativas falsas que parecen reales no son la verdad.

La fe derrotará al Miedo.

Diario nocturno sobre el Miedo

Hoy, reconozco que experimenté Miedo *cuando* _____

_____

_____

_____

_____

_____

_____

_____

_____

Cuando tengo Miedo*, mi cuerpo responde haciendo lo siguiente:* _____

_____

_____

_____

_____

_____

_____

_____

Cuando me dé cuenta de que me encuentro en las garras del Miedo*, estaré*
dispuesto a _____

_____

_____

_____

_____

_____

_____

Día 28

Cuando te sientas...
CULPABLE

Definición a trabajar

La emoción con la que trabajaremos hoy es la CULPA. *Es el juicio o la creencia de que hay algo malo en lo que has hecho. Se trata de un comportamiento aprendido. Una necesidad no satisfecha de aprobación.*

Comentario sobre la Culpa

Ésta ha sido, como mucho, la parte de este libro que más me ha costado escribir. El manuscrito iba retrasado, lo cual significaba que yo no había cumplido con el acuerdo. Me sentía culpable por ello. Cada día, me prometía que me sentaría en el ordenador y avanzaría otras cincuenta o sesenta páginas. Para mi consternación, siempre se presentaba algo más tentador, haciendo que me resultara imposible trabajar en el libro durante ese día. Lo que me tentaba eran cosas como salir de compras, comer, limpiar el armario o mirar el programa de *Oprah*. No importaba cuánto me esforzaba por resistirme, estas cosas obtenían lo mejor de mi atención, mientras que el libro conseguía muy poca. Eso también me hacía sentir culpable. Si me llamaba mi editor o mi agente, o cuando me acordaba de cualquiera de los dos, la culpa me invadía. Esto me paralizaba el tiempo suficiente para machacarme por no estar cumpliendo con lo acordado, por no estar haciendo lo que me había prometido que haría, por no ser más disciplinada, por ser mujer en América y por utilizar la marca Hellman's en lugar de Miracle Whip. Después de unos minutos de autoflagelación, me sentía tan deprimida que necesitaba un poco de chocolate para sentirme mejor. Me comía la chocolatina, sabiendo que ésta induciría un colofón psicológico que me haría dormir en lugar de inspirarme a escribir, lo cual me proporcionaba una razón más para seguir sintiéndome culpable.

Existen dos emociones venenosas: la culpa y la vergüenza. La vergüenza implica que hay algo malo en mí. La culpa implica que hay algo malo en lo que he hecho. Si las dos hicieran una carrera y yo tuviese que apostar sobre cuál de ellas destruiría mi vida con mayor rapidez, apostaría todo mi dinero por la culpa. Aparentemente, he sido capaz de funcionar dentro de los confines de la fealdad, la incapacidad, la limitación y la ignorancia que he percibido en mí —supongo que esto se debía a que podía aparecer en cualquier sitio bien vestida, oliendo bien, con la boca cerrada y ser capaz de superar esas facetas de mi condición humana—. No obstante, cuando me convencía de que había hecho algo equivocado, imponiéndome, por ende, una sensación de culpa, el tejido se complicaba tanto que mi humanidad era incapaz de manejarlo. La culpa me mantenía paralizada en la vergüenza. Me catapultaba a la animación suspendida. Cuanto más luchaba por librarme de sus garras, más fuertemente me asía. La gente me llamaba y me preguntaba: «¿Qué tal va el libro?». Mientras yo daba vueltas por la cocina buscando una nueva receta, mis hijos me reprendían: «Deberías ponerte a escribir ese libro». Cuando anunciaba «Hoy no iré a la oficina», siempre había algún listo que me respondía: «Bien. Te quedarás en casa y escribirás, ¿verdad?». Sabiendo muy bien que mi intención era hacer palomitas de maíz y mirar *Hospital general*, yo respondía tímidamente: «Ya lo sabes». En todas las horas que transcurrían entre *Regis and Kathy Lee* y el informativo nocturno, me llenaba la boca de palomitas en un intento de librarme de la culpa por no estar escribiendo.

¿Cuántas veces te has preguntado?: «¿Qué me pasa? ¿Por qué hago siempre lo mismo, una y otra vez? ¿Por qué no puedo poner fin a esto o a lo otro?». La culpa y la vergüenza, cuando van de la mano por el jardín de tu vida, ¡pueden hacer estragos! Cuando te sientes mal contigo y/o con lo que estás haciendo, continuar avanzando o haciendo algo positivo puede ser todo un reto. Es como si uno fuese incapaz de cambiar. Incapaz de detenerse. Quieres hacerlo, pero no puedes. Te preocupas tanto por intentar averiguar por qué hiciste lo que hiciste, que continúas haciéndolo. La ley: ¡aquello en lo que te concentres crecerá! Cuando te concentras en lo que no está bien, o en algo que hiciste y no era correcto, permaneces en un estado de «incorrección». A esto se le llama culpa. He descubierto que la única manera de librarnos de las redes de la culpa es confesando lo que hemos hecho, perdonándonos y eligiendo otra cosa. ¡Confiesa! ¿Decirle a otra persona que he cometido un error, que he mentido, que no he hecho lo que dije que haría, y que el único motivo ha sido mi deseo de ver *Oprah*? ¡Debes de estar loca! ¡Jamás podría hacer eso! La mera sugerencia de ello no sólo me hace sentir más culpable, ¡hace que me ponga furiosa! ¡Ahora me siento culpable y enfurecida! A esto se le llama negación.

Cuando caemos en la negación del sentimiento de culpa, la cosa realmente se complica. En este estado mental, hemos de encontrar razones y excusas para lo que hemos hecho o dejado de hacer. Culpamos. Nos convertimos en la víctima de algo o de alguien que no nos dejó hacer, o que nos hizo hacer, lo que hemos hecho o dejado de hacer. Las víctimas, como la mayoría de la gente culpable, carecen de poder. Aquellos que culpan a los demás, como la mayoría de gente culpable, no tienen la capacidad de elegir o de cambiar. En el argumento de la culpa hay víctimas y villanos que se revuelcan en el barro de la impotencia y la incapacidad. ¿Cómo se supone que un simple mortal pueda ponerse de pie y avanzar ante esta producción dramática? ¡Es realmente sencillo! Confiésate lo que has hecho, perdónate y elige otra cosa. ¿Significa esto que, si otras personas han sido perjudicadas o deshonradas por lo que he hecho o dejado de hacer, debo decírselo? Esto significa que estarán enfadadas conmigo. Pídeles que te perdonen ellas también. ¿Y si las personas a las que has hecho daño no te perdonan? Ése no es tu problema. Pero entonces ya no me querrán. Ése no es tu problema. Necesito el amor de mi madre, de mi padre, de mi hermano, de mi hermana, de mi pareja, de mis amigos y de mis hijos. También necesitas amarte a ti mismo lo suficiente como para confesar lo que has hecho. Pero es muy difícil. Sólo si tú haces que lo sea. Bueno, ¿cómo consigue uno que sea fácil? Simplemente, ¡hazlo! ¡Está bien!

Cuando podría haber estado escribiendo este libro, elegía mirar la televisión, o ir de compras, o hacerme la pedicura, o preparar un pastel, o lavar la ropa, o hacer el amor, o jugar con mi maquillaje. El resultado fue que este manuscrito se retrasó dos meses. Mi agente y mi editor estaban siendo presionados por el corrector y el personal de ventas. Toda la agenda de trabajo de muchas personas a las que ni siquiera conozco entró en el caos, y yo pasé varias semanas sumida en la culpa y el estrés, perdiendo un tiempo valioso que podría haber utilizado para completar este proyecto. Me perdono por haberme comportado de un modo tan inconsciente y tan egoísta. Les pedí a todas las personas implicadas que también me perdonasen. A partir de este día, elijo dedicar al menos cuatro horas al día a trabajar en este proyecto hasta que esté terminado. Me comprometo conmigo misma y con el Espíritu Santo a honrar este acuerdo. Si en cualquier momento, por cualquier razón, no puedo mantener este acuerdo, me ofreceré y ofreceré a las demás personas implicadas suficiente amor como para renegociarlo. ¿Acaso no es esto más agradable? ¡Por supuesto que sí!

Diario del comentario

Después de leer el comentario de hoy, me doy cuenta de que _____

_____

_____

_____

_____

_____

_____

_____

_____

_____

_____

_____

La(s) frase(s) clave que deseo recordar y trabajar hoy es/son _____

_____

_____

_____

_____

_____

_____

_____

_____

_____

_____

Afirmación matinal sobre la Culpa

Siempre tengo la libertad de elegir.
Mis elecciones están siempre alineadas con la voluntad del Divino.
Si, por cualquier razón, mis elecciones no tienen como resultado la alegría, la paz,
   la armonía y el equilibrio, siempre soy libre de volver a elegir.
Una elección defectuosa no es un reflejo de la verdad sobre mí.
La verdad es que, al ver las manifestaciones de las elecciones que he hecho, siempre
   soy libre de cambiar una y otra, y otra, vez.
¡Por esto me siento tan agradecido/a!
¡Y Así Es!

Deseo recordar que...

Siempre tengo la libertad de elegir.

Puedo Perdonarme y pedir Perdón.

No puedo perder el verdadero amor.

La verdad proporciona poder.

Puedo confesar lo que he hecho y renegociar mi acuerdo.

Dios me ama, no importa lo que haga o deje de hacer.

Diario nocturno sobre la Culpa

Hoy, he experimentado un sentimiento de CULPA *cuando* _____

_____

_____

_____

_____

_____

_____

_____

Me felicito por superar la CULPA *en relación con* _____

_____

_____

_____

_____

_____

_____

_____

Me resultó difícil superar esta experiencia porque _____

_____

_____

_____

_____

_____

_____

_____

Día 29

Cuando te sientas...
SOLO

Comentario sobre la Soledad

Por lo general, cuando nos sentimos solos anhelamos la compañía o el amor de otra persona. Experimentamos una intensa ansiedad que nos lleva a creer que todo iría mejor y que estaríamos mejor si hubiera otra persona en nuestras vidas. Deseamos ser amados por otra persona. En conflicto directo con la urgencia de esta necesidad de ser amados, se encuentra una cerrazón subconsciente al hecho de ser amados. En algún lugar en el fondo de la mente hay un miedo al amor y/o un miedo a lo que significará estar enamorados. Es posible que en el pasado nos hayan lastimado, abandonado o rechazado y, aunque conscientemente podemos convencernos de que lo hemos superado, la evidencia de que nos sentimos solos nos revela la verdadera historia.

Creía que nunca me había sentido sola. Siempre he estado rodeada de gente. Siempre he sabido que había alguien en algún lugar que me quería. Ha habido ocasiones raras en las que he sido capaz de experimentar plenamente la cálida presencia del amor de Dios. Las épocas de mi vida en que no he tenido una relación íntima fue por mi propia elección. En respuesta a estas elecciones, he echado de menos a algunas personas y he anhelado su compañía, pero no recuerdo haberme sentido sola. Entonces descubrí lo que significa la soledad y me di cuenta de que me había sentido sola durante la mayor parte de mi vida.

Según me habían dicho, la soledad o la experiencia de sentirnos solos es una emoción que está envuelta de ansiedad o urgencia. La ansiedad produce un anhelo lujurioso que nunca puede ser saciado. La urgencia crea el temor de que, de algún modo, aquello que deseas te será negado o no te será dado. El elemento clave del miedo y la lujuria es que uno se cierra a esa misma cosa que desea. No quieres recibirla o eres incapaz de hacerlo, por temor a lo que pueda sucederte.

En una ocasión, alguien me preguntó: «¿Cuánto amor puedes soportar?». Me pareció una pregunta extraña, hasta que pensé en ello. Pensé en todas las condiciones que yo le ponía al hecho de ser amada. Pensé en que yo deseaba que me demostraran amor. Tuve que reconocer que tenía la creencia de que si alguien me amaba de verdad lo sabría todo sobre mí, y que yo consideraba que eso no sería bueno. También reconocí que mantenía a cierta distancia a todas las personas a las que yo decía querer, sin permitir jamás que ninguna de ellas supiera demasiado o se acercara demasiado, porque temía que me hicieran daño. Mi boca decía que quería ser amada, mientras mi mente estaba pensando que no me lo merecía. Estaba enviando señales que indicaban que deseaba ser amada, pero no dejaba entrar tanto amor. Mi temor, que estoy segura que es el mismo temor para muchos, era que demasiado amor me mataría. Simplemente, me derretiría en su presencia.

Recuerdo el momento en que vi a mi hijo por primera vez: cinco libras y trece onzas de pura belleza. Estaba completamente libre de defectos y era hermoso. Yo sabía que no podía verme, ya que sólo tenía dos minutos de vida, pero pude sentir la confianza y el amor que él emanaba mientras lo sostenía en mis brazos. Era mi primer hijo. Él no me juzgaba. Sólo quería una cosa de mí: ser amado. La experiencia me dejó sin respiración. Realmente, no podía respirar. En el lapso de dos minutos, pensé en todas la razones por las cuales no me merecía su amor y no era digna de él. Pensé en todas las cosas que tenía que arreglar y cambiar en mí. Pensé en todas las cosas que no podía ofrecerle. Yo tenía dieciséis años. Tenía un flamante bebé y no tenía marido. Había dejado la escuela secundaria y no podía respirar. Era más de lo que yo podía soportar, y creo que en ese momento cerré una porción de mi corazón. Permanecí cerrada durante muchos, muchos años.

He amado al mismo hombre durante treinta años. La mera visión de él hace que me flaqueen las piernas. Es la única persona que conozco que sólo me ha hecho sentir hermosa y maravillosa. Durante quince años, no pude tenerle. Esto hizo que lo deseara todavía más. Estaba casado. Yo estaba casada. Él vivía en un sitio. Yo vivía en otro. Yo no creía tener la urgencia de desear compartir mi vida con él; no obstante, anhelaba el modo en que él me hacía sentir. Nuestro primer intento de estar juntos fue un absoluto desastre. Ninguno de los dos estaba preparado. Ninguno de los dos estaba abierto a la plena expresión del amor. Ninguno de los dos sabía cómo aceptar el amor que intentábamos darnos el uno al otro. Él tardó treinta años en decirme que me amaba. Yo tardé treinta años en ser capaz de oírlo. Cuando él lo dijo y yo lo oí, dejé de respirar e intenté alejarme de él con la mayor rapidez posible.

Sentirte solo es cerrarte a aquello que deseas. No puedes tener amor si tu corazón está cerrado. No puedes tener dinero si le tienes miedo. No puedes tener libertad si no estás dispuesto a tomar decisiones. No puedes tener paz si crees que ello significa que debes renunciar a algo esencial para tu supervivencia. La ausencia de todos estos potenciales divinos es la raíz del sentimiento de soledad. La mayor parte del tiempo no somos conscientes de que estamos cerrados. No somos conscientes de que tenemos miedo. En respuesta a esta falta de conciencia, buscamos y anhelamos o codiciamos esa misma cosa que creemos que no podemos tener. Pídele al espíritu del Divino que te colme de amor. Cuando lo sientas, acuérdate de respirar. Esto no te matará. Deja que el amor llene todo tu ser. Tan pronto como seas capaz de hacerlo, abre tu corazón y ábrete a la experiencia del amor, y todas las otras cosas que creas desear aparecerán milagrosamente. Sé que funcionará porque sé que, como enseña *Un curso de milagros*: «El Espíritu Santo siempre responderá a la más mínima invitación».

Diario del comentario

Después de leer el comentario de hoy, me doy cuenta de que _____

_____

_____

_____

_____

_____

_____

_____

_____

_____

_____

La(s) frase(s) clave que deseo recordar hoy es/son _____

_____

_____

_____

_____

_____

_____

_____

_____

_____

_____

_____

_____

Afirmación matinal sobre la Soledad

Hoy, abro mi mente, mi corazón y mi ser para recibir el flujo del amor
divino.
Dejo ir todos mis pensamientos, dudas, y temores de que esto no es posible.
Hoy, estoy dispuesto/a a conocer y experimentar el amor divino como la
verdad de mi ser.
Yo soy amor que es amado.
Yo soy una expresión de todo lo que es el amor.
¡Por esto me siento tan agradecido/a!
¡Y Así Es!

Deseo recordar que...

El Espíritu Santo del Divino responderá
a mi más ligera petición.

Soy un recipiente abierto y receptivo.

No hay escasez de amor.

No hay nada que temer.

La promesa de Dios es que responderá a toda petición.

La urgencia es una señal de que estamos cerrados.

Diario nocturno sobre la Soledad

Recuerdo haberme sentido SOLO/A *cuando* _____

_____

_____

_____

_____

_____

_____

_____

Fui capaz de superar esta experiencia haciendo lo siguiente: _____

_____

_____

_____

_____

_____

_____

_____

Puedo mantenerme abierto/a a recibir más cosas buenas en la vida haciendo
lo siguiente: _____

_____

_____

_____

_____

_____

_____

Día 30

Cuando te sientas...
INFRAVALORADO

Definición a trabajar

La emoción con la que trabajaremos hoy es la AUTOVALORACIÓN. Ésta disminuye cuando sentimos que NO NOS VALORAN. Es sentirnos insatisfechos en respuesta a una acción o un gesto exteriorizado.

Comentario sobre el
Sentimiento de ser infravalorados

¿Cuántas veces has hecho algo por alguien, o te has desviado de tu camino para hacer algo por alguien, y lo único que has conseguido es que esa persona no lo apreciara? ¿A cuántas personas has ofrecido tu apoyo, y lo único que has conseguido es encontrarte solo cuando necesitas a alguien? ¿Cuánto tiempo has estado trabajando en un sitio sin que se te reconozca? ¿En cuántas relaciones lo has dado todo y sólo has conseguido que te dejen con el corazón roto y la manga de tu camisa mojada de lágrimas? Si tienes una respuesta para una de estas situaciones, o más de una, sin duda, has experimentado la sensación de no ser valorado. Si te pareces en algo a mí, probablemente te enfadas con la otra persona o personas implicadas, y luego te preguntas: «¿Por qué? ¿Por qué yo? ¿Por qué me ignora la gente? ¿Por qué se aprovechan de mí?». Después de esta inútil línea de interrogatorio, yo solía cambiar de marcha y preguntar: «¿Por qué las personas no aprecian lo que hago por ellas? ¿Qué he hecho mal?». Encontré las respuestas en *Un curso de milagros*: «Aquello que das a los demás, te lo das a ti mismo». Traducción: si aprecias lo que haces por los demás, su respuesta debería tener poca, o ninguna, importancia para ti. Me llevó mucho tiempo llegar a sentirme verdaderamente de este modo.

No tenía idea de que yo era una persona disfuncional. No era mala persona, sólo estaba un poco fastidiada. No era consciente de que tenía problemas ocultos, temas no resueltos, heridas no sanadas o un complejo de inferioridad. Creía que no me pasaba nada, y me proponía demostrar lo bien que estaba haciendo cosas por otras personas. Esto sucedía mucho antes de que todo el mundo empezara a adorar al dios de la poca autoestima. Esto sucedió cuando las personas simplemente hacían cosas disfuncionales que no tenían ningún nombre, rima o razón adherido a ellas. Yo compraba amistad con mis actos y con dinero. Compraba afecto haciéndome indispensable, satisfaciendo cualquier necesidad y arreglando las cosas. Llamaba la atención creando dramas y crisis en mi vida, y luego enfadándome con las personas a las que había ayudado cuando éstas no venían a rescatarme. Daba mucho, a mucha gente, y quería algo a cambio. Quería un gracias. Quería un reconocimiento. Quería que la gente me hiciera sentir bien respecto a mí misma. Quería que la gente reconociera en mí las cosas que yo no era capaz de ver en mí misma. Cuando no cumplían con mis expectativas, sentía que no era valorada.

«Aquello que das a los demás, te lo das a ti mismo». El primer paso para integrar esta premisa en tu vida es el reconocimiento de la verdad de que todos estamos solos. Todos estamos unidos a la Vida Única a través del Espíritu divino de la Mente Única. No hay separación entre los seres humanos. Cuando comprendemos esto, nos damos cuenta de que somos tan ricos como la persona a la que consideramos la más rica, tan inteligentes como la persona a la que consideramos la más inteligente, tan hermosos como la persona a la que consideramos la más hermosa. ¡Muy pocas personas disfuncionales empiezan por esta premisa! Yo me decía que estaba bien, pero hacía cosas que reforzaban mis más

profundos sentimientos de no estar bien, de no ser rica, ni inteligente y, ciertamente, nada hermosa. Intentaba demostrar que era todas estas cosas y, cuando la gente no aplaudía mi demostración con un gracias o elogiando mi persona, me sentía aplastada. ¿Puedes imaginar que uno pueda enfadarse con alguien porque no te ha enviado una tarjeta de agradecimiento cuando le has llevado un pastel a su casa después del funeral de su madre? Tardé mucho tiempo en darme cuenta de que la mayoría de las cosas que hacía por los demás las hacía para obtener reconocimiento. Lo que me hacía sentir bien no era hacer estas cosas; en realidad, lo que yo buscaba era el elogio. Cuando éste no llegaba, sentía que mis esfuerzos no habían sido suficientemente reconocidos.

En una ocasión, oí al comediante Chris Rock decir algo que tuvo muchísimo sentido para mí: «La gente siempre quiere ser recompensada por las cosas que se *supone que ha de hacer*». Cosas como llegar puntual al trabajo, o quedarse ahí hasta terminar lo que está haciendo, o cuidar a los niños, o apoyar o animar a un miembro de su familia, o a un vecino, un amigo, o a su pareja. Se te paga para llegar puntual al trabajo y permanecer allí hasta que tu tarea haya sido realizada. Las personas que eligen ser padres son responsables de proporcionar amor, orientación y cuidados a los hijos que producen. El acuerdo tácito en todas nuestras relaciones íntimas es de cuidarnos (esto es, amarnos, apoyarnos y honrarnos) el uno al otro. Todo ser viviente es responsable ante su Creador de tratar a los demás como a él le gustaría ser tratado, en cualquier circunstancia, en cualquier situación. Para estos actos no deberíamos esperar ninguna recompensa o reconocimiento. Esto se llama «Ama a tu prójimo». Sería agradable que nos reconocieran, pero es disfuncional creer que las personas están en deuda contigo por lo que has hecho por ellas. Bajo todo esto está la verdad, a menudo no reconocida y difícil de aceptar, de que cuando esperamos que alguien haga que nos sintamos bien por lo que hemos hecho, probablemente lo hemos hecho por las razones equivocadas. Es más probable aún que hayamos actuado con un propósito no mencionado, a veces no reconocido o disfuncional. Nueve de cada diez de estos casos son las ocasiones en las que no nos sentimos apreciados.

Cuando estás atrapado en esta emoción en particular, la única ruta de escape es darte cuenta de que has recibido todo lo que has dado. Has servido al Divino sirviendo a uno de los hijos del Divino que estaba necesitado. Te has servido a ti mismo compartiendo la generosidad de la gracia que el Divino te ha proporcionado. Has compartido amor colocando las necesidades de otra persona por delante de las tuyas. Te has abierto para recibir la gracia de la gratitud divina, que promete multiplicar por diez y devolverte todo lo que has dado con verdad y con amor. Si tu dar y tu hacer por los demás te deja sintiéndote mermado y no valorado, esto es una señal de disfunción. Hay algún problema oculto que está al acecho en el fondo de tu mente. Debes preguntarte: «¿Por qué deseo que se me reconozca por esto que he hecho?». Y más importante aún es que te preguntes: «¿De qué manera deseo que se me reconozca por lo que he hecho?». Lo que yo descubrí y utilicé para curar mi disfunción fue que cuando daba algo o hacía algo con el propósito no manifestado de hacerme sentir bien, ningún reconocimiento era suficiente para hacerme sentir mejor o más valorada. Supongo que es como solía decir mi madre: «Si has de pedir algo que necesitas, en realidad no lo necesitas, por que Dios ya conoce tus necesidades antes de que pidas». Otra cosa que descubrí acerca del hecho de no sentirme valorada es que cuando dejaba de esperar reconocimiento y recompensas por las cosas que había hecho, me llegaban en abundancia.

Diario del comentario

Después de leer el comentario de hoy, me doy cuenta de que _____

_____

_____

_____

_____

_____

_____

_____

_____

_____

_____

_____

La(s) frase(s) clave que deseo recordar y trabajar hoy es/son _____

_____

_____

_____

_____

_____

_____

_____

_____

_____

_____

_____

_____

Afirmación matinal sobre la Autovaloración

Tengo suficiente para dar.
Tengo suficiente para compartir.
Soy suficiente para darle al mundo lo mejor de mí.
Todo lo que doy, me lo doy.
Todo lo que doy, se lo doy a la esencia divina de mí.
Todo lo que doy se multiplica y me es devuelto diez veces.
Por esto doy las gracias.
¡Y Así Es!

Deseo recordar que...

Todo lo que doy, me lo doy.

Todo lo que hago, lo hago por mí.

Cuando sirvo a los demás, sirvo al Divino.

Cuando me sirvo a mí mismo, sirvo al Divino.

Nada de lo que dé me merma.

Nada de lo que haga me merma.

El universo es un entorno abundante
con suficiente de todo para dar.

Soy un ser universal unido a todo lo que está
contenido ahí.

Diario nocturno sobre la Autovaloración

Hoy, me encontré sintiéndome NO VALORADO *cuando* _____

_____

_____

_____

_____

_____

_____

_____

Me felicito por no permitirme sentir NO VALORADO *haciendo lo siguiente:*

_____

_____

_____

_____

_____

_____

_____

La manera en que puedo aprender a dar más sin sentirme NO VALORADO *es:*

_____

_____

_____

_____

_____

_____

_____

Quinta fase

Dios no es responsable de tu incapacidad de encontrarle.

PAUL FERRINI en *Circle of Atonement*

*Si te pasas todo el tiempo buscándolo a Él,
podrías no enterarte cuando Ella aparezca.*

NEALE DONALD WALSCH em *Conversations with God*

Honra tu Proceso

Su relación de siete años culminó en una hermosa boda. La segunda para ambos, pero una boda que todo el mundo sabía que se acercaba y que duraría, y de la cual nos alegrábamos. Eran mayores, más maduros, más sabios, y ambos se encontraban en un camino espiritual. Él estaba a punto de retirarse. Estaban planeando la vida que tendrían después de esto. Ella estaba iniciando una nueva profesión y se encontraba en una nueva etapa de desarrollo. Asistía a la escuela ministerial. Aunque esto significaba estar lejos de casa, en otro estado, decidieron que lo mejor sería que ella acabara para que pudieran estar *verdaderamente* juntos. Sólo le quedaba un año más. Pocos meses antes del inicio del último semestre, unos meses antes de su primer aniversario de boda, él enfermó. Se trataba de su corazón.

Dos operaciones importantes en menos de dos meses hicieron que ella tuviera que estar constantemente volando de la escuela a casa y viceversa. Estaba cansada. Él se sentía solo. Tenían que permanecer en el camino, con la vista puesta en la finalidad. A ella, la oración la ayudó a resistir. A él, su amor y más oraciones le ayudaron a soportarlo. Si cualquiera de los dos hubiese sabido lo que se avecinaba, probablemente hubiesen hecho las cosas de una forma distinta. Probablemente les hubiera entrado pánico. Quizás ella no hubiese ido a la escuela. Quizás él hubiese cambiado su dieta mucho antes. Quizá no se hubiesen casado. Quizá hubiesen ahorrado más dinero. ¡Quizá! ¡Quizá! ¡Quizá! Su vida en común no tenía el aspecto que ellos habían imaginado. Aparentemente, las cosas por las que uno se preocupa nunca ocurren, y las cosas que suceden inesperadamente son cosas por las que probablemente uno nunca se ha preocupado. Ambos sabían que, aunque ellos no lo supieran, Dios lo sabía. También sabían que Dios les haría saber lo que necesitaban saber y hacer, cuando necesitaran saberlo y hacerlo.

¿Te has preguntado alguna vez por qué hay curvas en las carreteras? ¿Por qué no pueden ser todas rectas? ¿Por qué las calles de las ciudades suben o bajan o rodean las esquinas? Mi amiga Joie me hizo esta pregunta en medio de una de mis crisis existenciales, cuando yo me estaba machacando a mí misma. ¿Por qué no lo había visto venir? ¿Cómo es que no lo reconocí antes? «Porque no hubieses sido capaz de manejarlo antes», dijo Joie. Por eso hay curvas en la carretera. Esto nos proporciona la oportunidad de ir asimilando las cosas poco a poco. Mientras avanzamos, cubriendo más terreno, se nos va revelando un poco más. Así es cómo funciona la vida. Te da aquello que puedes manejar en pequeñas dosis, incluso cuando crees que eres capaz de manejar más. A esto se le llama gracia de Dios.

Hubo una época en mi vida en la cual yo sentía que nunca era suficientemente buena, nunca tenía suficiente razón, nunca era suficientemente lista. Siempre había algo malo en mí o en lo que había hecho. Siempre debía haber hecho más, siempre debía haber estado en algún otro lugar. Para mi gusto, nunca hacía las cosas bien. En otras palabras, siempre me estaba quejando de algo. El vaso siempre estaba medio vacío. Ahora puedo aceptar y comprender que mis quejas ponían nervioso a todo el mundo, incluida yo. Me oía diciendo algo y luego me machacaba por haberlo dicho. No confiaba en mí misma. No me gustaba. Hoy, sin embargo, tengo una gracia salvadora. Me doy cuenta de que, no importa cuánto haya en el vaso, de momento, en ese instante, no estará más lleno que eso.

Dondequiera que te encuentres, estás exactamente donde necesitas estar. Incluso si deseas estar en otro sitio, en otras circunstancias, la vida sabe que probablemente no podrías manejarlo. Deepak Chopra escribió: «Cualesquiera sean las relaciones que atraigas a tu vida en cualquier momento dado, son las relaciones que necesitas en ese momento». Cuando estés preparado, o preparada, para hacer algo nuevo, de un modo nuevo, lo harás, y con gente nueva. Hay personas que están esperando a esa persona en la que te estás convirtiendo. Lo más probable es que hoy no estés preparado para encontrarte con ellas. En todo momento, todos estamos pasando por el proceso de ser y de cambiar. Estamos asimilando todo cuanto podemos. La carretera tiene curvas, y nosotros estamos siendo preparados para enfrentarnos a aquello que nos espera a la vuelta de la curva.

El Webster define la palabra «proceso» como un fenómeno natural marcado por cambios graduales que conducen a un determinado resultado. Es una descripción muy apropiada de la vida. Experimentamos un poco y luego cambiamos. Descubrimos un poco más sobre la vida, sobre nosotros mismos y sobre las personas, y entonces cambiamos un poquito más. El resultado que estamos buscando es recordar quiénes somos. Para recordarlo, debemos saber quiénes no somos. La vida es el proceso de reconocer quiénes no somos. Cada vez que nos enfrentamos a un desafío, obstáculo, o a una dificultad, aprendemos lo que somos capaces y no somos capaces de hacer. No importa lo que hagamos, es lo mejor que podemos hacer en las circunstancias dadas con la información que tenemos en ese momento. Yo nunca llegaba a comprender esto del todo. Siempre creía que debería haber hecho, o debería estar haciendo, alguna otra cosa. Olvidaba el proceso.

Las condiciones a las que nos enfrentamos no nos definen. Nos recuerdan quiénes somos y quiénes deseamos ser. Cuando era maltratada en mi matrimonio, sabía que eso no era lo que yo quería. Sabía que no tenía que estar ahí. La experiencia me enseñó que no estoy aquí para ser apaleada. Las experiencias con las que nos topamos no son lo que somos. No obstante, nos recuerdan lo que estamos pensando sobre nosotros mismos. Si creemos que debemos ser castigados, seremos castigados. Si creemos que podemos ser atacados, seremos atacados. Todos nosotros estamos en el proceso de recordar que somos manifestaciones divinas, milagrosas, poderosas, de la vida. Podemos aprender la verdad de esto cada vez que nos caemos y nos levantamos, que experimentamos una pérdida y nos recuperamos, que hacemos una elección y cambiamos de idea. Cada experiencia nos hace avanzar un poquito más por la carretera de la vida y por sus curvas.

Si a los diecinueve años hubiese sabido que mi matrimonio sería violento, me hubiese sentido destrozada. No hubiese podido manejarlo, y probablemente habría ignorado la información. Si el martes hubiese sabido que mi madre moriría el jueves, no habría llegado a su funeral. ¡Habría estado en el manicomio! Si hubiese sabido que mi único hijo iba a pasar tres años y medio en prisión, habría dejado de respirar mucho antes de su partida. ¡Gracias, Dios, por poner curvas en el camino! ¡Gracias por amarnos lo suficiente como para darnos únicamente aquello que podemos manejar, cuando somos capaces de manejarlo! Gracias, Dios, por permitir que el proceso de la vida sea un curso lento y suave sobre el desarrollo de la memoria. ¡No estoy segura de poder manejar de sopetón el saber cuán magnífica soy!

Día 31

Honra tu proceso

con... AUTENTICIDAD

Definición a trabajar

El principio con el que trabajaremos hoy es la AUTENTICIDAD. Es real. Es verdadera. Idéntica al original. El producto natural de la matriz. Está de acuerdo con, o se basa en, la verdad o la esencia del original.

Comentario sobre la Autenticidad

¿A qué clase de juegos juegas? Inicialmente, la pregunta no me pareció extraña. Mi cerebro perfectamente lógico obtuvo una respuesta igualmente lógica: «Me gusta mucho el Monopoly, pero rara vez tengo oportunidad de jugar, entre el trabajo y lo demás, ya sabes. ¡Estoy realmente ocupada!». *¿A qué clase de juegos juegas?* Esta vez me dio en la cara como un cubo de agua fría. Su voz era baja, su mirada penetrante; su ademán me decía que yo lo sabía y que más me valía confesarlo. ¿Por qué será que cuando necesitas a tu cerebro se va de compras? Yo sabía exactamente de qué me estaba hablando; sin embargo, mis labios y mi lengua estaban en Nordstrom, intentando coordinar. El miedo, la vergüenza y la culpa estaban lanzando arena a mis ojos. No podía respirar. *¿A qué clase de juegos juegas?* En ausencia de mi cerebro y mi lengua, hice lo que haría cualquier persona que es «descubierta». Lloré.

Yo quería escribir un libro titulado *Las divas no echan pedos: Las 101 maneras creativas en que los humanos disfrazan sus errores*. Mi teoría es que la mayoría de las personas utilizan medios extraordinarios para ocultar el hecho de que se tiran pedos. Apretamos las nalgas con la esperanza de que el pedo no sea ruidoso. Echamos un pedo y nos alejamos, con la esperanza de que el olor no nos siga. Yo misma he dejado escapar un pedo y luego he paseado la mirada por toda la habitación del modo acostumbrado o he dicho en voz alta: «Dios, ¿qué es ese olor?». Creo que hay una pequeña diva en todos nosotros. La diva es perfecta e infalible. La diva está por encima de cualquier reproche. La diva no osaría hacer algo tan común como echarse un pedo. Echarse pedos es ser falible. Esto quiere decir que puedes cometer un error. Las divas no cometen errores. Desgraciadamente, la diva no se da cuenta de que los errores son incidentes naturales. Son producto de las consecuencias del natural fluir de la vida. Quizá no sean atractivos o agradables, pero los errores son tan naturales como los pedos. Cuando la diva que hay en nosotros se niega a reconocer los productos naturales y comunes de nuestras acciones en la vida, recurrimos a los juegos. Lo confieso. Yo era culpable de ser una diva que jugaba a juegos, y fui descubierta.

¿A qué clase de juegos juegas? Yo jugaba al *juego de no lo sé*. Mientras no lo supiera, no podía estar equivocada. Jugaba al *juego del dinero*. No tenía dinero para hacer lo que tenía que hacer. Mientras no pudiera hacer algo, no podía hacerlo mal. También utilizaba el juego del dinero como una excusa para no cumplir con mis acuerdos. Podía pedir dinero prestado y no devolverlo tal como habíamos acordado. Esto solía hacer que alguien se pusiera furioso. ¿Por qué estás furioso conmigo? ¡No tengo dinero! Llegado ese punto, yo era capaz de enfadarme con los demás por haberse enfadado conmigo porque yo no tenía el dinero para devolvérselo, tal como habíamos acordado. Esto era en realidad una versión disfrazada del *juego de mira lo que me están haciendo*. Yo era la eterna víctima de alguien: de mis padres, de mi marido, de las personas a las que había pedido dinero prestado. Todos me estaban haciendo algo malo. Mientras yo fuese una víctima de lo que otra persona me estaba haciendo, no era necesario que me hiciera responsable de lo que me estaba haciendo a mí misma, o de lo que les estaba haciendo a los demás.

El juego más elaborado y complicado de todos era *El juego de ya no puedo soportarlo*. Aquí es donde uno carga con más de lo que uno humanamente puede o quiere, no consigue acabar lo que empezó, crea todo tipo de caos en su vida, y luego se queja de que la gente espere tanto de uno. Estos juegos eran producto del temor a ser desaprobada, alimentados por el miedo a no ser aceptada, reforzados por el temor a no hacerlo bien y cocidos en la creencia de que yo no era suficientemente buena. Y todo esto estaba cubierto por la extravagancia de *la-diva-que-no-puede-hacer-nada-malo* que había en mí. Yo no me tiraba pedos. Traducción: yo no era auténtica.

Para ser auténtico, tienes que estar dispuesto a reconocer y aceptar los productos naturales de todo lo que piensas, haces y dices en esta vida. En otras palabras, debes estar dispuesto a echar pedos en público. Las personas de tu entorno son meros espejos de los diversos aspectos de ti mismo. Dirán lo que tú piensas. Harán aquello que tú temes hacer o haberte hecho. No hay nada en esta vida, excepto tú y Dios. Cualquier cosa que aparezca es un reflejo de Dios o un reflejo de ti. Cuando las personas que hay en tu mundo actúan de un modo desagradable o hacen cosas desagradables, se trata de un reflejo de alguna parte de ti. Resiste a la tentación de enfadarte con ellas. No actúes como si no supieras lo que está sucediendo o por qué está sucediendo en tu mundo. Busca en tu corazón y en tu mente el error en pensamiento, palabra o acción que ha aparecido en tu vida en forma de pedo.

La autenticidad también exige que te mantengas en contacto con tus sentimientos. No puedes negar lo que sientes, y no puedes ocultarlo. ¡Sé auténtico! Aprende a describir y comunicar lo que estás sintiendo cuando lo estás sintiendo, primero para ti. Puedes comunicarte con los demás cuando sea necesario. Del mismo modo que no nos gusta echar pedos, no nos gusta sentir, particularmente cuando el hecho de sentir nos hace sentir incómodos. Los sentimientos te hacen más auténtico. Te diferencian de todos los demás. Y lo que es más importante, los sentimientos te hacen saber que estás vivo. Si quieres vivir una vida auténtica, libre de las exigencias de la diva que hay en ti, debes permitirte sentir.

Otro aspecto importante de la autenticidad es la disposición a decir siempre la verdad. Gay y Kathlyn Hendricks lo llaman «la verdad microscópica». Esto significa que uno debe decir la verdad sobre cada cosa pequeña. Cuando te tiras un pedo, no le eches la culpa a otra persona, ¡confiésalo! Cuando sufras, no digas que no pasa nada. Hazte responsable de tu dolor. Hazte responsable de todo lo que creas, interna y externamente. Reconoce cada emoción exactamente como lo que es: una parte de ti. Se merece el mismo reconocimiento que tú. Cuando eres dueño de lo que sientes, tienes el poder de hacer una elección consciente para cambiar el sentimiento. Cuando otras personas saben lo que sientes, tienes el poder de crear y definir fronteras. La autenticidad también exige que no haya comparaciones. No puedes compararte con ninguna otra persona, ni comparar lo que haces con lo que hace otra persona. ¡Tú eres tú! Representas una parte verdadera y original de la matriz. No hay nadie como tú. El autor Og Mandino te ha llamado «el milagro más grande del mundo». En la medida en que te compares con los demás y gobiernes tus actos según los actos de los demás, estarás perdido.

Por último, lo que es más importante de todo es que la autenticidad significa que debes hacer lo que haces, como tú lo haces, y conceder a los demás la misma cortesía. Hubo una época en la que yo deseaba ser la escritora más famosa de todos los tiempos. Intenté copiar estilos, reorganizar información y utilizar obras de arte similares. ¡Casi me vuelvo loca! Ahora me limito a hacer lo que hago. Tengo mentores. Admiro la obra de algunas personas, pero escribo como escribo. Como de la manera que como. Me visto como me visto. No puedo creer que Dios nos haya hecho tan únicos para que nosotros lo hagamos todo de la misma manera. Cuando vivimos a la altura de nuestro yo auténtico, podemos hacer todos lo mismo y no saturar el mercado. Si cada uno de nosotros es dueño de las partes de sí mismo que son auténticas, podemos entretenernos, apoyarnos, educarnos y sanarnos unos a otros perpetuamente. Cuando cada uno de nosotros confiese sus propios pedos, estaremos trabajando para la eliminación de los prejuicios, la opresión y el odio. Cuanto a más juegos juguemos, más reglas deberán seguirse. Y si hay más reglas, menos oportunidades habrá para la creatividad. La creatividad necesita autenticidad. Sin ella, la matriz que hay en ti no podrá ser verdaderamente reconocida y glorificada.

Diario del comentario

Después de leer el comentario de hoy, me doy cuenta de que _____

_____

_____

_____

_____

_____

_____

_____

_____

_____

_____

_____

La(s) frase(s) clave que deseo recordar y trabajar hoy es/son _____

_____

_____

_____

_____

_____

_____

_____

_____

_____

_____

_____

_____

Afirmación matinal sobre la Autenticidad

No hay nadie en el planeta que sea exactamente como yo.
Yo soy un original.
Yo soy AUTÉNTICO/A.
No hay nadie como yo, y vivo para ofrecer un don único y especial.
Yo soy una impresión AUTÉNTICA, que vive para mostrarle al mundo que es una representación única de Dios.
Yo soy tal como Dios me creó.
¡Yo soy AUTÉNTICO/A!
¡Yo soy original!
¡Yo soy divino/a!
Por esto doy las gracias.
¡Y Así Es!

Deseo recordar que...

No hay nadie en la Tierra
que sea exactamente como yo.

Soy una expresión única de la matriz original.

Los errores son acontecimientos naturales.

Ninguna otra persona puede hacer aquello
para lo que yo he nacido.

Yo no puedo hacer aquello que otra persona
ha nacido para hacer.

Yo soy tal como Dios me creó.

Diario nocturno sobre la Autenticidad

Me felicito por haber seguido siendo mi yo AUTÉNTICO *cuando* _____
_____
_____
_____
_____
_____
_____
_____
_____

En lugar de jugar a estos juegos, puedo ser AUTÉNTICO *de este modo:* ____
_____
_____
_____
_____
_____
_____
_____

Ahora comprendo que no puedo ser AUTÉNTICO *cuando* _____
_____
_____
_____
_____
_____
_____

Día 32

Honra tu proceso
con... PACIENCIA

Definición a trabajar

La demostración de resolución y seguridad. El principio con el que trabajaremos hoy es la Paciencia. *Es estabilidad. Una actitud mental de calma y de equilibrio. El cimiento de la fe.*

Comentario sobre la Paciencia

A la mayoría de nosotros le cuesta muy poco identificar lo que desea en la vida. La dificultad que experimentamos está en la espera de aquello que deseamos manifestar como algo tangible. La espera exige paciencia, y ésta es una virtud que la mayoría de nosotros no poseemos. La paciencia exige fe. La fe exige confianza. Para poder confiar, debemos conocer la verdad. La verdad suele ser relativa a nuestras experiencias. Cuando exploramos y comprendemos los elementos requeridos para llegar a demostrar paciencia, podemos decir, sin temor a equivocarnos, que una gran mayoría de nosotros encontramos grandes dificultades cuando se trata de tener paciencia. Sin paciencia, nos preocupamos, nos quejamos, y a veces perdemos las esperanzas. No comprendemos que un retraso no es una negación, y que si confiamos fielmente en la verdad descubriremos que tener paciencia es mucho menos difícil.

Me encontraba en casa, corriendo de un lado al otro, intentando llegar a algún lugar donde ya debería haber estado, buscando mis medias mientras me ponía el delineador de ojos, planchando la blusa mientras me lavaba los dientes. Es asombrosa la cantidad de cosas que una puede llegar a hacer cuando se retrasa. Estaba a punto de pintarme los labios cuando sonó el teléfono. ¿Por qué será que siempre suena el teléfono cuando una se retrasa? Algo me dijo: «¡No contestes!». ¿Hice caso? ¡Por supuesto que no!

«Hola». Era mi hijo. Mi único hijo. Llamaba a cobro revertido desde el centro vacacional de Dios, comúnmente llamado prisión. «La acepto». «¡Ma!». «Sí, hijo mío». «Tengo un problema». «¡Eso es evidente! ¡Estás en la cárcel!». «¡No, ma! Quiero decir que tengo un problema en la cárcel!». «Damon, hace quince minutos que debería haber salido de casa. ¡Habla rápido!». Eran las dos y media de la tarde, la hora en que la tarifa telefónica es más elevada. Estaba enfadada porque había perdido el tiempo durante tanto rato que ahora estaba llegando tarde. En medio de todo esto, mi hijo me estaba llamando y necesitando entablar una conversación de corazón a corazón, de madre a hijo. Yo iba a llegar tarde, ¡y esa llamada estaba interfiriendo en mis planes! Creo que estaba empezando a ponerme un poco impaciente.

Le había prestado a otro presidiario su libro favorito de Charlie Brown. Este presidiario, a su vez, se lo había prestado a otro. Cuando mi hijo fue a recuperar su libro de otro presidiario más, ése todavía lo estaba leyendo y se negó a entregárselo. Mi hijo admitió que no tenía un buen día. Se puso tan furioso con el preso que lo golpeó. El otro le devolvió el golpe. Poco rato después había varios presos pegándole a mi hijo. En un intento por salvarse, clavó sus dientes en el pecho de alguien, lo arrastró hasta la puerta de la celda, se abrió paso entre todos los puños y pies que caían sobre él, y corrió a llamarme. «¡Dios mío!». Entonces me dijo: «Ma, he estado haciendo todo lo que tú me dijiste que hiciera. He estado leyendo y rezando y meditando. He estado respirando y perdonando y alabando. He tenido pensamientos positivos, diciendo cosas positivas, haciendo cosas positivas, y ¿sabes qué, ma? ¡No ha funcionado!».

El mayor reto para el desarrollo de la paciencia es ser capaces de esperar a que haya pruebas tangibles de que tus esfuerzos han valido la pena. Tenemos una idea fija de lo que queremos y cómo será cuando aparezca. Mantenemos esta idea con tanta firmeza que a menudo somos incapaces de percibir que aquello que hemos pedido ya ha llegado. Si no tiene el aspecto que creímos que debería tener, o si no lo sentimos tal como lo habíamos imaginado, somos incapaces de detectar su presencia. El discernimiento es una parte importante de la paciencia. Debemos ser capaces de ver a través de las apariencias, y ser capaces de reconocer la manifestación de nuestros deseos. Esto exige un conocimiento interior. Ese conocimiento se denomina paciencia.

«Ma, me dijiste que si esperaba lo mejor lo obtendría. Me dijiste que tendría cualquier cosa que pidiera con fe, creyendo que la tendría. He sido candidato a la libertad condicional en dos ocasiones y, cada vez, creí que podría ir a casa. En esas dos ocasiones, me fue negada. ¡Esto no funciona! ¡Sencillamente no funciona, ma!». Yo iba a llegar muy, muy tarde. Él continuó hablando durante unos minutos más sobre las condiciones de su entorno, sobre la naturaleza indeseable de las personas con las que vivía, sobre las actitudes nada consideradas de las personas que estaban a cargo del entorno en el que vivía, y concluyó diciendo: «¡Dios no trabaja en la prisión!». ¡Yo iba a llegar muy, muy, muy tarde!

Yo sabía cuál era la verdad, y era hora de que mi hijo la conociera. Tenía una confianza total y absoluta en la sabiduría de Dios, y estaba convencida de que mi único hijo estaba en prisión aprendiendo una poderosa lección sobre las elecciones y la responsabilidad. Tenía la fe total, absoluta e inquebrantable de que, aunque no me gustara el hecho de que mi hijo estuviera en la cárcel, había un bien mayor que se manifestaría como resultado de eso. Sólo necesitaba tener la paciencia para sentarme durante cinco minutos y compartir con él aquello que yo sabía y en lo que creía. Respiré hondo, descansé los pies sobre la mesa de la cocina, y le recordé a mi hijo lo siguiente:

1. Tendrás que pasar por pruebas de fuego. Cada vez que hagas una elección, debes estar preparado para enfrentarte a las consecuen-

cias de dicha elección. La mayoría de nosotros somos conscientes de algunas de las consecuencias. No obstante, siempre hay cosas que no conocemos o no podemos ver. Cuando estas consecuencias desconocidas, invisibles, aparecen en nuestras vidas, debemos permanecer firmes, creyendo en la sabiduría de las leyes espirituales del universo, sabiendo que lo mejor aún está por venir. Debes tener confianza y ser paciente.

2. No debes permitir que el viento agite tu centro. Un viento fuerte arrancará las hojas de las ramas. Hará que las ramas débiles del árbol se quiebren. Hará que algunas ramas bastante grandes se desgajen. El viento, sin embargo, no puede afectar al centro, a la esencia interior de un árbol robusto. Un viento fuerte no puede alterar la oscura y serena calma del fondo del océano. ¿Qué había en tu centro que te permitió arrastrar a un hombre con los dientes a causa de un libro de Charlie Brown? ¿Es que tus rezos, tu meditación y tu respiración han sido pura boquilla? Cuando en tu vida soplan vientos racheados, debes retirarte a tu centro. No debes quebrarte. Debes tener fe y ser paciente.

3. El espíritu y las cosas de naturaleza espiritual no funcionan según tu plan. El hecho de que tengas un plan, de que quieras que ocurran determinadas cosas, de determinada manera, en un momento determinado, es señal de que crees que eres tú quien tiene el control, de que crees que el espíritu de la vida debe responderte. ¡Tú no tienes el control! Te encuentras dentro de un proceso de desarrollo espiritual, y en ese proceso, te guste o no, el espíritu utilizará todas las experiencias posibles para asegurarse de que tu desarrollo tenga un plan —un plan espiritual—. No puedes estar mirando el reloj o el calendario. Debes observar tu corazón, conocer la verdad, y ser paciente con el desarrollo de tu proceso.

A duras penas lo podía oír respirar al otro lado del teléfono. Le expliqué que la paciencia es mucho más que la capacidad de esperar en una parada de autobús durante cuarenta y cinco minutos. Es mucho más que ser capaz de controlar a varios niños de cuatro años mientras ves las noticias de la noche. La paciencia es una demostración de que estás dispuesto a entregarle el control total y absoluto a la sabiduría de Dios. Es la capacidad de reconocer el desarrollo de una meta en medio de una tormenta de viento. Es saber que tus esfuerzos han valido la pena incluso cuando no hay pruebas tangibles que apoyen esa creencia. Paciencia es ser capaz de retirarte a tu centro cuando estás siendo desafiado y alzar todo lo que haya en tu arsenal de verdad que pueda glorificar la presencia del Divino en tu ser. Paciencia es saber que has hecho lo mejor que podías, y que lo que aparecerá en el examen será aquello que ya sabes.

Me di cuenta de que estaba hablando conmigo misma. El día se había desplegado según un plan divino. Me encontraba en casa porque necesitaba estar en casa cuando mi hijo llamara. No había ninguna necesidad de correr o de machacarme. Ahí estaba en funcionamiento algo mucho más grande que mi plan, y yo estaba siendo llamada a rendirme a ello. Me di cuenta de que la única cosa que me estaba perdiendo del almuerzo era un saludo de bienvenida y una ensalada marchita. No necesitaba arriesgarme a que me pusieran una multa por exceso de velocidad por ninguna de esas dos cosas. Mientras los pensamientos atravesaban mi mente a toda velocidad, oí a mi hijo decir: «En realidad, todavía no estoy preparado para ir a casa, ¿verdad? Todavía tengo que trabajar un poco en mí, en mi fe y en mi disciplina». Con todo el amor y toda la paciencia que pude reunir en ese momento, respondí: «Hijo mío, no tienes que sacar un sobresaliente en las pruebas de la vida; sólo tienes que aprobar. Te has tomado tu tiempo para llamar, en lugar de permanecer en medio de una reyerta. Ya que lo preguntas, creo que lo estás haciendo muy bien».

Diario del comentario

Después de leer el comentario de hoy, me doy cuenta de que _____
_____
_____
_____
_____
_____
_____
_____
_____
_____
_____
_____

La(s) frase(s) clave que deseo recordar y trabajar hoy es/son _____
_____
_____
_____
_____
_____
_____
_____
_____
_____
_____
_____
_____

Afirmación matinal sobre la Paciencia

Me muevo en el tiempo de acuerdo con el orden divino.
Estoy donde necesito estar, cuando necesito estar ahí, haciendo lo que necesito
hacer, cuando necesito hacerlo.
El orden divino del tiempo divino guía mis pasos, mi modo de actuar y
mi vida.
Me muevo en el tiempo de acuerdo con el orden divino.
¡Por esto me siento tan agradecido/a!
¡Y Así Es!

Deseo recordar que...

La confianza, la verdad y la fe son el cimiento
de la Paciencia.

Para todo, hay un tiempo.

No tengo el control.

Un viento fuerte no puede alterar mi centro.

El tiempo divino y el orden divino son garantías
de mi bien divino.

Están sucediendo más cosas de las que yo soy capaz de ver.

Diario nocturno sobre la Paciencia

Me felicito por haber sido PACIENTE *hoy cuando* _____

_____

_____

_____

_____

_____

_____

_____

Creo que me puedo impacientar con los demás cuando _____

_____

_____

_____

_____

_____

_____

Me doy cuenta de que no he sido PACIENTE *conmigo en lo relacionado con*

_____

_____

_____

_____

_____

_____

_____

Día 33

Honra tu proceso
con... FE

┌─── Definición a trabajar ───┐

El principio con el que trabajaremos hoy es la FE. Es el tirón magnético del deseo del corazón. Un conocimiento interior que nos proporciona una seguridad espiritual/emocional. La sustancia/base de aquello en lo que uno cree.

Comentario sobre la Fe

La fe no es algo que uno deba adquirir o desarrollar. La fe es algo que tenemos por el hecho de estar vivos. Antes creía que tenía que trabajar para fortalecer mi fe. Ésta es una de las doctrinas favoritas de las religiones organizadas. «Mantén fuerte tu fe». «Haz que tu fe trabaje para ti». Al igual que mucha gente, yo creía que la fe era algo que iba y venía según tu capacidad de observar ciertas prácticas reglamentadas. Cuanto más reces, mayor será tu fe. Cuanto mayor sea tu compañerismo con personas de ideas similares a las tuyas, mayor será tu fe. Estos conceptos y estas prácticas sólo te conducirán hasta ahí. Lo que he descubierto es que la fe es el resultado de tu conocimiento y de la firme creencia en el perfecto funcionamiento de las leyes espirituales. Cuando conoces y comprendes las leyes del universo espiritual, tienes fe en que funcionarán para tu bien. Cuando no conoces las leyes espirituales, pones tu fe en la creencia de que algo o alguien puede hacer que algo suceda o deje de suceder. La mayoría de mis intentos de tener más fe o convertirme en una persona con más fe daban lugar a la duda. La duda es el resultado de la ignorancia de las leyes espirituales. Yo no creía estar haciendo las cosas adecuadas del modo adecuado para «hacer» que sucediera aquello que yo quería que sucediera. Cuando comprendes la ley espiritual, llegas a comprender que las leyes funcionan simplemente porque funcionan, no porque uno deba aplicarlas de una determinada forma que es la adecuada.

Todos tenemos fe. Ninguna persona tiene más fe que otra. Lo que algunos de nosotros hemos sido capaces de hacer es adquirir la habilidad de poner nuestra fe en las cosas adecuadas, en aquellas cosas que deseamos manifestar en nuestras vidas. Por otro lado, algunos de nosotros ponemos nuestra fe en la expectativa de que el peor acontecimiento imaginable tenga lugar. A eso se le llama preocuparse. Nos preocupamos por nuestra seguridad. Nos preocupamos por nuestros hijos. Nos preocupamos por el dinero. Nos preocupamos por poner la fe en pensamientos inapropiados de expectativas indeseables. Aquellos que han logrado el dominio de la fe colocan sus pensamientos en la bondad y en la suficiencia absoluta del Divino. Mantienen sus mentes concentradas en la verdad. Se proponen y esperan experimentar lo mejor de todo, todo el tiempo. Estas personas no tienen más información que tú o yo. Comprenden, sin embargo, que el poder de sus mentes atraerá el reflejo exacto de su pensamiento predominante. Han entregado su voluntad humana a la voluntad del Espíritu Santo, porque se dan cuenta de que el bien es Su actividad. Comprenden que no pueden tener un deseo que no sea satisfecho si dicho deseo forma parte del plan del Divino para sus vidas. Aquellos que han logrado un dominio del principio de la fe comprenden, además, que están creando su mundo con el pensamiento, la palabra y la acción. En consecuencia, saben si están trabajando para su mayor bien, si están trabajando al máximo de su capacidad, si se están honrando a sí mismos y a aquellos que les rodean, las leyes del universo han de trabajar para ellos. A este conocimiento se le denomina fe.

La mayoría de nosotros conoce las «citas de fe», palabra por palabra. «Si tu fe es del tamaño de una semilla de mostaza..»., «¡Mantén la fe!», «La fe es la sustancia de las cosas que deseamos..»., «Si tienes fe, puedes decirle a una montaña..».. No sé tú, pero yo, últimamente, ¡no le he hablado a ninguna montaña! He estado demasiado ocupada preocupándome por lo que iba a suceder, cuándo iba a suceder, y lo que me sucedería si pasaba esto o aquello. «¡Oh, hombres de poca fe!». Aunque cada uno de nosotros se va a la cama por la noche sin preguntarse si se levantará o no se levantará a la mañana siguiente, todavía no lo hemos comprendido. Acostarte para dormir, inspirar y espirar, levantar la mano para tocarte la punta de la nariz, todo estos son ejemplos de fe. Tenemos una fe incuestionable en que seremos capaces de hacer las cosas que queremos hacer cuando las queramos hacer. El reto al que nos enfrentamos es el de desarrollar una «fe viva». La fe en nuestra capacidad y derecho a vivir unas vidas más plenas, más ricas y más significativas durante todo el tiempo.

Eres fe hecha carne. Dios tiene tanta fe en ti que te confió el don de la vida y una misión única a realizar. ¿Alguna vez te has parado a pensar que podrías haber sido un árbol frutal? ¡Podrías tener bayas o flores saliendo de tus orejas! En lugar de eso, se te ha concedido el derecho de hacer elecciones conscientes, la capacidad de crear a través del pensamiento y la acción, y el dominio sobre todas las demás criaturas. Ésa es una demostración de la fe que el Divino tiene en tus habilidades y capacidades. Tu tarea consiste en devolver fe con fe. Debes vivir con el conocimiento de que todo cuanto necesites, siempre que lo necesites, te está *siendo* proporcionado. No te *será* proporcionado. ¡Te está *siendo proporcionado*! Es así como cada uno de nosotros puede convertirse en un ejemplo de fe viva: sabiendo que tu bien está de camino. En cada cosa que emprendas, debes vivir con fe en el poder de tus pensamientos, en la eficacia de tus palabras, y en la intencionalidad de tus actos. Cuando te veas desafiado por obstáculos aparentemente insuperables, debes vivir con fe en que la verdad de tus afirmaciones, de tus palabras positivas, se manifestará como circunstancias tangibles. Cuanto te marques un objetivo, debes proceder con una fe viva en que hay un plan divino que se está desplegando en tu vida, y como tu vida, y que si el plan es respaldado por el conocimiento de las leyes espirituales, los beneficios serán divinos. Es así como hemos de dirigir nuestros pensamientos y actos con el fin de convertirnos en fe viva.

Hay un aspecto importante de la fe viva y del hecho de tener fe del que siempre debemos ser conscientes. ¡La fe no te hará conseguir ninguna cosa que tú desees! Te conducirá a la conciencia y a la experiencia viva de aquello que está divinamente decretado para ti y de aquello que tú creas mediante tu identidad divina. Supongamos, por ejemplo, que quieres ser cantante, pero tienes una voz horrible. No estoy hablando de desafinar un poco. ¡Estoy hablando de una voz que hace que la leche cuaje y que asusta a los bebés! Sabes que suenas fatal, pero tu meta es convertirte en un cantante ganador de los premios Grammy. Te advierto: ni toda la fe del mundo puede hacer que esto suceda. No es espiritualmente apropiado poner tu fe en algo que está más allá de tu nivel de habilidad y de tu capacidad. Por otro lado, es posible que tengas una hermosa voz, que quieras ser cantante, pero que no consigas trabajo como camarero o camarera cantante. ¿Te ayudará la fe? Quizá. Todo dependerá de tu intención y de tus expectativas. ¿Quieres cantar únicamente para hacer dinero? ¿Quieres cantar porque tienes fe en tu capacidad y deseas compartir tu don? ¿Quieres cantar porque te encanta cantar? La ley espiritual dice: «Aquello que des, ¡lo recibirás!». Cuando das con buenas intenciones, recoges buenos resultados. Cuando das con amor, recoges aquello que has dado multiplicado por diez.

Algunos de nosotros deseamos cosas por razones que no están alineadas con la ley espiritual o con nuestro propósito espiritual. Muchas personas se han decepcionado cuando las cosas que han pedido con fe no se han manifestado. El problema es, ¿había una fe viva detrás de tu petición? ¿O había temor? El temor a que no pueda hacerse realidad, o a que no se haga realidad para ti, asesinará todo fragmento de fe que tengas. Otro gran problema al que debemos hacer frente es: ¿está aquello que estás pidiendo en alineación con tu propósito espiritual? A menudo rezamos, suplicamos, rogamos por aquello que deseamos que se haga realidad. Rezar, suplicar o rogarle a Dios no es una demostración de fe.

Es un intento de imponer tu voluntad sobre la voluntad del Divino. La renuncia es el hermano mayor de la fe. Para que la fe viva se manifieste como una experiencia tangible, tienes que renunciar al miedo, la duda y la preocupación. Lo más importante de todo es que renuncies a tu voluntad, sabiendo que la voluntad del Divino es tu salvación.

El único requerimiento para que te conviertas en un ejemplo viviente de fe es que trabajes en ti. Que trabajes para expandir tu conocimiento de la verdad y tu capacidad de aceptarla. Que trabajes en tu reconocimiento y aceptación de tu verdadera identidad como hijo del Divino. Que trabajes para eliminar cada pensamiento, idea, creencia y juicio que refuerce la creencia de que estás separado de Dios y que no eres digno del bien de Dios. Cuando empieces a trabajar en ti y expandas tu conciencia de la ley espiritual, tu deseo de confiar en la sabiduría del Divino se convertirá en tu abrigo y la gracia siempre presente del Divino se convertirá en tu mejor amiga. Con la confianza, la verdad y la gracia de tu lado, la fe será tu reclamo de fama.

Diario del comentario

Después de leer el comentario de hoy, me doy cuenta de que _____

_____

_____

_____

_____

_____

_____

_____

_____

_____

_____

La(s) frase(s) clave que deseo recordar y trabajar hoy es/son _____

_____

_____

_____

_____

_____

_____

_____

_____

_____

_____

_____

_____

Afirmación matinal sobre la Fe

Soy la encarnación andante, parlante, viviente de la FE.
Respiro con FE.
Vivo a través de la FE.
Lo veo todo con ojos llenos de FE.
Hablo con FE.
Escucho con FE.
Sé que la FE puede, ¡cuando yo no puedo!
Sé que la FE es siempre, en toda circunstancia y en todas las situaciones, la
    actividad bendita del Espíritu Santo funcionando en mi vida.
¡Por esto me siento tan agradecido/a!
¡Y Así Es!

Deseo recordar que...

Dios tiene Fe en mí.

Yo soy la Fe viviente.

La ley espiritual trabaja para el bien
de aquellos que viven en la Fe.

El pensamiento consciente, las palabras poderosas
y los actos con propósito son prueba de mi Fe.

La Fe puede cuando yo no puedo.

La renuncia es la hermana mayor de la Fe.

La gracia de Dios es la madre de la Fe.

La confianza es la llave para entrar en la Fe.

La Fe enciende la actividad del Espíritu Santo.

Diario nocturno sobre la Fe

Me felicito por haber sido capaz de demostrar Fe hoy cuando _____

_____

_____

_____

_____

_____

_____

_____

El reto al que me he enfrentado hoy y que puso a prueba mi Fe fue _____

_____

_____

_____

_____

_____

_____

Estoy dispuesto/a a emplear una Fe mayor en mi forma de aproximarme
a _____

_____

_____

_____

_____

_____

_____

Día 34

Honra tu proceso
con... DISCIPLINA

Definición a trabajar

El principio con el que trabajaremos hoy es la DISCIPLINA. Se trata de una conducta o patrón de comportamiento metódico u ordenado. Un entrenamiento o instrucción que perfecciona o moldea las facultades mentales y el carácter moral.

Comentario sobre la Disciplina

No llegas a hacer aquello que necesitas hacer. Eres capaz de evitar o posponer cualquier tarea durante cualquier lapso de tiempo. Sin embargo, cuando se trata de hacer algo que necesitas hacer, o lo haces o recogerás las consecuencias de no haberlo hecho. Las consecuencias pueden ser duras y desagradables. Las consecuencias también parecen seguir una regla general: cuanto más evites o pospongas una tarea, más dura y/o desagradable te resultará. Cuando sabes que hay algo que debes hacer, lo mejor que puedes hacer es realizarlo. Para hacer cualquier cosa se necesita disciplina. Cuando Dios repartió disciplina, ¡yo debía de estar de compras!

La primera vez que noté que mi diente se estaba volviendo sensible al calor y al frío, no tuve la disciplina suficiente para llamar al dentista. Dos endodoncias y 600 dólares más tarde, reconocí el valor de la disciplina.

Cuando mi exmarido empezó a llegar tarde, lo cual evolucionó hasta no aparecer en toda la noche durante dos o tres noches seguidas, practiqué unas veinte veces al día, durante al menos veinte meses, el sermón que pensaba impartirle. ¿Tuve la disciplina para decirle lo que necesitaba decirle, para preguntarle lo que yo me decía que le preguntaría? ¡Por supuesto que no! Dos bebés, dos costillas rotas y una mandíbula lesionada más tarde, llegué a comprender el valor de la disciplina. Cuando arrastrar mi cuerpo fuera de la cama para arrastrarme hasta un trabajo que odiaba no fue prueba suficiente de que necesitaba superar el miedo disciplinándome y disciplinando mi vida para perseguir mi deseo más profundo, tuve que ser despedida por llegar tarde y demostrar un comportamiento «deslucido» para obtener las pruebas que necesitaba. Esencialmente, disciplina es tener el valor de hacer lo que tienes que hacer antes de verte obligado a hacerlo.

En una ocasión oí a Oprah Winfrey decir: «¡La disciplina viene con el hacer!». Me entristeció mucho enterarme de esto. Creía que podía continuar rezando para obtener disciplina, leyendo sobre la disciplina, esperando despertar algún día y descubrir que había avanzado hasta la cabeza de la fila de la disciplina. Fue bastante desconcertante descubrir que la única forma de desarrollar la disciplina para hacer aquello que estaba evitando hacer era haciéndolo. De algún modo, sencillamente, ¡no me parecía justo! Además, cuando pensé en por qué estaba evitando ciertas cosas (¡Confianza!), en lo duras que me parecían las cosas que estaba evitando (¡Buena disposición!) y en que había tantas otras cosas que exigían mi atención al mismo tiempo (¡Elección!), llegué a la conclusión de que esa parte de la disciplina que era el «hacer» era más de lo que yo podía manejar.

¿Cuántas dietas había empezado y no había acabado? ¿Cuántos planes de ejercicios y meditaciones matinales había desarrollado? ¿Cuántas promesas me había hecho que no había cumplido? ¿Cuántas veces había esperado hasta el último minuto para hacer algo y había padecido la histeria de trabajar bajo presión? ¿Cuántas veces había prometido no decir o hacer algo, para luego encontrarme en medio del caos o la controversia por haber dicho o hecho aquello que me había dicho que no diría o haría? No entendía por qué mi abuela insistía en que hiciera mi cama antes de lavarme los dientes, o por qué insistía en que el domingo por la mañana planchara toda la ropa que planeaba usar durante la semana. Me parecía que no tenía absolutamente ningún sentido tener que lavarme el pelo cada martes, sacarle brillo a la cubertería cada miércoles, comer la verdura antes de la carne, o empezar a ponerme los rulos en la parte posterior de la cabeza para luego continuar hasta la parte superior. Mi abuela insistía de modo terminante en que todo debía hacerse de una forma determinada en un momento determinado y, consecuentemente, por lo general, conseguía hacer bastantes cosas. Era muy disciplinada. Yo, por mi parte, no lo era.

Lo que he aprendido después de varias experiencias dolorosas debidas a varios años de evitación y falta de resolución es que, cuando empiezas a honrarte a ti misma y a honrar tu vida, te vuelves disciplinada en la forma de gobernarte y de gobernarla. Más allá del ámbito del simple *hacer*, la disciplina consiste en *ocuparte* de algo con interés. Cuando te sientes bien contigo misma, te ocupas de las cosas de un modo amable y disciplinado. Cuando honras el don de la vida, te ocupas de los asuntos de la misma con una aproximación disciplinada. Cuando aceptas y reconoces que tú y tu vida sois parte de un proceso amoroso, estás ansiosa por ser una participante activa. Te das cuenta de que todo lo que hagas, y la manera en que lo hagas, determinarán cuán lejos llegarás y con qué rapidez avanzarás. La disciplina no es fácil, pero es una habilidad que uno debe desarrollar; es la única demostración del valor que te otorgas y es la razón por la que te encuentras en el planeta.

Diario del comentario

Después de leer el comentario de hoy, me doy cuenta de que _____

_____

_____

_____

_____

_____

_____

_____

_____

_____

_____

_____

La(s) frase(s) clave que deseo recordar y trabajar hoy es/son _____

_____

_____

_____

_____

_____

_____

_____

_____

_____

_____

_____

_____

Afirmación matinal sobre la Disciplina

Me quiero lo suficiente como para cuidarme con DISCIPLINA *y atención.*
Quiero a la vida lo suficiente como para cuidarme de mis asuntos de una manera DISCIPLINADA.
Quiero a Dios lo suficiente como para cuidarme a mí mismo y a mi vida con DISCIPLINA *y atención.*
Dios me quiere lo suficiente como para mostrarme los aspectos de mi vida en los que necesito aplicar más DISCIPLINA.
¡Estoy dispuesto!
¡Soy receptivo!
¡Por todo esto estoy muy agradecido!
¡Y Así Sea!

Deseo recordar que...

La Disciplina viene con el hacer.

La Disciplina es mi forma de honrarme a mí mismo/a.

La Disciplina es mi forma de honrar mi vida.

La Disciplina es mi forma de honrar al Divino.

La Disciplina elimina el estrés.

Diario nocturno sobre la Disciplina

Me felicito por haber demostrado DISCIPLINA *hoy cuando* _____

_____

_____

_____

_____

_____

_____

_____

_____

Me doy cuenta de que todavía necesito tener más DISCIPLINA *en lo relativo a*

_____

_____

_____

_____

_____

_____

_____

_____

Los beneficios que puedo esperar como resultado de haber empleado más DISCIPLINA *son* _____

_____

_____

_____

_____

_____

_____

_____

Sexta fase

*Del mismo modo que la araña despliega su telaraña
desde el interior de su propio ser, también nosotros
debemos desplegar la sabiduría divina, la dicha divina
y el potencial divino de Dios desde nuestro interior.
En cuanto dejemos de intentar hacer que Dios venga a nosotros,
nos daremos cuenta de que Dios ya está aquí.*

JOEL GOLDSMITH en *A Parenthesis in Eternity*

Honra la vida

A menudo me he sentido avergonzada de mí misma y de mi vida. He hecho algunas cosas que considero inexcusables e imperdonables. Me he puesto en peligro en muchas ocasiones, de muchas maneras. He sido desafiante y a veces he creído que me habían derrotado. Al final me he dado cuenta de que nada de lo que había hecho tenía nada que ver con la vida. Era todo un gran malentendido. Yo no comprendía mi papel en la vida. No sabía honrarme a mí misma y no sabía que era necesario honrar la vida. Estuve confundida y desorientada hasta el día en que pedí morir. Me puse de rodillas y le recé a Dios para que me quitara la vida. Ya había tenido dos intentos de suicidio fallidos, de modo que no pensaba volver a tomar ese camino. Sencillamente, ya no deseaba estar en este planeta y, como sabía que Dios me había colocado aquí, le estaba rogando que me dejara partir. Recé, y lloré durante horas. Cuando acabé, seguía estando viva. Unos días más tarde, me encontraba mirando a un evangelista por televisión cuando, en medio del sermón, señaló con el dedo hacia el exterior y dijo: «¡Dios sí quiere tu vida! ¡Él te la dio! ¡Honra lo que Dios te ha dado y haz algo con tu vida!». Era exactamente lo que necesitaba oír, pero no sabía por dónde empezar.

La vida es un proceso de crecer, ir más allá de eso y luego crecer un poquito más. Hubo un tiempo en el que creía que la vida era un trabajo duro. Ahora sé que es un proceso de rendición total. Para poder vivir plenamente es necesario que desarrollemos nuestro potencial divino superando nuestros pensamientos de limitación. Cada experiencia que vivimos y que nos hace crecer es un aspecto de vital importancia de nuestro crecimiento espiritual. A la larga, estos pasos nos permiten dejar atrás cosas que creíamos correctas, incorrectas, buenas, malas, necesarias e innecesarias. La única manera de convertirnos en nuestra identidad divina es viviendo las limitaciones que nos imponemos, y superándolas. Esto lo sentimos como un trabajo. Tiene la apariencia de un trabajo. Se trata, sin embargo, de un proceso de crecimiento divinamente guiado.

Las antiguas escuelas de misterio enseñaban que, si puedes definir una cosa, es que no la comprendes. ¿Cómo podrías definir la vida? ¿Qué adjetivos, verbos, descripciones floridas puedes ofrecer para proporcionar una descripción adecuada del proceso divino de crecer e ir más allá? ¿Qué dirías si un marciano estuviera ante ti, preguntándote?: «¿Qué es esa cosa llamada vida?». ¿Cómo la describirías? ¿Cómo podrías proporcionarle a un extraterrestre una compresión plena de la esencia de la vida? Yo no sabría por dónde empezar. No sé qué palabras utilizaría. Me quedaría sin habla, como lo estoy la mayor parte del tiempo ante este milagroso proceso llamado vida.

«¡Fluye con las cosas!». «¡Rueda con el impulso!». «¡Acepta cada día tal como viene!». Si todavía sigues vivo, quiere decir que no conoces toda la historia. Cada uno de nosotros debe esperar al desenlace final. Para honrar la vida, debemos estar dispuestos a crecer pasando por aquello que todavía no conocemos, y a dejar atrás lo que ya no encaje con nosotros. Para honrar la vida, debemos estar dispuestos a entregarnos al proceso, minuto a minuto, dándonos cuenta de que puede estar desplegándose una nueva trama, que un nuevo personaje puede estar a punto de subir al escenario. Al honrar la vida, debemos creer en el director, productor y creador divino de esta producción en vivo, reconociendo y aceptando que Él conoce el desenlace final y el papel que debemos interpretar. El Divino nos ayudará a desarrollar nuestro personaje. El Divino desvelará el argumento cambiante de la historia y se asegurará de que no estemos en el fondo de la escena. El Divino nos honrará protegiéndonos mientras crecemos. Para poder honrar esta vida y a su director, sólo tenemos que presentarnos, mantenernos alerta y estar dispuestos a aprendernos nuestro papel.

Día 35

Honra la vida
con... EQUILIBRIO

Definición a trabajar

El principio con el que trabajaremos hoy es el EQUILIBRIO. *Es un estar en proporción una cosa con otra. Disponer de manera que un grupo de elementos sea equivalente al otro.*

Comentario sobre el Equilibrio

Descansa. Trabaja. Juega. Sirve. Aprende. Enseña. Da. Recibe. Un poquito de esto y un poquito de aquello. Detente. Continúa. Habla. Escucha. Llora un poco. Comprende más. Reza mucho. Alégrate aún más. No importa quién seas y lo que creas saber o no saber, la vida te enseñará a honrar y respetar el equilibrio. Debe haber discordia para que se pueda alcanzar la armonía. Debe haber una oscuridad que nos lance hacia la luz. Es el frío glacial el que nos enseña a apreciar la calidez. Cualquiera que haya estado alguna vez abajo sabe lo que es tener ventaja. Tanto si luchamos conscientemente para alcanzarlo como si, al reflexionar, nos damos cuenta de que nos ha sido impuesto, el equilibrio es el orden del día, y todas las personas inteligentes buscan tenerlo en sus días. Ahora bien, no sé tú, pero yo no he sido una persona inteligente. Durante parte de mi vida, he estado totalmente fuera de equilibrio, ¡pero no era mi culpa!

Siendo una niña muy pequeña, aprendí a medir mi valía según lo que hacía y quién era. Cuanto más hacía, más valiosa me sentía. Cuanto más valiosa me sentía, más cosas intentaba hacer. Era una persona del tipo «haz-más-mejor». Pensarás que, cuando menos, era lo bastante lista como para hacer aquello que me gustaba. ¡Oh, no! ¡Yo no! Las personas «haz-más-mejor» se convierten en personas «haz-más-mejor-más rápido», lo cual hace que cualquier cosa que hagan sea una tarea. Un trabajo. ¡Un trabajo duro! Créeme, las personas «haz-más-mejor-más rápido», como yo lo era, no disfrutan trabajando; simplemente no saben cómo detenerse. Al final, incluso la diversión acaba convirtiéndose en trabajo. Trabajas desde el alba hasta el anochecer, con temor a detenerte, con temor a perder tu valor a ojos de los demás. Y lo que es más importante, temes que, en cuanto dejes de hacer cosas, perderás la valía y el valor que te has otorgado. La aproximación «haz-más-mejor-más rápido» a la vida te conduce al desequilibrio físico, mental, emocional y espiritual. Y, además, ¡es bastante duro con tus pies y con tus piernas!

Creo que mi hermano contribuyó a mi desequilibrio al decirme constantemente: «¡Juegas demasiado!». Sé que mis profesores contribuyeron a ello al decirme: «¡No estudias lo suficiente!». Mi madre, que Dios la bendiga, hizo la contribución más valiosa cuando me dijo: «Sencillamente no sabes qué hacer contigo misma, ¿no es verdad?». ¡Tenía razón! No sabía qué hacer, ni cuánto. Sabía que trabajar duramente me aportaría recompensas económicas. Sabía que estudiar seriamente me proporcionaría honores académicos. También sabía que jugar, relajarme o, simplemente, divertirme me quitaría un tiempo valioso que podría dedicar al trabajo duro y a los estudios y que me proporcionaría más recompensas. No obstante, encontraba que, cuanto más trabajaba, más resentida me volvía. Cuanto más estudiaba, más obsesiva me volvía. Estaba llegando a toda velocidad a ninguna parte, porque estaba arruinada, cansada, agresiva y con muy mala leche, hasta que una querida amiga me enseñó algo sobre el equilibrio.

—La vida —me dijo—, tiene muchas avenidas, y de ti depende que pases un poco de tiempo en cada una de ellas. ¿Cómo esperas saber lo que está sucediendo y los beneficios de transitar por las avenidas si sólo vas por un camino, por un sendero, por una calle a la vez? —me preguntó—. Hay días, dijo, en los que debes caminar descalza por una avenida. Habrá ocasiones, dijo, en las que deberás andar por la avenida con cierta afectación y con tacones. Si quieres saber lo que en realidad está sucediendo —me explicó—, debes ponerte un viejo calzado deportivo y salir con los amigos. No olvides estar presente en la avenida cuando todos los demás paseantes estén también por ahí. Luego —dijo—, están esas otras ocasiones, esas ocasiones especiales, en las que debes ponerte tus zapatillas doradas de lamé y deslizarte por la avenida observando todas las cosas que probablemente te perdiste en las otras ocasiones. Por encima de todo, si quieres descubrir lo mejor de la vida —me explicó mi amiga—, debes saber qué zapatos ponerte y por qué avenida transitar.

Todo lo que me dijo me sonó muy bien, era casi poético, pero, ¿QUÉ DIABLOS TENÍA ESO QUE VER CON EL HECHO DE QUE YO SINTIERA LA NECESIDAD DE TRABAJAR TODO EL TIEMPO?

—Equilibrio. Tiempo para jugar con los pies descalzos. Esto te mantendrá conectada a la naturaleza gloriosa y a la inocencia de la niña que hay en tu interior. Ponte tus zapatos de tacón o tus resplandecientes botines negros y sal a bailar de vez en cuando. Esto te mantendrá en contacto con el ritmo de la vida. Vuélvete y tiende la mano de vez en cuando para ayudar a alguien. Cuando tiendas la mano a los que estén detrás de ti, a tu alrededor, o debajo, estarás sirviendo. Cuando sirvas, hazlo con humildad. Las zapatillas deportivas con agujeros son un símbolo de humildad. Eres un estudiante de la vida. Cada día hay algo nuevo que aprender. Todo buen estudiante sabe que la gente ociosa es esencial para un aprendizaje superior. Hay ocasiones en las que uno tiene que sentarse y comulgar. Comulgar con la naturaleza, con su yo interior y con Dios. Las zapatillas doradas de lamé son una parte esencial de la comunión. Son un suave recordatorio de que «el suelo que pisas es sagrado». Cuando uno mira hacia abajo y ve las zapatillas doradas de lamé en los pies, su cuerpo es recorrido por escalofríos de valía y de valor. Uno se siente agradecido de estar vivo y, por el hecho de estarlo, desea saborear todas las experiencias de cada aspecto de la vida.

El equilibrio es la clave de tu capacidad de saborear la vida. El equilibrio no exige que hagas nada mejor o más rápido que los demás. Sólo te exige que hagas un esfuerzo consciente para disfrutar de lo que estés haciendo y que aprendas a estar presente en cada uno de los aspectos de la vida durante algún momento de cada día, mientras vivas. Descansa. Trabaja. Juega. Sirve. Aprende. Enseña. Da. Recibe. Un poquito de esto. Un poquito de aquello. Deténte. Continúa. Habla. Escucha. Llora un poco más. Comprende un poco más. Reza un poco más. Alégrate más aún. El equilibrio es la clave para la iluminación. La iluminación es la clave para la valía y el valor de uno mismo. Una persona iluminada con un sólido sentido de valía y de valor tiene muchos tipos de zapatos, y se los pone en las ocasiones adecuadas para caminar, pasear, correr, brincar, saltar y bailar por las muchas y maravillosas avenidas de la vida.

Diario del comentario

Después de leer el comentario de hoy, me doy cuenta de que _____

_____

_____

_____

_____

_____

_____

_____

_____

_____

_____

La(s) frase(s) clave que deseo recordar y trabajar hoy es/son _____

_____

_____

_____

_____

_____

_____

_____

_____

_____

_____

_____

Afirmación matinal sobre el Equilibrio

Vivo una vida EQUILIBRADA.
Me concedo tiempo para trabajar y tiempo para jugar.
Me concedo tiempo para aprender y tiempo para enseñar.
Me concedo tiempo para dar y estoy abierto/a a recibir las abundantes
 bendiciones de la vida.
Paso tiempo conmigo.
Paso tiempo con el Divino.
Paso tiempo con los demás.
Paso tiempo en la naturaleza.
Me concedo tiempo para pasar ratos disfrutando de todo lo que la vida me
 puede ofrecer.
Vivo una vida EQUILIBRADA.
Por esto doy las gracias.
¡Y Así Es!

Deseo recordar que...

Descansa. Trabaja. Juega. Sirve. Aprende.
Enseña. Da. Recibe.

La vida es un lugar maravilloso en el que hay muchas cosas
que hacer y muchas cosas que aprender.

Mi valía no depende de lo que haga.

Hay un/a niño/a en mí que ama jugar.

Hay un ser que crece en mi interior
que necesita descansar.

Los acordes y las disonancias crean armonía
en el Equilibrio de la vida.

Diario nocturno sobre el Equilibrio

Hoy, me felicito por haber creado EQUILIBRIO *del siguiente modo:* _____

_____

_____

_____

_____

_____

_____

_____

_____

Hoy, encontré dificultad para alcanzar el EQUILIBRIO *porque* _____

_____

_____

_____

_____

_____

_____

_____

Hoy, me di cuenta de que me sentía fuera de EQUILIBRIO *cuando/porque* _

_____

_____

_____

_____

_____

_____

_____

Día 36

Honra la vida

con... EXPANSIÓN

--- Definición a trabajar ---

El principio con el que trabajaremos hoy es la EXPANSIÓN. Es el proceso de aumentar volumen, territorio y dimensión. Es crecimiento. Un proceso evolutivo natural.

Comentario sobre la Expansión

Mi abuela lo llamaba soñar despierta. Shakti Gawain escribió un libro sobre ello, titulado *Visualización creativa*. El reverendo Michael Beckwith de la Agape Church of Religious Science lo llama visionar. A mí me gusta llamarlo obtener claridad, tener propósito y hacer la voluntad de Dios. Como quiera que lo llamemos, como quiera que elijamos hacerlo, finalmente se reduce a crecer, llegando más allá de donde te encuentras ahora. La gran pregunta es: ¿cómo hacerlo? ¿Cómo puede uno crecer hasta alcanzar todo su potencial? Me he hecho esta pregunta y se la he hecho a otras personas de diferentes maneras, en muchas ocasiones. En diversos momentos, he obtenido respuestas distintas. La respuesta que más me impactó fue algo así como: «*Dios quiere sólo lo mejor para ti y sólo Dios sabe lo que es mejor para ti*».

A veces resulta muy difícil verte más allá del lugar en que te encuentras en el momento. Descubrir cómo llegar hasta ahí es un desafío aún mayor. Soñar despierto o visualizar es una de las diversas maneras en que puedes ampliar tu visión de tu vida. Desgraciadamente, mi abuela me previno sobre soñar despierta. Me dijo que era una pérdida de tiempo, y que tenía demasiado trabajo que hacer como para estar perdiendo el tiempo soñando despierta. Esto hizo que me volviese un tanto escéptica respecto a pensar demasiado, soñar demasiado o perder el tiempo. En lugar de eso, yo trabajaba. Trabajaba para educarme. Trabajaba para construir mi carrera. Trabajaba para ahorrar y comprar todas las cosas con las que temía soñar. El trabajo no siempre daba resultado. Las situaciones eran siempre cambiantes. Siempre aparecían nuevos retos. Nunca parecía haber suficiente tiempo o dinero para llegar a donde yo quería estar.

Al inicio de mi viaje espiritual aprendí a visualizar, a ver algo en mi mente y aceptarlo como mi realidad. Aprendí a no juzgar lo que deseaba, sino a creer en ello. Aprendí a no dedicarle esfuerzos y afán, sino a confiar y creer. En algunos casos, los resultados fueron extraordinarios. Las cosas, simplemente, aparecían en mi vida. Las situaciones se solucionaban. Los obstáculos desaparecían. Por desgracia, la visualización no parecía funcionar siempre. Acertaba y luego erraba con mi visualización mental, antes de conseguir acertar una vez más. En el ínterin, mientras intentaba *visualizar que conseguía* aquello que deseaba, *trabajaba realmente duro* para hacer que sucediera. Era muy frustrante.

¿Adónde quería llegar en mi vida? ¿Qué aspecto quería que tuviese? ¿Qué era lo que realmente deseaba en la vida? Estaba cambiando de idea constantemente. Quizás esa fuera la razón por la que muchas cosas no ocurrían. Pedía muchas cosas, para luego descubrir que no eran exactamente lo que yo quería. ¿Cómo puede uno pedir algo si no está realmente seguro de qué es? ¿Cómo puedes crecer hacia tu potencial más elevado si no sabes lo que es ese potencial? Hazte estas preguntas con la frecuencia suficiente y acabarás cansado de hacerlo. Además, pueden llegar tantas respuestas a tu mente que, al final, acabas confundido. Lo que yo descubrí es que hay una respuesta, una respuesta que llevará la cuestión del crecimiento y la expansión a su plena expresión. Desgraciadamente, ¡no me gustó la respuesta!

El propósito de esta vida y de sus experiencias no es convertirnos en aquello que creemos que deberíamos ser. Es que nos despleguemos como aquello que ya somos. Ya somos seres poderosos, divinos, sabios, amorosos. Somos así porque el espíritu del Divino está en nuestro interior. Y dicho espíritu siempre está buscando expresarse. Nosotros somos los vehículos de esa expresión. Mientras tienen lugar nuestras experiencias vitales, tenemos la responsabilidad de vivir a la altura de las cualidades inherentes del Divino. Así, creceremos en nuestra naturaleza espiritual, expandiremos la visión de nosotros mismos y descubriremos el significado de la vida. Para poder hacerlo, debemos alinearnos con la voluntad y el propósito divinos. En otras palabras, debemos hacer aquello que el Divino nos ha enviado a hacer aquí. A mí no me gustaba pensar en ello. ¿Y si Dios quería que fuese algo que yo no quería ser? ¿Y si Dios quería que hiciese algo que yo no quería hacer? Una vez más, estaba queriendo hacer lo que yo quería. Aferrándome, una vez más, a lo que yo creía que era lo correcto. Negándome a crecer o expandirme más allá de mi propia visión limitada de mí misma y a entrar en la visión divina que Dios tenía de mí, y para mí. Ahí estaba yo, preguntando cómo, cuando el Divino estaba esperando a que yo dijera que sí. ¡Me imagino que no tienes ni idea de qué estoy hablando!

En una ocasión oí a Marianne Williamson, autora de *Volver al amor*, decir: «Da igual lo que seas capaz de pedir, ¡es sólo una visión microscópica de lo que Dios quiere darte!». ¡Eso fue como una bofetada! Barbara O, actriz de teatro y cine, me dijo una vez: «En lugar de pedir tu necesidad condicionada en el ahora, pide el fluir continuo hacia la eternidad». Nunca lo había pensado de ese modo. Aunque me avergüence reconocerlo, normalmente le había suplicado y rogado a Dios que me sacara de esta o aquella situación. Nunca había pedido estar fuera de todas las situaciones. De eso se trata la expansión. De expandir tu visión de quién eres y lo que te mereces, hasta tal punto que nunca más te vuelvas a encontrar en una situación limitadora. Ahora bien, ésta es la clave: en lugar de decirle a Dios lo que deseas, pídele que te muestre lo que te tiene reservado, y luego solicita orientación para desarrollar en ti las cualidades y características necesarias para que se haga realidad la visión que Él tiene de ti, y para ti. Ésta es la diferencia entre visualizar y visionar. Entre decirle a Dios lo que quieres y estar dispuesto a expandirte hacia lo que Él ya tiene para ti.

La comediante Moms Mabley lo dijo mejor: «Si haces siempre lo que siempre has hecho, obtendrás siempre lo que siempre has obtenido». Nuestro deber con nosotros mismos nos obliga a expandir nuestra visión de quiénes somos. Nuestro deber con el Divino nos obliga a expandir nuestro sentido de lo que podemos hacer. Ahora me doy cuenta de que ha habido muchas situaciones en mi vida en las que he luchado por aferrarme a razones y excusas para no estar donde deseaba estar. Siempre es fácil culpar a los demás. Es incluso más fácil encontrar una excusa perfectamente lógica para no crecer, expandirte o ser todo lo que quieres ser. Probablemente, he utilizado todas las excusas y trucos posibles para darme una razón para que las cosas no me fuesen mejor de lo que me estaban yendo. Un día decidí correr un riesgo. Si uno se propone seriamente conseguir algo, debe estar dispuesto a arriesgarse a perderlo todo. Yo arriesgué mi vida, mis recursos, mi necesidad de tener la razón y el temor a tener miedo, y le pedí a Dios que me mostrase tal como Él me veía. La visión fue tan espectacular que me he pasado los últimos doce años de mi vida corriendo para seguir el paso de todas las cosas buenas que me han estado sucediendo. Y, ¿sabes qué? Nada de lo que estoy experimentando es lo que había pedido, y todo es mejor de lo que jamás hubiese osado pedir. Esto se denomina expansión hacia el Divino.

Diario del comentario

Después de leer el comentario de hoy, me doy cuenta de que _____

_____

_____

_____

_____

_____

_____

_____

_____

_____

_____

_____

La(s) frase(s) clave que deseo recordar y trabajar hoy es/son _____

_____

_____

_____

_____

_____

_____

_____

_____

_____

_____

_____

Afirmación matinal sobre la Expansión

Estoy dispuesto/a hacer más de la vida.
Estoy dispuesto/a a recibir más de lo que la vida tiene para ofrecer.
No tengo miedo de verme, de conocerme, de ser mi yo divino.
Estoy dispuesto/a a EXPANDIRME más allá de los límites que me he impuesto
y de los que he permitido que otras personas me impongan.
Estoy dispuesto/a a EXPANDIR mi comprensión de la verdad, mi experiencia
de la dicha y mis demostraciones de amor.
Ahora, le pido al Espíritu Santo que me proporcione la orientación necesaria
para EXPANDIR mi visión hacia la realización de todo el bien divino
que la vida me tiene reservado.
¡Por esto estoy tan agradecido/a!
¡Y Así Es!

Deseo recordar que...

Dios sólo desea lo mejor para mí.

Dios sabe lo que es mejor para mí.

Estoy dispuesta a verme tal como Dios me ve.

No importa lo que pida, Dios tiene más reservado para mí.

Dios no puede darme lo que yo deseo si yo no sé lo que es.

Correr un riesgo confiando en Dios es divino.

Diario nocturno sobre la Expansión

Me felicito por tener una visión EXPANDIDA en relación con _____

_____

_____

_____

_____

_____

_____

_____

Ahora me doy cuenta de que las áreas de mi vida que no se están EXPAN-
DIENDO son _____

_____

_____

_____

_____

_____

_____

_____

Ahora estoy dispuesto/a a experimentar la EXPANSIÓN en mi vida con el fin
de experimentar _____

_____

_____

_____

_____

_____

_____

Día 37

Honra la vida
con... GRATITUD

Definición a trabajar

El principio con el que trabajaremos hoy es la GRATITUD. *Es el reconocimiento y la expresión de aprecio por lo que es. Es dar las gracias por lo que es y lo que se recibe. Una actitud de reconocimiento.*

Comentario sobre la Gratitud

Una vez, alguien me preguntó: «¿Cuándo fue la última vez que alguien te dio algo valioso sin esperar nada a cambio?». Esta persona procedió a decir que valioso no quería decir necesariamente caro. De hecho, valioso, en este caso, quería decir que no tiene precio. Realmente, tuve que pensar en ello. La mayoría de cosas que yo consideraba inapreciables las había recibido de mis hijos. Muchas de estas cosas ni siquiera eran tangibles. Yo consideraba que las cosas que me habían dicho o hecho no tenían precio, pero normalmente había una expectativa por parte de ellos de recibir algo a cambio –incluso si se trataba de un «gracias»–. Le respondí que no lo recordaba. Cuando dije esto, un pensamiento fugaz atravesó mi mente: «Dios lo hizo. Dios te dio la vida, sin exigir que hicieras nada para obtenerla, y Él tampoco esperó recibir nada a cambio». En el preciso instante en que las palabras cesaron en mi mente, la persona que estaba hablando conmigo dijo exactamente lo mismo. «Dios lo hizo».

No tiene ningún sentido quejarnos por el envoltorio de algo, si sabemos que dentro hay un regalo. Nos gustan los papeles de regalo bonitos, con lazos a juego y tarjetas simpáticas. Cuando un regalo está envuelto de una forma agradable, nos tomamos más tiempo para abrirlo. No queremos romper el papel. Por su hermoso aspecto exterior creemos que habrá algo igual de bonito en el interior. Éste no es siempre el caso con los regalos que recibimos y, ciertamente, no es el caso con la vida que hemos recibido. Las experiencias y las situaciones de la vida son el envoltorio; no son la esencia, el regalo inapreciable. Muchas de las cosas de las que nos quejamos o preocupamos, por las que hacemos un drama, y que más tememos en la vida, no son más que un papel de regalo feo. Es posible que no sean agradables de ver o de vivir, pero no afectan a la esencia de la vida. Cuando pensamos en el verdadero significado y valor del regalo de la vida, la única respuesta que vale la pena es la gratitud. Tal como se expresa aquí, la gratitud es más que una palabra o un gesto. Estar verdaderamente agradecidos por el regalo de la vida debe ser una experiencia.

A la edad de cuarenta años me deprimí profundamente por todo lo que había hecho y lo que no había hecho. Siempre estaba haciendo algo u olvidando hacer algo. En cuanto dejaba de hacer algo, tenía que encontrar otra cosa que hacer. En ocasiones, no encontraba ninguna satisfacción en lo que había hecho, de modo que continuaba haciéndolo. Es muy fácil que uno se quede tan atrapado *haciendo* lo que cree que hay que hacer, que olvide dar las gracias por la capacidad de *hacer*. De caminar. De respirar. De pensar. Éstos son regalos. De ver. De oír. De sentir. Éstos son regalos que no tienen precio. Cada uno de estos regalos es un elemento inherente de la vida, y no hemos hecho nada para recibirlos, y no se nos pide nada a cambio. Estos regalos nos son entregados con tanta liberalidad, que en ocasiones nos comportamos como unos niños mimados. Damos por sentado nuestros regalos. No somos agradecidos.

Tenemos que aprender a experimentar la gratitud como una experiencia por el hecho de estar vivos. Cuando lleguemos a ser agradecidos hasta ese punto, empezaremos a fijarnos en las cosas pequeñas. En cosas como el pestañeo de nuestros ojos, el crecimiento de nuestro pelo; en el hecho de que nuestra piel se estira cuando movemos nuestros cuerpos en el acto de hacer. Cuando das las gracias, oyes el latido de tu corazón. Te maravillas ante el crecimiento de las uñas de tus manos y de tus pies. Agradeces todo lo que tienes y, lo que es todavía más importante, reconoces quién eres. Eres una expresión viviente del Creador del universo. Eres veintidós trillones de células, y dentro de cada una de ellas hay millones de moléculas. Cada molécula de tu ser contiene un átomo que oscila a más de diez millones de veces por segundo. Toda esta actividad es controlada por un cerebro de tres libras de peso que contiene trece billones de células que controlan cuatro millones de estructuras sensibles al dolor, quinientos mil detectores de contacto y doscientos mil detectores de temperatura. Si alguien te regalase un automóvil nuevo por tu cumpleaños, probablemente te sentirías muy agradecido. Sin embargo, si alguien lo dejara a la intemperie durante dos, cinco o diez años, se oxidaría y se caería a pedazos. Tú, por otro lado, nunca te oxidas. ¿Te sientes agradecido por esa actividad de la vida en tu cuerpo y en tu cerebro que impide que te oxides?

La gratitud es un estado de conciencia. Es la experiencia de vivir en un estado de dicha. He observado las expresiones en los rostros de las personas que están atrapadas en un atasco. He visto lo irritadas que se ponen. Las he visto intentar salir girando bruscamente a la izquierda y a la derecha para llegar a alguna parte. A menudo me pregunto cuántas de ellas se sienten agradecidas por tener un automóvil. ¿Cuántas de ellas se sienten agradecidas por tener un reloj que les informa de que van a llegar tarde? Gratitud significa vivir sin miedo a la muerte. Podemos llegar a preocuparnos tanto por el hecho de tener que morir (cuándo vamos a morir, qué hemos de hacer antes de morir, quién se ocupará de esto o aquello cuando hayamos muerto) que nos olvidamos de vivir plenamente en ese instante, en el momento que tenemos. Si eliges vivir en el pánico, el drama y el miedo, ¡la vida te complacerá! Te dará exactamente lo que se necesita para experimentar el estado de ánimo que has elegido. Si quieres vivir tranquila, alegre y abundantemente, debes elegir descubrir estas experiencias con la mayor frecuencia posible, y sentirte agradecido por tenerlas. Mi padre siempre decía: «Para poder tener aquello que deseas, antes debes desear lo que tienes». La gratitud es como un imán que atrae más hacia sí. Cuanto más agradecido seas, más cosas recibirás de las que podrás sentirte agradecido.

A la electricidad no le importa si crees en ella o no. Cuando quieres experimentar la luz en una habitación oscura, sólo tienes que presionar el interruptor. A la corriente eléctrica que se mueve por los cables no le importa si te gusta, si sabes cómo funciona, si crees en su poder. La luz responde a la conexión de los circuitos que tiene lugar cuando presionas el interruptor. La vida funciona de la misma manera. No le importa si te gusta. La vida no se preocupa por convencerte de que es buena o abundante. La vida no se detendrá porque tú no creas en ella. Y, tanto si crees en la vida como si no, no te oxidarás ni te caerás a pedazos si te quedas quieto durante cinco años. El único requerimiento para que vivas una vida plena y valiosa es que presiones el interruptor para hacer la conexión. La gratitud es la conexión entre quién eres y lo que eres y la plena magnificencia de la vida.

Diario del comentario

*Después de leer el comentario de hoy, me doy cuenta de que*_____

_____

_____

_____

_____

_____

_____

_____

_____

_____

La(s) frase(s) clave que deseo recordar y trabajar hoy es/son _____

_____

_____

_____

_____

_____

_____

_____

_____

_____

_____

Afirmación matinal sobre la Gratitud

Doy GRACIAS por estar vivo/a.

Doy GRACIAS por todos los dones y habilidades que la vida me proporciona.

Doy GRACIAS por cada una de las experiencias que he tenido y que ha hecho que mi vida sea lo que hoy es.

Doy GRACIAS por las lecciones que he aprendido.

Doy GRACIAS por la oportunidad de aprender más.

Doy GRACIAS por ser una expresión de la vida divina que se mueve en mí y a través de mí.

Doy GRACIAS por estar despierto/a.

Doy GRACIAS por tener una conciencia.

Doy GRACIAS porque mi vida puede ser un reflejo de la conciencia divina en cualquier momento dado.

Doy GRACIAS porque el día de hoy es la única oportunidad que necesito para vivir en la plenitud de la dicha, la paz y la abundancia ilimitada.

Hoy, sembraré semillas de GRATITUD en mi vida, sabiendo y creyendo que florecerán hacia la bondad y la gloria del Divino.

¡Me siento tan AGRADECIDO/A! ¡Me siento tan AGRADECIDO/A! ¡Me siento tan AGRADECIDO/A!

¡Por todo lo que he recibido y todo lo que aún está por llegar!

¡Y Así Es!

Deseo recordar que...

Dar las Gracias porque la vida es un regalo inapreciable.

Dar las Gracias porque soy un instrumento viviente de lo divino.

Dar las Gracias por el milagroso funcionamiento interno de mi ser.

Dar las Gracias por cada experiencia que me ha traído hasta este día.

Dar las Gracias por todo lo que he recibido.

Diario nocturno sobre la Gratitud

Me felicito por haber sido capaz de expresar AGRADECIMIENTO *en relación con* _____

_____

_____

_____

_____

_____

_____

Reconozco que es difícil sentirte AGRADECIDO *cuando* _____

_____

_____

_____

_____

_____

_____

_____

_____

Reconozco que puedo expresar AGRADECIMIENTO *con facilidad cuando* ___

_____

_____

_____

_____

_____

_____

_____

_____

Día 38

Honra la vida

con... ORDEN

Definición a trabajar

El principio con el que trabajaremos hoy es el ORDEN. Es la adaptación a la armonía universal. Es alineación. Manifestación perfecta y oportuna. La ubicación apropiada.

Comentario sobre el Orden

1, 2, 3, 4, 5. Lunes, martes, miércoles. Verano, otoño, invierno, primavera. Concepción, desarrollo, alumbramiento. Hay un orden natural en todas las cosas de la vida. La vida no es inmóvil. Se despliega y se desarrolla de una forma ordenada. En ocasiones parece desordenada, ilógica e irracional. Piensa en el dolor asociado al nacimiento o en la destrucción que sigue a la tormenta. El propósito del dolor o la tormenta puede no tener sentido para la mente lógica y racional. Sin embargo, las cosas siempre parecen volver a su sitio, ordenarse, no importa cuán desorganizadas hayan aparentado estar en un principio.

Tú y yo somos una prueba del desarrollo ordenado del proceso de la vida. Hemos crecido física, mental, emocional y espiritualmente, de acuerdo con el despliegue ordenado de nuestras experiencias de vida. Admito que ha habido muchas ocasiones en las que mi vida y yo parecíamos estar en absoluto desorden. Ahora me doy cuenta de que dicho desorden estaba ordenado de acuerdo con mis elecciones y mis necesidades de desarrollo. Hay un orden divino y un orden físico que tiene un impacto en cada uno de nosotros de acuerdo con el plan divino de la voluntad divina. Cada uno de nosotros debe aprender y recordar lo que necesita aprender y recordar sobre su identidad divina. Nuestros pasos están ordenados de acuerdo con nuestras elecciones. Nuestras elecciones están ordenadas de acuerdo con nuestras experiencias. Nuestras experiencias están ordenadas de acuerdo con el propósito divino para nuestras vidas. El propósito para cada uno de nosotros es que recordemos confiar en el proceso divino de la vida.

El orden es la gracia de Dios que nos trae exactamente aquello que necesitamos, en el preciso momento en que lo necesitamos. La gracia de Dios nos asegura que el plan divino para nuestras vidas se desplegará de un modo ordenado, de acuerdo con nuestro nivel de desarrollo. ¿Cuántas veces te has convencido de que estabas preparado para algo, para luego descubrir, a veces de una forma dolorosa, que en realidad no lo estabas? Quizá te perdieras un paso o dos a lo largo del camino. Quizá no fueses consciente de todo lo que se te iba a exigir. Apretaste el paso. Caíste. Eso también estaba dentro de un orden. Necesitabas saber aquello que no sabías para poder prepararte para la siguiente experiencia.

Hay otro tipo de orden con el que también debemos familiarizarnos. Se trata del orden físico. El orden del entorno físico es un reflejo del orden, o estado, mental. Un entorno limpio y ordenado suele ser reflejo de una mente clara y abierta. El estado u orden del entorno demuestra lo que has aprendido, lo que estás pensando y lo que estás preparado para recibir. ¿Está tu entorno desordenado? ¿Está en mal estado o descuidado? ¿Está lleno de cosas? ¿Están esas cosas descuidadas? Echa una mirada a la habitación en la que te encuentras, a tu hogar, a tu oficina, a tu coche, y pregúntate: «¿Es este lugar un verdadero reflejo de lo que pienso de mí? ¿Es este lugar un reflejo de lo que en realidad creo y siento sobre mí?». Si lo es, ¡me alegro por ti! Si no lo es, entonces pregúntate: «¿En qué debo estar pensando para permitirme estar en un lugar como éste?». El lugar en el que te encuentras física, mental o emocionalmente es un reflejo del orden, o desorden, de tus pensamientos, creencias y emociones. La pregunta que debemos hacernos constantemente es: «¿Me encuentro en orden o fuera de orden, de acuerdo con mi nivel de desarrollo?».

El orden es algo más que tener un lugar para cada cosa y que todo esté en su sitio. Aunque ése sea un buen lugar para empezar, el orden es también la capacidad de reconocer que *estás* en orden, y que te encuentras allí donde necesitas estar. Nos aburrimos cuando realizamos tareas repetitivas. Cuando conseguimos dominar algo, queremos pasar a otra cosa. En ocasiones, creemos que las cosas que se nos pide que hagamos están por debajo de nosotros, y en otras creemos que estamos mal equipados para hacerlas. La gracia de Dios es orden, y siempre estás ante la presencia de la gracia. Estás donde estás por una razón divina. Quizás haya algo que has olvidado hacer o practicar. ¿Hay alguna habilidad, técnica o virtud que no has practicado últimamente? Es posible que no estés preparado para pasar a otra cosa y que esta situación haya llegado para hacerte saber exactamente eso. Si realmente crees que no estás donde tienes que estar, ¿qué estarías dispuesto a hacer para llegar ahí? ¿Es posible que el orden de los acontecimientos en que ahora te encuentras sea el despliegue ordenado de tu desarrollo divino? ¿Qué es lo que sabes que deberías estar haciendo y no estás haciendo? ¿Podría ser ésta la oportunidad de hacerlo? Toda experiencia está ordenada por la gracia, para enseñarnos y recordarnos quiénes somos en el esquema divino de las cosas.

Puedes poner orden en tu mente concentrándote en una cosa a la vez, haciéndola bien y apreciando la oportunidad que esto te ofrece para prepararte. Puedes poner orden en tu vida admitiendo para ti lo que en realidad deseas experimentar, y dando un paso a la vez en dirección a dicha experiencia. Puedes poner orden en tu entorno retirando todas las cosas viejas, gastadas, estropeadas e inútiles que te quitan espacio. Puedes poner orden en tu espíritu sustituyendo los pensamientos de temor, duda y rabia con pensamientos sobre la gracia de Dios, y aceptando que el propósito, el plan, de Dios para ti es el desarrollo ordenado de la identidad de tu alma.

Diario del comentario

Después de leer el comentario de hoy, me doy cuenta de que _____

_____

_____

_____

_____

_____

_____

_____

_____

_____

_____

La(s) frase(s) clave que deseo recordar y trabajar hoy es/son _____

_____

_____

_____

_____

_____

_____

_____

_____

_____

_____

Afirmación matinal sobre el Orden

Hoy, le pido al Espíritu Santo que ordene mis pensamientos, mis palabras, mis pasos y mi vida.

Hoy, deseo reconocer y ser consciente de la gracia de Dios en cada experiencia.

Hoy, estoy dispuesto/a a ser formado y moldeado de acuerdo con el plan perfecto de Dios para mi vida.

Hoy, buscaré la verdad sobre mí, aceptaré la verdad sobre mí y viviré la verdad de mi ser.

Hoy, reconozco que la gracia de Dios está a la cabeza de mi vida y que todo está bien.

¡Por esto estoy tan agradecido!

¡Y Así Es!

Deseo recordar que...

El Orden es la gracia de Dios.

Estoy donde necesito estar para aprender o recordar.

El Orden empieza en el espíritu y fluye a la mente.

El Orden fluye de la preparación.

Mis pensamientos son Ordenados por Dios.

Mis pasos son Ordenados por Dios.

Mi vida es Ordenada por mis elecciones.

Diario nocturno sobre el Orden

Me felicito por haber dado los pasos necesarios para poner ORDEN *en* ____

_____

_____

_____

_____

_____

_____

_____

_____

Hoy, he reconocido el desorden que hay en mi vida cuando _____

_____

_____

_____

_____

_____

_____

_____

Hoy, me he dado cuenta de que mi vida estaba siendo ORDENADA *cuando*

_____

_____

_____

_____

_____

_____

_____

Día 39

Honra la vida
con... ALEGRÍA

Definición a trabajar

El principio con el que trabajaremos hoy es la ALEGRÍA. Se trata de un estado de deleite y bienestar. Una experiencia de gran placer. Un júbilo interior demostrado de un modo placentero. Un estado de felicidad.

Comentario sobre la Alegría

Alegría y felicidad no son la misma cosa. La alegría es un proceso interior basado en el conocimiento de la verdad espiritual, en la capacidad de confiar en la sabiduría del Divino y en la fe en los procesos perfectos y perfeccionadores de la vida. La felicidad suele ser una respuesta mental y emocional a un estímulo externo temporal que responde a una necesidad percibida. La alegría es un estado del ser. La felicidad es una demostración o expresión que depende de una serie de acontecimientos que pueden tener, o no tener, lugar. La alegría es un estímulo emocional en respuesta a una inspiración espiritual. La felicidad es una inspiración mental en respuesta a un estímulo físico. ¿Se asemejan? Sí. ¿Son sentimientos similares? A veces. ¿Obtienes los mismos resultados en tu vida de la dicha y de la felicidad? ¡Definitivamente, no! La alegría, al estar anclada en el espíritu, tiene un impacto de mayor alcance y mucho más duradero. La felicidad, que en la mayoría de los casos se basa en algo físico y tangible, puede ir y venir, de un momento a otro.

La alegría es *saber* que todo está bien en este momento. La felicidad es *esperar* que lo esté pronto. La alegría es la capacidad de reconocer y discernir la verdad. La felicidad es intentar distinguir lo verdadero de lo falso. Cuando lo consigues, eres feliz. Cuando no logras distinguirlo o no eres capaz de distinguirlo, la felicidad se te escapa. La alegría permanece contigo, no importa dónde te encuentres o lo que esté sucediendo. La felicidad es una respuesta a la situación en la que te encuentras y a lo que te sucede mientras estás ahí. La alegría es el conocimiento del amor incondicional. La felicidad es la búsqueda del placer temporal. ¿Puedes tener alegría sin felicidad? No. ¿Puedes tener felicidad sin alegría? Sí, durante un breve período. ¿Puede la alegría conducirte a la felicidad? Casi siempre lo hace. ¿Puede la felicidad conducirte a la alegría? ¡Definitivamente, no! Siempre que tu estado de ánimo dependa de factores externos, es temporal y no es alegre.

La alegría es la capacidad de permanecer en el conocimiento de la verdad espiritual ante cualquier experiencia física, y ante todas las experiencias físicas. ¿Significa esto que estarás sonriendo todo el tiempo? No. ¿Significa esto que te sentirás bien todo el tiempo? No. ¿Significa esto que nunca volverás a experimentar temor, duda, vergüenza, culpa, rabia o soledad? ¡Definitivamente, no! Significa que cuando seas desafiado por estos pequeños bichos molestos, aquello que *sabes* te sacudirá, te dará una bofetada, saldrá a la superficie y te recordará que hay *una fortaleza en ti* que nada ni nadie te puede arrebatar. Tu fortaleza se convertirá en tu guía, tu protección y tu salvación. La alegría es estar dispuesto a seguir adelante, pase lo que pase. La alegría es el valor para ir valientemente ahí donde te han aconsejado que no vayas. La alegría es la libertad y la capacidad de tomar decisiones conscientes ante un aparente desastre, aceptando y reconociendo que eres un ser creativo en un viaje divino y que sólo el Divino puede detenerte. ¡La felicidad no te da el poder de elegir, crear o sustentarte cuando tu espalda está contra la pared y los lobos están intentando morderte! La alegría, en virtud de su naturaleza espiritual, te proporciona la capacidad de vencer a los lobos con la mirada.

Resulta difícil ser feliz cuando todas las personas que te rodean están tristes. Es por esta razón por lo que necesitamos alegría. Puede ser todo un reto continuar siendo feliz cuando uno se enfrenta a lo desconocido, inesperado o imprevisto en la vida. Por esta razón hemos de desarrollar una sensación de alegría interior. Si te quedas sin trabajo, tu matrimonio hace aguas, los niños hacen de las suyas, el automóvil se estropea, todo el mismo día –un día en el que hay quince pulgadas de nieve en el suelo y tu mejor amiga no está en la ciudad– tendrás que buscar muy lejos para encontrar algo que te pueda hacer feliz. Por otro lado, si te está sucediendo todo esto y tienes alegría en tu corazón, recordarás las palabras de la vieja canción espiritual: «¡Por la mañana todo habrá pasado!». Incluso si la mañana tarda días, semanas, meses o años en llegar, la alegría puede sostenerte el tiempo que haga falta. Cuando estudias el asunto con detenimiento, la felicidad es la sensación de sentirnos llenos en respuesta a las circunstancias y los acontecimientos de la vida. La alegría es el estado de sentirte colmado simplemente por el hecho de estar vivo. La diferencia entre alegría y felicidad puede parecer muy pequeña pero, cuando los lobos te persigan, puede marcar la diferencia entre escapar o ser devorado.

Diario del comentario

Después de leer el comentario de hoy, me doy cuenta de que _____

_____

_____

_____

_____

_____

_____

_____

_____

_____

_____

La(s) frase(s) clave que deseo recordar y trabajar hoy es/son _____

_____

_____

_____

_____

_____

_____

_____

_____

_____

_____

_____

_____

Afirmación matinal sobre la Alegría

Estoy ALEGREMENTE lleno/a de ALEGRÍA.
Yo soy ALEGRÍA en movimiento.
Yo soy ALEGRÍA en acción.
¡Tengo la ALEGRE misión de propagar más ALEGRÍA!
¡Camino a la luz de la ALEGRÍA!
¡Me muevo en presencia de la ALEGRÍA!
¡Creo momentos de ALEGRÍA para mí y para las personas que me rodean!
¡Cuánto más soy, en más me convierto!
¡ALEGRÍA es lo que soy!
¡ALEGRÍA es lo que doy!
¡ALEGRÍA es lo que creo, atraigo y uso para sustentarme en cada momento
   del día!
¡La ALEGRÍA del Divino es mi fuerza! ¡Mi guía! ¡Mi deseo! ¡Mi protección!
¡Por esto me siento tan agradecido/a!
¡Y Así Es!

Deseo recordar que...

La Alegría es un estado del ser.

La Alegría está espiritualmente inspirada.

La Alegría empieza en nuestro interior.

La Alegría no depende de las personas o las circunstancias.

La Alegría tiene un efecto duradero.

La Alegría del Divino es que yo tenga Alegría.

Diario nocturno sobre la Alegría

Me felicito por haber permanecido en un estado de ALEGRÍA *cuando* ____

_____

_____

_____

_____

_____

_____

_____

Ahora me doy cuenta de que no he sido ALEGRE *porque* _____

_____

_____

_____

_____

_____

_____

_____

Me acordaré de seguir estando ALEGRE *cuando* _____

_____

_____

_____

_____

_____

_____

_____

Día 40

Honra la vida

con... AMOR INCONDICIONAL

Definición a trabajar

El principio con el que trabajaremos hoy es el AMOR INCONDICIONAL. Es el reconocimiento y la aceptación de la presencia de Dios. Dar desinteresadamente. Estar abiertos para recibir.

Comentario sobre el Amor incondicional

Si alguien me hubiese dicho que yo no sabía nada sobre el amor incondicional, lo habría tomado por un lunático. Después de todo, era autora de cuatro libros sobre temas espirituales. Había experimentado una transformación total en mi conciencia y en mi vida que yo atribuía abiertamente a la actividad del amor incondicional de Dios. Había dirigido talleres, seminarios y había dado conferencias por todo el país sobre una amplia gama de asuntos y temas, todos ellos basados en el concepto de amor incondicional. ¡Creía ser el amor condicional con zapatos de tacón! Entonces llegó a mi vida un hombre que declaró sentir un amor incondicional por mí. Entré inmediatamente en un estado de conmoción, miedo y autodestrucción.

Un curso de milagros enseña que: «Sólo hay un amor, y es el amor incondicional de Dios». Quizá fuese también en *Un curso de milagros* donde leí que «El amor sacará a relucir cualquier cosa distinta a él». Lo que he descubierto es que, cuando te enfrentas cara a cara con el amor incondicional, éste no sólo hará que percibas cada sentimiento y cada pensamiento carentes de amor; ¡también te los restregará en el rostro y te desafiará a que niegues que te pertenecen! Resulta difícil mentir cuando el amor de Dios te está mirando. Resulta incluso más difícil reconocer que has estado mintiéndote durante tanto tiempo.

Cuando el hombre del que he hablado antes me declaró su compromiso conmigo y su amor incondicional, empecé a encontrarle todos los defectos posibles. ¡Tenía que haber algo malo en él! ¿Por qué sino, habría de quererme? Nunca le conté nada de esto; antes bien, evoqué en mi mente el millón y medio de formas de demostrarle su impropiedad. Buscaba cualquier cosa, por muy nimia que fuese, que me diese la razón. Él se negó a entrar en mi juego. Mantuvo su palabra. Llegaba siempre puntual. Me susurraba cosas dulces al oído. Aprovechaba cualquier oportunidad para mostrar su interés y su preocupación por mí. Cuando no parecía haber ninguna oportunidad, él la creaba. Siempre me decía toda la verdad, en todas las circunstancias, y me dijo todas las cosas que creía que yo debía saber sobre él. ¡Me encontraba en una trampa! ¡Una trampa sucia y baja! ¡Estaba equivocado! ¡Yo tenía la razón! Desgraciadamente, no hubo ni una prueba que lo demostrara.

Cuando mis poderes de observación empezaron a fallarme, inicié una nueva táctica. Empecé a criticarlo. Traté sus actos generosos y cariñosos con la más absoluta indiferencia. Cuando eso no funcionó, empecé a cuestionar sus motivos, su carácter, ¡su pasado familiar! Era bueno con su madre. Aunque estaba divorciado, era un padre consciente y participativo. Se encontraba en un camino espiritual para fortalecerse y desarrollarse, y su única finalidad era ser fortalecido y desarrollado. Le gustaba la política, el deporte y la música. Le encantaban los niños, las flores y tener ratos de tranquilidad para leer. Ayudaba a las ancianas a atravesar la calle. Me abría la puerta del coche y mantenía las puertas abiertas para las personas que venían detrás de él. Tenía una risa sana y no tenía miedo de llorar abiertamente cuando se sentía feliz o triste. Ese hombre, esa maravillosa y divina expresión de amor, quería que yo fuese su esposa. ¡Llegué a la conclusión de que debía de estar loco de atar!

Si has vivido la mayor parte de tu vida creyendo que hay algo terriblemente malo en ti, el amor incondicional te mostrará la verdad. Si eres capaz de convencerte de que, no importa lo que hagas, aun así no serás suficientemente buena, el amor incondicional te mostrará la verdad. Si le pones atractivos nombres *new age* a las exigencias de tu ego y a tus sumamente humanos hábitos, el amor incondicional desnudará todo lo que estás ocultando, lo agitará delante de tus ojos y te susurrará suavemente: «¿Cómo vas a lidiar con esto, cariño?». Él aceptaba mis críticas porque confiaba en mí. Aguantaba mis cambios de humor porque se daba cuenta de que «las personas creativas son un poco distintas». Me daba el espacio que le pedía, cuando se lo pedía. Compartía conmigo todo lo que tenía sin disculparse por no tener más para dar. Reconocía sus propios defectos y aceptaba los míos como parte de lo que yo era. Cada vez que yo le señalaba mis puntos débiles, mis flaquezas y mis imperfecciones físicas, él me recordaba tranquila y suavemente: «¡Eso es lo que más me gusta de ti!».

Había hecho todo lo imaginable para alejarlo de mi lado, pero él no se marchaba. Finalmente, cuando los demonios de mi ego estaban a punto de que yo hiciese algo muy descabellado, algo como suspender la boda, me reprendí. «¿Qué diablos te pasa? ¿Acaso no es esto por lo que has estado rezando, lo que has estado pidiendo, lo que has estado suplicando? ¡Ve a buscar tu diario, tu lista de amor, tu mapa del tesoro! Mira cuántas veces has pedido una pareja cariñosa que te apoye. Un hombre amable, espiritual, al que le guste divertirse, con el que compartir tu vida. ¿A cuántas relaciones has puesto punto final porque el tipo no estaba a la altura de tus expectativas? Ahora tienes a un hombre que encaja exactamente con lo que has pedido, ¡y estás intentando encontrarle algún defecto! ¡Lo estás machacando por ser y hacer todo lo que decías desear que un hombre fuera e hiciera! Bueno, ¡podría tener un poco de dinero! ¡Cierra el pico! ¡Tú podrías tener un poco más de amor! ¡Por ti y por él, pero sobre todo por Dios!

Éste es Dios, y está delante de ti, sin pedirte nada y dándote todo lo que tiene. Ésta es la actividad del amor incondicional de Dios, haciéndote salir del miedo, de tus limitaciones autoimpuestas, de la codicia temporal de tu mente física, para hacerte entrar en el territorio inexplorado de tu corazón. ¿Estás abierta a esa experiencia, o ha sido todo de boquilla? ¿Tienes miedo de no poder controlar lo que está sucediendo, y por eso quieres huir? ¿Temes que toda la basura que te has estado diciendo sobre ti misma sea sólo eso: basura? ¿Tienes miedo de descubrir que todas las cosas que te has dicho sobre Dios y sobre el amor sean ciertas?». Cuando en tu mente esté teniendo lugar una batalla, alguna parte de ti se verá obligada a rendirse, a decir la verdad, a renunciar a la plaza que ha ocupado en ella. En la búsqueda o ante la presencia del amor incondicional, debes rendirte, debes decir la verdad, debes desprenderte del ego. Mi buena disposición fue evidenciada por mi respuesta. Silenciosamente, me permití responder que sí, que tenía miedo de ser amada incondicionalmente.

Ahí donde hay amor, no hay temor. Durante tan sólo un momento, me permití sentir la presencia del amor incondicional de Dios. Ante esta presencia, recordé todas las cosas que creía que estaban mal en mí y, milagrosamente, todas parecieron desaparecer. Ante esta presencia, me confesé todas las cosas que había hecho de las que no estaba orgullosa, las cosas que me avergonzaban o me hacían sentir culpable. Súbitamente, todo adquirió significado. Pude ver que, al pasar por esos comportamientos y esas experiencias, había crecido. En presencia del amor incondicional de Dios hallé el valor para admitir lo que en realidad quería para mi vida y temía conseguir. Mis temores se basaban en la programación de mis padres, en mis pautas de comportamiento, en mi tendencia a complacer a los demás, a mis actitudes autodestructivas. Mientras sentía que me deslizaba una vez más hacia las garras de mi ego, oí una suave voz, proveniente de mi interior, que me decía: «*Ven a Mí. No hay otro amor que mi amor. En presencia de mi amor, todo lo que no sea amor desaparecerá*».

Una condición es algo que nosotros creemos que hará que una cosa sea mejor de lo que ya es. No hay nada que podamos desear o necesitar que haga que el amor de Dios sea mejor de lo que ya es. No hay nada que podamos hacer que haga que Dios deje de amarnos. El amor de Dios es incondicional. Está presente en todas partes, en todo momento. El único reto al que nos enfrentamos al reconocer y recibir el amor de Dios es la exigencia del ego.

El ego es nuestro lado oscuro, turbio, que desea hacernos creer que no podemos ser amados por nadie, especialmente por Dios. El ego nos mantiene en la vergüenza, en la culpa y en la confusión sobre nuestra verdadera identidad. El ego hace que continuemos resistiéndonos a decir la verdad, y luego utiliza nuestra demostración interna y externa de deshonestidad para crear miedo en nuestros corazones. Amarnos incondicionalmente a nosotros mismos y a los demás es la única forma de desmantelar el ego. Nos exige que honremos a Dios honrándonos a nosotros mismos. Amor incondicional es comprender que, independientemente de lo que hagamos o de cómo nos comportemos, Dios nos ama y espera que encarnemos el amor y lo demostremos en todo momento, en todas las circunstancias. Después de cuarenta y tres años de vida basada en el ego, Dios respondió a mis plegarias apareciendo en mi vida en forma de un marido que me ama incondicionalmente. En ocasiones olvido quién soy, y quién es él. Todavía hay ocasiones en las que caigo en las trampas de mi ego. Cada día soy consciente de las actitudes y los comportamientos que exhibo que están basados en el miedo, que son críticos, controladores y carentes de amor. Cuando reconozco estas cosas en mí, cuando las admito, y convoco a la presencia y la energía del amor divino, incondicional, entonces ante dicha presencia, recuerdo que simplemente debo estar dispuesta a cambiar, y el cambio se producirá con naturalidad.

Diario del comentario

Después de leer el comentario de hoy, me doy cuenta de que _____
_____
_____
_____
_____
_____
_____
_____
_____
_____
_____

La(s) frase(s) clave que deseo recordar y trabajar hoy es/son _____
_____
_____
_____
_____
_____
_____
_____
_____
_____
_____
_____

Afirmación matinal
sobre el Amor incondicional

La energía en la que vivo, me muevo y tengo a mi ser es el AMOR INCON-DICIONAL de Dios.

El poder que impregna cada átomo, cada célula y cada molécula de mi ser es el AMOR INCONDICIONAL de Dios.

La realidad a través de la cual se despliega mi vida es el AMOR INCONDI-CIONAL de Dios.

No hay energía más grande que el AMOR INCONDICIONAL de Dios.

No hay mayor poder que el AMOR INCONDICIONAL de Dios.

No hay ninguna realidad que yo desee conocer más que el AMOR INCONDI-CIONAL de Dios.

Cuando yo acepto, reconozco y abrazo el AMOR INCONDICIONAL de Dios, éste se convierte en la fuerza que guía mi vida.

¡Por esto me siento tan agradecido/a!

¡Y Así Es!

Deseo recordar que...

Sólo hay un amor: el amor de Dios.

El amor que Dios siente por mí es Incondicional.

Ahí donde hay Amor incondicional no hay temor.

Dios me ama, pase lo que pase.

Diario nocturno sobre el Amor incondicional

Me felicito por haber sido capaz de expresar AMOR INCODICIONAL hoy cuando _____
_____
_____
_____
_____
_____
_____

Reconozco que he estado poniéndole condiciones al amor de la siguiente manera: _____
_____
_____
_____
_____
_____
_____
_____

Estoy dispuesto/a a experimentar AMOR INCONDICIONAL en todas las áreas de mi vida porque _____
_____
_____
_____
_____
_____
_____
_____

Séptima fase

Llegó un día y un momento en mi vida en el cual pude relacionarme con todo lo que oía, veía o experimentaba para la bondad y la gloria de la divina presencia de Dios. El título de mi canción favorita, «En un estado de ánimo sentimental», se convirtió en «En un estado de ánimo espiritual». Las palabras «nunca imaginé que amarías mi faceta sentimental» se transformaron en «sólo puedo imaginarte amando al espíritu que hay en mí». Las palpitantes y seductoras palabras de canciones como «You Make Me Feel Like a Natural Woman» y «I Never Knew Love Like This» adquirieron significados completamente diferentes a los que los compositores habían imaginado. Las imágenes de un hombre alto, guapo y rico se desvanecieron. Fueron sustituidas por el deseo de realizar y conocer conscientemente la presencia de Dios. Las palabras del gurú Muktananda, «Cuando comes, estás alimentando a Dios. Cuando hablas, estás hablando para Dios y con Dios. Cuando vives, estás viviendo la gloria de Dios», se convirtieron en una verdad y en una realidad en mi vida. Sí. Hubo momentos, incluso días, en los que todavía me encontraba corriendo de un lado al otro con miedo, presa de las creencias de deficiencia y merecimiento fomentadas por el ego. No obstante, la verdad acababa abriéndose paso en mi mente, haciéndome recordar mi herencia e identidad espirituales. ¡Soy una mujer natural! ¡Que es amada y abrazada constantemente por el espíritu de Dios! ¡Qué bendición!

Llegó una época y un momento en mi vida en que el temor a la muerte, al fracaso y al ridículo fueron reemplazados por el reconocimiento de mi capacidad de elegir y de crear, de elegir y de volver a crear. Escribí en una ficha: «*No tengo miedo de verme a Mí misma, de conocerme a Mí misma, de ser Yo misma*». Coloqué la ficha en el alféizar de la ventana de mi baño. Era lo primero que veía cada mañana. Me veía a mí misma en las personas, en los acontecimientos, en las circunstancias de mi vida que a menudo aparecían hábilmente disfrazadas de gente a la que yo no gustaba o importaba. Yo me revelaba como una falta de recursos. A menudo me revelaba como algo que no quería ver o conocer, o a lo que no deseaba enfrentarme. Cuando aparecía así en mi vida, volvía a elegir, creando nuevos pensamientos y sentimientos sobre la parte de mí a la que me estaba enfrentando. Súbitamente, milagrosamente, la persona, circunstancia o situación tenía un aspecto distinto. Yo era consciente de que esto se debía a que me sentía de una manera diferente en relación conmigo misma y con el modo en que me estaba revelando.

Llegó un momento en mi vida en el que empecé a estar dispuesta a abrir mi corazón para sentir, conocer y experimentar el amor. No el amor de mi marido o de mis hijos. Antes bien, empecé a estar dispuesta a aceptar el hecho de que Dios me amaba. Dios amaba a la niñita asustada que había en mí, que había dicho mentiras y robado dinero. Dios amaba a la adolescente rebelde que había en mí, que había sido desafiante, promiscua, que había estado enfadada y confundida. Empecé a estar dispuesta a reconocer que Dios me amaba, sin importar lo que hubiera hecho o la razón por la que lo había hecho. Me di cuenta de que el amor de Dios era el aliento que yo respiraba. Era la sangre que corría por mis venas. El amor de Dios era el latido de mi corazón y el funcionamiento sistemático de los órganos vitales y los sistemas de mi cuerpo. Todos ellos eran indicadores del amor de Dios. Dios sabía que yo me echaba pedos y que eructaba e, incluso así, Dios me amaba. Fue ese mismo día, en ese momento, cuando lo vi todo con claridad. Los principios de mi vida eran mis padres. Las leyes de Dios, que daban luz a los principios de mi vida, eran mis guías. El amor de Dios, del cual brotaban las leyes para dar a luz a los principios de la vida, era el fundamento de mi existencia. Finalmente, vi con claridad que Dios no me perseguía ni quería castigarme. Me di cuenta de que la actividad divina y la presencia de Dios estaban guiándome siempre, animándome a hacer mejores elecciones y a tomar mejores decisiones, a permanecer abierta al amor, a no juzgarme sino, antes bien, a aceptarme enteramente y, sobre todo, a no caer en el miedo cuando olvidaba cualquiera de estas cosas. Finalmente, vi con claridad que mis ojos, mis oídos, mis manos, mis pies y mi cuerpo eran instrumentos divinos de Dios, y que mi única tarea en esta vida era reconocerme como un instrumento divino y estar agradecida por la oportunidad de utilizar mi energía divina para crear una vida mejor para mí misma y para los demás.

Cuando tienes las cosas claras, sucede algo verdaderamente maravilloso. La necesidad de tener razón, de ser la mejor, de avanzar con rapidez y de superar a los demás desaparece. La claridad te capacita para hacer lo que estás haciendo lo mejor que puedes, sin temor a hacerlo mal. Uno ya no hace, uno es. La claridad promueve la bendita y divina capacidad de que te guste todo de ti mismo, sabiendo que todo es bueno y que todo es Dios. Dios quiere que sepamos quiénes somos, descubriendo quiénes no somos. Las experiencias de quiénes somos no hacen que veamos con suma claridad quiénes somos. Con este nivel de claridad, hallamos el valor y la fuerza para salir de los confines y las limitaciones del miedo y entrar en la alineación de nuestra alma con los principios del propósito de Dios. Cuando tienes las cosas claras, la opinión en la que confías es la tuya. La habilidad creadora que aspiras a demostrar es la tuya. La gratitud que expresas es hacia tu yo, por tu capacidad de reconocer y aceptar tu verdad como el método que te recuerda quién no eres y lo que no eres. La claridad te aporta paciencia contigo mismo. Alienta la disciplina en tu mente. Te enseña a amar todas las cosas y a todas las personas como un reflejo de ti y de las áreas que todavía debes desarrollar y fortalecer en ti. La claridad vale más que todo el oro de todos los almacenes de todas las tierras de todas las civilizaciones. La claridad elimina las fronteras que hay en tu mente y en tu corazón, llevándote a darte cuenta de que en realidad eres divino. Con este conocimiento, recuperas la cordura, se activa tu divinidad y la vida se convierte en una consecuencia del conocimiento de la verdad de tu ser. En mi caso, cuando las cosas estuvieron así de claras para mí, mi alma se abrió, y la paz, la alegría y el amor de Dios entraron a raudales. Nunca he vuelto a ser la misma, y no tengo la intención de serlo.

Al igual que mis hermanos y hermanas humanos, pasé demasiado tiempo en mi vida luchando con mis demonios. Indignidad. Incapacidad. Miedo. Poca valía. Arrogancia. Falta de disciplina. Desobediencia. Querer ser especial mientras, al mismo tiempo, me negaba a admitir que eso era lo que en realidad deseaba. Era espiritualmente esquizofrénica. Quería lo mejor de la vida, pero tenía miedo de reconocerlo. Creía que estaba siendo egoísta y codiciosa, y que las cosas que quería eran inalcanzables porque yo era mala e indigna de ellas. Estaba en guerra con, y en, mi propio mundo, el que yo había creado inconscientemente. Presionándome para hacer más al tiempo que saboteaba mentalmente y emocionalmente mis esfuerzos. Podía convencerme de creer que prácticamente cualquier cosa buena era posible, y convencerme de lo contrario con la misma rapidez. Esta batalla continuó durante más de veinte años. Fue una batalla sangrienta que dejó pedazos ensangrentados de mí tirados junto a la carretera de la vida. Fue una batalla viciosa en la cual yo creaba y utilizaba muchas armas violentas para golpearme en la cabeza. Cuando la batalla estaba a punto de acabar, cuando los demonios estaban a punto de clamar su victoria sobre mí, hallé la presencia de ánimo para ofrecerle a ese Dios vengativo, castigador y criticón en el que creía la última plegaria: «¡AYÚDAME!». Fiel a la forma de Dios, de la cual yo había sido totalmente inconsciente, Ella/Él respondió a mi plegaria. Las palabras de mi padre sonaron con fuerza en mis oídos: «¡SIÉNTATE! ¡CIERRA LA BOCA! ¡ESCUCHA!».

»¡Te conozco y te quiero! ¡Sé todo lo que se puede saber sobre ti porque yo creé todo lo que eres! ¡Ojalá creyeras un poco en mí! ¡Yo, que lo hice todo de la nada, ciertamente puedo hacer algo de todo lo que Yo SOY en ti! Puedo sanar tus heridas autoinfligidas. Puedo corregir tus errores inconscientes. Puedo modificar el curso que has elegido con temor, revelándote el camino que yo te he dado con amor y en el amor. Puedo recogerte cuando caigas. Puedo ir al lugar donde has caído y darte lo que necesitas para levantarte por ti sola. Puedo escuchar y puedo hablar; de hecho, hablo todo el tiempo. No estoy limitado por el tiempo o la distancia. A Mí no me detienen las encuestas de opinión o la opinión pública. Tengo un plan porque Yo Soy el plan. No hay nada que tú tengas que yo necesite, y todo lo que tú necesitas lo tengo porque Yo lo he creado todo. Ahora has pedido ayuda. Puedo ayudarte. Te he ayudado. Te ayudo, y te ayudaré ahora que lo has pedido. No pido nada a cambio. No te pido que me devuelvas lo que te he dado, porque yo ya lo poseo todo. Simplemente te recuerdo una cosa. Si realmente deseas mi ayuda, ¡debes dejarme el paso libre! Deja el miedo, la rabia, el odio, las limitaciones que has colocado en mi ayuda. Abre tu mente y tu corazón para dar amor y para ser amor en todo lo que pienses, hagas y digas. Deja de proyectar cuándo debo ayudarte, y de decirme a quién debo ayudar y por qué debería ayudarlo. Si verdaderamente deseas mi ayuda, escúchame cuando te hablo a través de los demás. Escúchame en la música, en el viento y, sobre todo, en el silencio. Si realmente quieres que te ayude, ven a mí con tu corazón y pídemelo, como acabas de hacerlo. Cada vez que lo hagas, porque volverás a hacerlo, has de saber que Yo ESTOY aquí y que responderé. Cuando lo haga, ¡ten el valor de escuchar!».

Mientras secaba las lágrimas de mis ojos y levantaba mi cuerpo del suelo, un pensamiento llegó a mi mente: «¡Bien! ¡Las cosas no podrían estar más claras!». La nueva batalla era averiguar cómo mantener esa claridad.

Un día despejado

Pude haber escrito todo este libro en cinco páginas. Desgraciadamente, el editor no lo hubiera considerado un libro, y probablemente tú lo hubieras encontrado demasiado simple para tener una verdadera validez. Nos gustan las cosas difíciles. Nos gusta extraer las cosas a rastras. Nos gusta estar de acuerdo y en desacuerdo. Discutir y debatir. Separar cada pequeña cosa para ver si encaja con aquello en lo que creemos, que hemos oído y que nos han dicho. Olvidamos cómo se aprecia la simplicidad porque es, simplemente, demasiado sencillo para ser verdad. Doy las gracias por la oportunidad de presentar en más de trescientas páginas lo que podría haber expresado en cinco. Esto me ha ayudado a recordar algunas cosas que tiendo a olvidar. Me ha ayudado a practicar algunas cosas que había dejado de lado. Se me prometió ayuda siempre que la necesitara.

También me siento agradecida por la oportunidad de compartir con otras personas los desafíos que he descubierto en el hecho de ser humana. Esto me ayuda a recordar mi unidad contigo. En esta unidad, soy fortalecida y alentada. Sé que no estoy sola en esta búsqueda para obtener claridad respecto a mi verdadera identidad, y conservarla. Sé que no estoy sola en el viaje hacia la fortaleza espiritual y la dicha personal. Tú, que tienes este libro en tus manos, me ayudas a recordar esta verdad. Sin embargo, también sé cuán difícil puede resultar intentar recordar todo cuanto leemos y aplicarlo a las situaciones a las que nos enfrentamos cada día. Únicamente por esta razón, siento la necesidad de condensar en unas pocas páginas lo que he escrito en todas las precedentes.

Di la verdad

Mi abuela me dijo esto cada día durante los diez primeros años de mi vida. Ella parecía tener algún tipo de radar que le permitía saber en qué momento yo no estaba siendo honesta. Recuerdo que, después de castigarme por haber hecho algo, me daba la espalda. Yo, inmediatamente, hacía una mueca o le sacaba la lengua. Sin dejar de caminar y sin volverse, me preguntaba: «¿Me estás replicando?». Sin pensarlo, yo respondía: «¡No!». No era la verdad, pero creía que si le decía, «Sí, abuela, te acabo de sacar la lengua», estaría en un apuro. ¿Cuántas veces dejamos de decir la verdad por miedo a los problemas que nos puede acarrear? Di la verdad sobre lo que estás sintiendo. Di la verdad sobre lo que estás pensando. Di la verdad sobre lo que estás haciendo y por qué lo estás haciendo. Únicamente cuando te dices la verdad sobre ti puedes obtener la ayuda que necesitas para alinearte con el verdadero propósito de Dios para ti.

Sé obediente

«¡Haz lo que te he dicho que hagas!». Así solía expresarlo mi abuela. Te llega en forma de pensamiento. Se convierte en un deseo. Te impregna a cada hora, conduciéndote a través de tus días y tus noches. Esa cosa que deseas y que no te deja marchar. Esas cosas que tu mente te dice que debes hacer para ser libre. Obedece a tu mente cuando te hable. Escucha tus pensamientos, porque ellos son la llamada superior. ¡SÉ OBEDIENTE! Si eres como yo, es probable que te preguntes cómo puedes saber cuándo debes hacer eso que estás pensando. He aquí algunas pautas: ¿te dará alegría sin dañarte y sin dañar a otra persona? ¿Traerá algún bien para ti o para el resto del mundo? ¿Te hará superar el miedo que ahora sientes cuando piensas en hacerlo? Si la respuesta es sí, ¡SÉ OBEDIENTE! En lugar de preguntarte, «¿Cómo puedo hacerlo?», di simplemente: «¡Estoy dispuesto a hacerlo!».

¡Disciplina tu Mente, tu Cuerpo, tu Ser!

¿Por qué te has levantado esta mañana? ¿Qué esperas experimentar antes del final de este día? Para poder responder a estas preguntas y alinearte con el propósito divino en tu vida, debes tener disciplina. Debes hacer lo que dices que harás cuando dices que lo harás. Debes estructurar consciente y creativamente tu día hacia alguna pequeña intención. Debes ser disciplinado en pensamiento, palabra y acción. Preparándote conscientemente para hacer aquellas cosas que sabes que son buenas para ti. Respirando. Caminando. Comiendo. Descansando. Trabajando. Jugando. Escuchando. Creando. Rezando. Meditando. Disciplínate a hablar suavemente. Disciplínate para vivir en paz. La disciplina es el único camino para evitar la lucha, el caos y la confusión. Cuando sabes lo que tienes que hacer, cuándo lo tienes que hacer y por qué lo vas a hacer, las cosas que no estén en alineación con tu propósito parecen desvanecerse. Cuando estás donde te propones estar, haciendo lo que te propones hacer, por un objetivo o un propósito que tienes la intención de realizar, hay menos probabilidades de que te hagan caer de tu centro. La disciplina calma la mente, abre el corazón y despeja el camino que te aleja del ego y te conduce al espíritu. Cuando eres disciplinado en tu búsqueda de paz, alegría, armonía, equilibrio y expansión, prescindes de los confines del miedo, la rabia, el resentimiento, la restricción, la culpa y la vergüenza. Tener disciplina es como hacer cien ejercicios abdominales espirituales. Construye tu fuerza y tus músculos espirituales.

Pon orden en tu vida

¡Orden! ¡Orden! ¡Orden! Es la primera ley del cielo. Es el método por el cual colocas lo humano en alineación con la voluntad de Dios. En la búsqueda de fortaleza espiritual, debes ordenar tu mente, tu cuerpo y todos tus asuntos. Debes limpiar todo lo que hay en tu entorno y volver a ordenarlo. Echa una mirada debajo de tu cama, en el armario, al maletero de tu coche, al sótano de tu casa, al ático, al garaje, a los cajones de la cómoda, a tu monedero, a tu billetera, a la guantera de tu coche y al armario de basura de tu cocina. ¿Hay orden? ¿Hay un lugar para cada cosa? ¿Está todo en su sitio? ¿Estás aferrándote a cosas que no tienen ninguna utilidad? ¿Hay cosas rotas que no te has tomado el tiempo de arreglar? ¿Hay cosas rotas de las que no te hayas deshecho? ¿Estás guardando cosas del pasado esperando revivirlas? Si las cosas de tu entorno son un reflejo de lo que está ocurriendo en tu mente, pregúntate: «¿Está mi mente bien ordenada?».

Cuando no tenemos orden o espacio en nuestras vidas, hay pocas oportunidades para que la voluntad de Dios se despliegue. Cuando nos aferramos al pasado, trayendo al presente todo el equipaje, lo más probable es que no haya espacio para el futuro. Cuando no sabemos dónde están las cosas, resulta difícil encontrar o recibir aquello que estamos buscando. ¡ORDEN! ¡ORDEN! ¡ORDEN! Limpiar el armario es una buena manera de eliminar el desorden mental. Limpiar el sótano libera la mente subconsciente. Retirar viejas recetas y números de teléfono inútiles del monedero o la billetera despeja la mente de miedos, vergüenza o culpa, y de las oportunidades que no supimos aprovechar en el pasado. El hecho de ordenar tu día, de hacer ciertas cosas a ciertas horas, de ciertas maneras, aumenta tus posibilidades de estar exactamente donde necesitas estar, haciendo exactamente lo que necesitas hacer para recibir las bendiciones que el Divino ha ordenado para ti en ese momento.

Haz otra elección

Cuando veas que lo que estás haciendo, o lo que has elegido, no está funcionando, haz otra elección. Cuando descubras que lo que estás pensando o sintiendo no está produciendo los pensamientos y sentimientos que deseas, haz otra elección. Independientemente de cuánto tiempo le